期权设计与应用场景
——交易者解构期权设计

姚为民 著

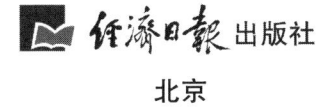

经济日报出版社
北京

图书在版编目（CIP）数据

期权设计与应用场景：交易者解构期权设计 / 姚为民著. -- 北京：经济日报出版社，2024. 11.
ISBN 978-7-5196-1529-1

Ⅰ. F830.91

中国国家版本馆 CIP 数据核字第 2024HG0548 号

期权设计与应用场景——交易者解构期权设计
QIQUAN SHEJI YU YINGYONG CHANGJING——JIAOYIZHE JIEGOU QIQUAN SHEJI

姚为民　著

出　　版：	经济日报出版社
地　　址：	北京市西城区白纸坊东街 2 号院 6 号楼 710（邮编 100054）
经　　销：	全国新华书店
印　　刷：	北京文昌阁彩色印刷有限责任公司
开　　本：	710mm×1000mm　1/16
印　　张：	14
字　　数：	200 千字
版　　次：	2024 年 11 月第 1 版
印　　次：	2024 年 11 月第 1 次印刷
定　　价：	88.00 元

本社网址：www.edpbook.com.cn　微信公众号：经济日报出版社
未经许可，不得以任何方式复制或抄袭本书的部分或全部内容，**版权所有，侵权必究**。
本社法律顾问：北京天驰君泰律师事务所，张杰律师　举报信箱：zhangjie@tiantailaw.com
举报电话：010-63567684
本书如有印装质量问题，请与本社总编室联系，联系电话：010-63567684

自　序

我是从2010年开始，先后在韩国、新加坡和中国香港接触到期权理论和交易技术，随即被期权的强大功能和完美对称性所倾倒。说其有强大的功能，是因为它在各种市场形态下都可以交易，而且在理论上都可以获利；说其有完美的对称性，是指看涨看跌、买入卖出都是零和游戏，只能对赌不能出千。而且任何复杂策略组合或合成之后，最终仍然是四个标准期权的斜平线开口。

2015年4月我通过了上海证券交易所期权交易水平测试，进入市场交易，首先得知期权有成熟的理论和量化的定价标准，不会被市场左右、炒作和内卷，能有这样一个公允的市场是非常值得庆幸的事情。只要有期权市场，只要有期权交易，它就是公正的。你觉得价值高可以卖出，你觉得价值低可以买入；你觉得有空间可以买入，你觉得没有空间也可以卖出。这样，你可以正反向操作，就会心里坦然，只要你掌握技术，具备胆识，再拥有运气，就有获利机会。经过近十年的长期持续交易后，我认为，期权是一个量化公正、机会恒在、极具魅力的金融工具，只要掌握了期权策略和交易技术，中小型机构和散户在期权交易这"一方净土"就可以大有作为。

自1973年布莱克和斯科尔斯以期权定价理论获得诺贝尔奖至今，期权理论和定价公式已经较为成熟，而且已经被全球交易市场接受。本书认为，现阶段的关键是应用创新，特别是在中国市场，期权的市场应用场景和各种策略布局技术，以及量化设计和建立AI化逻辑判断自动交易系统的应用创新，具有重大市场价值。而且对于有大量需求的场内、场外期权，包括个股期权和商品期权的应用创新和量化对冲交易技术，也有重要的市场意义。

值得一提的是，通过分析和理解期权的定价模型与定价公式，我得到了一些普遍性的认识。例如，如果一类证券或金融产品可以定价，并且定价公式可以用一个概率模型的显式价值函数表达，就可以量化其收益敞口及风险敞口，也就可以量化交易、量化对冲，但关键是定价的合理性和市场的认可度，即可以在市场上买卖与对冲。如果两个金融产品有极强的相关性，并且都可以量化，则可以配对组合及对冲组合，并且如果有金融衍生品参与组合，则这个组合的价值曲线就会有非线性差异，对冲组合就会产生非线性敞口，我们就可以利用和控制这个损益敞口在波动中对冲与套利。所以，一个国家的金融监管机构及国有大型投资银行的一个重要任务是为这个国家的证券市场合理定价，稳定市场预期。应倡导主权财富基金和大型投行、券商（做市商）充分开发和利用金融衍生品工具进行量化对冲与波动套利，抑制市场的恶性波动，维护国家的证券市场和资本市场的安全与稳定。

本书是我在工作之余，参与上证50ETF期权、沪深300ETF期权、中证500ETF期权交易笔记和学习研究总结中关于期权策略的理解与认识，以及设计技术的分析与解构。共分为三个章节：

第一章，期权规则与市场意义，讲述了期权的基本规则与市场价值和意义，以及我对期权的理解和认识。如标的ETF股票的选择、期权半定向功能的优势、有效市场的期权定价及机会收益和期权希腊字母的风险管理与交易价值。并且以典型示例的方式对交易者与做市商的交易方法和变换策略进行了对比分析。

第二章，期权策略与技术逻辑，讲述了期权的标准化策略背后的技术逻辑，以及我对期权标准化策略的再理解和再认识，对常用策略的布局技术、正反向变换的逻辑和回归到标准期权斜平线开口下的斜改平、平改斜技巧进行了研讨。并且对每一种标准化策略都进行了不同的典型示例说明，重点讨论了我们在市场变化环境中的交易经验与变换对策。

第三章，期权设计与应用场景，是我根据多年的交易经验总结，利用期权的比较优势对期权设计与市场应用场景进行了分析和解构，试图重新定义问题、重构策略组合及重建期权设计布局方案，并采用了以市场为导向的总体设计思维方法构建了期权灵活性设计的基本逻辑。并且在第三节中利用期权的非线性优势，对两种期权的典型对冲策略和一个期权的非线性投资组合进行了量化分析，提出了期权非线性对冲的技术优势；解译了目前西方对冲基金公司在市场无效率状态下最流行的期权"非线性中性投资组合"的套利方法和盈利模式。

本书的阅读对象是具有一定期权基本知识和市场交易基础的人士，本书提到的一些交易策略和设计技术，只是本人在十年交易过程中的经验教训和学习体会，大部分都进行了交易测试，可以供期权的市场交易者参考，但不作为投资交易的任何建议。

本书写作的基本原则，是坚持应用性设计、实操化落地，只对普通交易层面的买入价差、卖出价值和风险管理控制等进行探讨，至于微观到希腊字母级别的交易问题（希腊值对冲除外），需要高频量化计算软件和自动交易系统才能实现，暂不涉及。

另外，期权的另一个重要性是可以在市场定价估值，各类资产的期权品种开发和交易的流动性，可以使"以多空组合为基础"的对冲基金的量化估值成为可能，包括机会多空、相对价值、事件驱动，或多策略混合的对冲基金。所以，有期权嵌入的商品类、证券类资产及其期权衍生品的对冲基金组合可以对冲、套利、投机，但关键是可以对这类组合进行定价估值，而且随市场定价估值的投资组合就可以进行商品化流动和场内外交易。值得重视的是，成熟及发达资本市场的投资者一致认为，具有衍生品工具（如期权、期货等）对冲保护的资本市场或标的证券，人们才敢于长期投资或价值投资，才可以持有"耐心资本。"本书仅仅是完成了期权及组合的几何布局设计与几何变换设计，下一步我们将致力于以期权的定价参数与希腊字母为主题的数值分析和量化设计，并且期望探讨在中国资本市场中各种证券类产品及其衍生品的对冲基金投资组合的配置和估值分析问题。

姚为民
2024 年 9 月于北京亦庄期权工作室

术语及缩略语

(1) K 为期权的行权价格或行权位置。

(2) CK 为 Call K，表示认购期权 K。如 CK3.8 为 Call K3.8，表示权价为 3.8 元的认购期权。

(3) Lck 为 Long call k，表示买入认购期权 K。如 Lck3.8 为 Long call K3.8，表示权价 K 为 3.8 元的买入认购期权。

(4) Sck 为 Short call k，表示卖出认购期权 K。如 Sck3.8 为 Short call K3.8，表示权价 K 为 3.8 元的卖出认购期权。

(5) PK 为 Put K，表示认沽期权 K。如 PK3.8 为 Put K3.8，表示权价为 3.8 元的认沽期权。

(6) Lpk 为 Long put k，表示买入认沽期权 K。如 Lpk3.8 为 Long Put K3.8，表示权价 K 为 3.8 元的买入认沽期权。

(7) Spk 为 Short put k，表示卖出认沽期权 K。如 Spk3.8 为 Short put K3.8，表示权价 K 为 3.8 元的卖出认沽期权。

(8) Pt 为时间价值、Ps 为内在价值。

(9) 公式 $\Delta = \Delta P/\Delta S$ 中，Δ 为德塔率，ΔP 为期权的价值差，ΔS 为标的的价格差。

(10) 公式 $L = \Delta \times S/P$ 中，L 为杠杆率，Δ 为德塔率，S 为标的价格，P 为期权价值。

(11) 两 K 位买入正向期权价差为普通价差，也称借入价差，如 Lck1+Sck2；同 K 位卖出反向期权价差为铁式价差，也称贷出价差或铁价差，如 Lpk1+Spk2。

（12）Lck1+Sck2 为买入牛市价差；Lpk1+Spk2 为卖出铁牛价差。

（13）Lpk2+Spk1 为买入熊市价差；Lck2+Sck1 为卖出铁熊价差。

（14）Lpk1+Lck1 为买入跨式组合。

（15）Lpk1+Lck2 为买入宽跨式组合。

（16）Spk1+Sck1 为卖出跨式组合。

（17）Spk1+Sck2 为卖出宽跨式组合。

（18）Lck1+Sck2+Spk2+Lpk3 为买入蝶式组合；Lpk1+Spk2+Sck2+Lck3 为卖出铁蝶组合。

（19）Sck1+Lck2+Lpk2+Spk3 为卖出蝶式组合；Spk1+Lpk2+Lck2+Sck3 为买入铁蝶组合。

（20）Lck1+Sck2+Spk3+Lpk4 为买入鹰式组合；Lpk1+Spk2+Sck3+Lck4 为卖出铁鹰组合。

（21）Sck1+Lck2+Lpk3+Spk4 为卖出鹰式组合；Spk1+Lpk2+Lck3+Sck4 为买入铁鹰组合。

（22）Lck1+2Sck2 或 Lpk2+2Spk1 为正向比率组合。

（23）Sck1+2Lck2 或 Spk2+2Lpk1 为反向比率组合。

（24）长 Lck1+短 Sck1 为买入日历组合。

（25）短 Lck1+长 Sck1 为卖出日历组合。

目 录

第一章 期权规则与市场意义 ·· 1
  第一节 期权合约 ··· 2
  第二节 期权类型 ··· 5
  第三节 期权定价 ·· 12
  第四节 希腊字母 ·· 32
  第五节 关于市场交易者与做市商的关系 ···························· 40

第二章 期权策略与技术逻辑 ·· 56
  第一节 买入期权与卖出期权 ·· 57
  第二节 期权的价差组合 ··· 63
  第三节 期权的跨式组合 ··· 74
  第四节 期权的蝶式与鹰式组合 ··· 87
  第五节 期权的比率组合 ··· 98
  第六节 期权的日历组合 ··· 110
  第七节 期权的对角组合 ··· 119
  第八节 期权的合成组合 ··· 128
  第九节 期权的备兑组合 ··· 140

第三章 期权设计与应用场景 ·· 161
  第一节 关于总体设计思路 ··· 165
  第二节 市场应用场景与期权设计 ··································· 166

第三节　关于对冲的三个问题 …………………………………… 199
第四节　关于希腊字母应用 …………………………………… 207
第五节　关于量化模型问题 …………………………………… 210
后　记 ……………………………………………………………… 212

第一章　期权规则与市场意义

期权是当前及未来金融市场中最有希望和最有价值的一种衍生品工具。期权是一个风险管理工具和杠杆投资工具，功能极其强大、应用极其广泛。它是金融市场中重要的有机组成部分，它可以发现有效市场的价格预期，抑制市场波动，提高市场效率。

西方金融市场和经济学家一致认为，期权在这个不稳定的金融时代具有重要的均衡价值，因为期权有助于以高杠杆比例构建套期保值头寸，可以防止二级市场的下跌。而且期权的定价模型基于这些需要提供了一个可以量化的管控方法，可以具体量化避险套利和均衡市场，具有价格发现机制和未来的市场预期。

我们知道期权有四维功能，可以买涨、买跌，卖涨、卖跌，可以杠杆投机、对冲保护、无风险和有风险套利。它们变化多端，丰富多彩，适宜于各种市场应用场景。可以负责任地说，只要不裸卖出期权（包括合成后的裸卖出期权），期权是一个风险最小、杠杆最大、可以量化、可以管理的投资工具，是中小型机构和散户最佳的投资领域。

期权交易的基本基础应该是，真正理解和认识包括期权的合约条款、期权的标的选择、期权的类型与功能、期权的定价参数及市场价值，以及期权的希腊字母及风险管理等有关内容和交易规则，并且能够准确掌握四类基本期权的市场意义、经济关系和数学逻辑。

第一节 期权合约

一、期权合约

期权与期货一样是一份合约，交易期权就是交易期权合约所规定的内容，规定合约持有人在合约规定的时间内以合约规定的方式买入或卖出标的资产。以沪深300ETF期权为例，上交所沪深300ETF期权合约基本条款如下：

（1）合约标的：华泰柏瑞沪深300交易型开放式指数证券投资基金（沪深300ETF，代码为510300）。

（2）合约类型：认购期权和认沽期权。

（3）合约单位：10000份。

（4）合约到期月份：当月、下月及随后两个季月。

（5）行权价格：9个（1个平值合约、4个虚值合约、4个实值合约）。

（6）行权价格间距：3元或以下为0.05元，3元至5元（含）为0.1元，5元至10元（含）为0.25元，10元至20元（含）为0.5元，20元至50元（含）为1元，50元至100元（含）为2.5元，100元以上为5元。

（7）行权方式：到期日行权（欧式）。

（8）交割方式：实物交割（业务规则另有规定的除外）。

（9）到期日：到期月份的第四个星期三（遇法定节假日顺延）。

（10）行权日：同合约到期日，行权指令提交时间为9：15-9：25，9：30-11：30，13：00-15：30。

（11）交收日：行权日次一交易日。

（12）交易时间：上午9：15-11：30（9：15-9：25为开盘集合竞价

时间）；下午13：00-15：00（14：57-15：00为收盘集合竞价时间）。

（13）委托类型：普通限价委托、市价剩余转限价委托、市价剩余撤销委托、全额即时限价委托、全额即时市价委托以及业务规则规定的其他委托类型。

（14）买卖类型：买入开仓、买入平仓、卖出开仓、卖出平仓、备兑开仓、备兑平仓以及业务规则规定的其他买卖类型。

（15）最小报价单位：0.0001元。

（16）申报单位：1张或其整数倍。

（17）涨跌幅限制：

认购期权最大涨幅＝max｛合约标的前收盘价×0.5%，min［（2×合约标的前收盘价-行权价格），合约标的前收盘价］×10%｝；

认购期权最大跌幅＝合约标的前收盘价×10%；

认沽期权最大涨幅＝max｛行权价格×0.5%，min［（2×行权价格-合约标的前收盘价），合约标的前收盘价］×10%｝；

认沽期权最大跌幅＝合约标的前收盘价×10%。

（18）熔断机制：连续竞价期间，期权合约盘中交易价格较最近参考价格涨跌幅度达到或者超过50%且价格涨跌绝对值达到或者超过10个最小报价单位时，期权合约进入3分钟的集合竞价交易阶段。

（19）开仓保证金最低标准：

认购期权义务仓开仓保证金＝［合约前结算价+Max（12%×合约标的前收盘价-认购期权虚值，7%×合约标的前收盘价）］×合约单位；认沽期权义务仓开仓保证金＝Min［合约前结算价+Max（12%×合约标的前收盘价-认沽期权虚值，7%×行权价格），行权价格］×合约单位。

（20）维持保证金最低标准：

认购期权义务仓维持保证金＝［合约结算价+Max（12%×合约标的收盘价-认购期权虚值，7%×合约标的收盘价）］×合约单位；

认沽期权义务仓维持保证金＝Min［合约结算价+Max（12%×合约标的收盘价-认沽期权虚值，7%×行权价格），行权价格］×合约单位。

沪深300ETF期权合约的基本条款都是明确量化的标准化合约规定，

而且都是由交易平台自动处理。这里重点说明两个问题。

二、标的资产

目前国内发行的 ETF 基金期权的标的资产有，上证 50ETF、沪深 300ETF（又分为上交所沪深 300ETF 期权，标的为华泰柏瑞沪深 300ETF，代码 510300；深交所沪深 300ETF 期权，标的为嘉实沪深 300ETF，代码 159919）、中证 500ETF、科创 50ETF、科创板 50ETF、深 100ETF、创业板 ETF 等。

我们要认识到，期权虽然是一种衍生品技术，但还是要投资于优质的标的股票。优质标的股票的本质在于，大部分时间都是稳定上升的，包括一些指数 ETF 也应该是在波动中平稳上升。

建议散户及中小型机构选择沪深 300 指数 ETF 基金为标的资产。沪深 300 指数是中国证券市场最具代表性的指数，它涵盖了上海证券交易所和深圳证券交易所中规模较大、流动性较好的 300 只 A 股股票作为标的资产，沪深 300 指数基本反映了中国股市的整体表现。而且它比上证 50 指数波动性大、比中证 500 指数波动性小，波动适中，整体可控。

300ETF 基金是追踪沪深 300 指数的开放式基金，代表了中国经济发展和资本市场的预期，投资逻辑清晰明确，可以自由交易，流动性较好。它可以保证投资者获得市场的平均收益，可以低成本地分散风险，相对比较安全。

另外，沪深 300ETF 期权有两个产品（上交所 510300、深交所 159919），价格基本相当，可以帮助我们构建在一个账户中不会被交易系统自动平仓的两个同类期权的基本对冲策略和中性策略。

三、合约乘数

合约乘数是合约设计时交易所规定的，赋予每一指数点一个固定价值的金额。

沪深 300ETF 期权的合约乘数 10000，即 1 张/手期权如果行权，需要买卖 1 万份 ETF 基金，因为 ETF 基金本身有价值，故不需要规定每份合约的价值（股指期权 IO 因为指数没有价值，故规定合约价值 100 元/点），沪深 300ETF 基金是以追踪的沪深 300 指数除以 1000 来计价的。

例如当前 3800 点，则 1 份 ETF 基金价格近似为 3800 点/1000＝3.8 元，亦即 1 点/1000＝0.001 元，如期权行权价格两 K 之间的间距为 100 点，即如指数变化 100 点，则对应 1 份 ETF 基金价值变化 0.1 元，对应 1 张 ETF 期权价值变化为 $0.1 \times 10000 \times \Delta = 1000\Delta$ 元（其中 Δ 为当前期权持仓头寸相当于标的资产的当量比率）。

我们会注意到，合约乘数决定了股指期权或 ETF 期权合约的规模，一个水平适度的合约规模有利于增强期权市场的流动性，并可降低交易成本。一般来说，合约规模越大，中小投资者参与的能力越小，每张合约潜在的风险就越大，合约交易的活跃性也会降低。但如果合约规模过小，则会加大交易成本，从而影响投资者利用期权交易投机与对冲避险的积极性。所以合约乘数也决定了一张合约的规模、价值、投资者参与的门槛及能力。

第二节　期权类型

一、期权类型

期权有认购期权和认沽期权两大类型。

认购期权 CK（符号 CK 详见术语及缩略语说明，下同）又称为看涨期权，或者买权，可以取代买入标的资产的功能，如有权利买入股票或买入基金。而其对手盘，则有义务卖出股票或卖出基金。

认沽期权 PK 又称为看跌期权，或者卖权，可以取代卖空标的资产的功能，如有权利卖空股票或卖空基金。而其对手盘，则有义务买空股票或买空基金。

二、期权功能

期权有四维功能，分为买入认购期权，卖出认购期权；买入认沽期权，卖出认沽期权。

买入认购期权 Lck 有权利在规定时间内以行权价格 K 买入标的资产；卖出认购期权 Sck 有义务在规定时间以行权价格 K 卖出标的资产。

买入认沽期权 Lpk 有权利在规定时间内以行权价格 K 卖出标的资产；卖出认沽期权 Spk 有义务在规定时间以行权价格 K 买入标的资产。

综上所述可以看出，我们只要不裸卖出期权（包括合成后的裸卖出期权），期权是一个风险最小、杠杆最大的投机工具与避险工具，期权交易是散户及中小型机构的最佳投资领域。

三、关于认购期权

买入认购期权，相当于买入了正向保险的当量标的股票或 ETF 基金（有买入成本称为期权金），如果市场正向，期内波幅大于保险金额（期权金），可以获取价值差之利；期内波幅小于保险金额，则会损失买入成本。如果市场期内反向，也会损失买入成本，但是只会损失买入期权的成本。

卖出认购期权，相当于卖出了正向保险的当量标的股票或 ETF 基金（有卖出收益也称为期权金），如果市场正向，期内波幅大于保险金额（期权金），则会有价值差损失；期内波幅小于保险金额，则可获得卖出价值，如果市场期内反向，也可获得卖出价值，而且只能获得卖出期权的价值。

在所有金融工具中，只有买入期权（包括买入认购期权和买入认沽期权）没有方向性风险，而且有杠杆效率。买入认购期权或看涨期权是一种市场正向的看涨策略，它与直接买入标的资产相比，其最大优势是没有反向的方向性风险，而且投资成本低、杠杆大。它可能发生的最大风险只是损失支付的买入成本（期权金），但是潜在的收益无限，损益平衡点为行权执行价格加期权金。所以，买入一张期权如同买入一张彩票，如果中签，可以获得不同等级的奖励；如果不中签，则只有买入彩票的成本损失。

卖出认购期权或看涨期权是买入认购期权的对手盘，如果买入期权行权或者了结价差，则卖出期权有义务卖出标的资产，或者支付价差；如果买入期权不行权或者放弃权利，则卖出期权可以获得卖出的期权价值。

实际上，买入期权是买入保险、支付保险金，剥离风险，转移风险损失；卖出期权是卖出保险、获得保险金，承担风险，获取风险价值。

例如，当前标的股票价格 S 为 50 元，买入行权价格 K 为 55 元的认购期权 L_{ck55}，支付期权金 $c=1$ 元。对手盘则需要卖出行权价格 K 为 55 元的认购期权 S_{ck55}，获得期权金 $c=1$ 元。

如果到期日标的价格为 58 元，则买入者可以以行权价格 55 元买入当前价格 58 元的标的股票，获利 (S-K) - (c-ct) = [(58-55) - (1-0)] 元 = +2 元/股，其中 ct 为任一 t 时的认购期权价值，期末则 ct 为 0。而卖出者则必须以行权价格 55 元卖出价格 58 元的标的股票，损失 -2 元/股。如图 1.1.a 所示。

如果到期日标的的价格为 52 元，如买入者以行权价格 55 元买入当前价格 52 元的标的股票，有 (52-55-1) 元 = -4 元/股，即亏损 4 元，则买入者不会行权，只亏损 1 元期权金。而卖出者则可获得期权金 1 元。如图 1.1.b 所示。

如果期中标的的价格为 55 元、期权时间价值即期权金为 0.5 元时，买入者平仓了结，则买入者损益为 [(55-55) -0.5)] 元 = -0.5 元，而卖出者损益为 (1-0.5) 元 = +0.5 元。当然，卖出者也可以平仓了结获利 +0.5 元，对手盘买入者则亏损 -0.5 元。

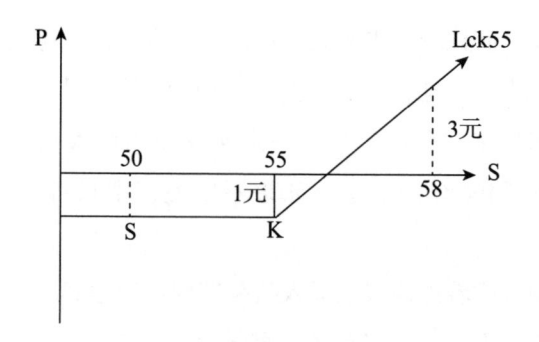

图 1.1.a

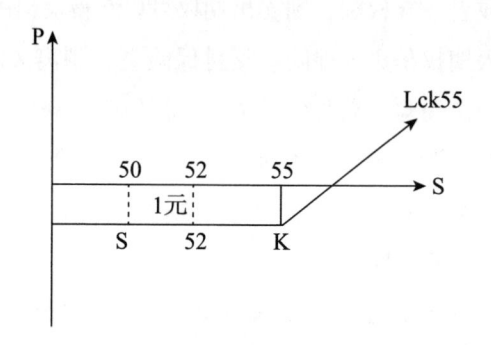

图 1.1.b

四、关于认沽期权

买入认沽期权，相当于买入了反向保险的当量标的股票或 ETF 基金（有买入成本称为期权金），如果市场反向，期内波幅大于保险金额（期权金），可以获取价值差之利；期内波幅小于保险金额，则会损失买入成本。如果市场期内正向，也会损失买入成本，但是只会损失买入期权的成本。

卖出认沽期权，相当于卖出了反向保险的当量标的股票或 ETF 基金（有卖出收益也称为期权金），如果市场反向，期内波幅大于保险金额（期权金），则会有价值差损失；期内波幅小于保险金额，则可获得卖出价值。如果市场期内正向，也可获得卖出价值，而且只能获得卖出期权的价值。

买入认沽期权或买入看跌期权实际上是卖空，相当于是卖出标的资产。但是只有有限的正向风险（有限的期权金损失），而反向收益无限，在市场下跌时作为反向对冲或者反向投机工具具有极其重要的市场价值。

第一章 期权规则与市场意义

同样，卖出认沽期权或看跌期权是买入认沽期权的对手盘，如果买入期权行权或者了结价差，则卖出期权有义务买入标的资产，或者支付价差，如果买入期权不行权或者放弃权利，则卖出期权可以获得卖出的期权价值。

例如，当前标的股票价格 S 为 50 元，买入行权价格 K 为 45 元的认沽期权 Lpk45，支付期权金 p＝1 元。对手盘则需卖出行权价格 K 为 45 元的认沽期权 Spk45，获得期权金 p＝1 元。

如果到期日标的价格为 42 元，则买入者可以以行权价格 45 元卖出价格 42 元的标的股票，获利（K-S）-（p-pt）=［（45-42）-（1-0）］元=+2 元/股，其中 pt 为任一 t 时的认沽期权价值，期末则 pt 为 0。而卖出者则必须以行权价格 45 元买入价格 42 元的标的股票，损失-2 元/股。如图 1.2.a 所示。

如果到期日标的价格为 48 元，如买入者以行权价格 45 元卖出价格 48 元的标的股票，（45-48-1）元=-4 元/股，即亏损 4 元，则买入者不会行权，只亏损 1 元期权金。而卖出者则可获得期权金 1 元。如图 1.2.b 所示。

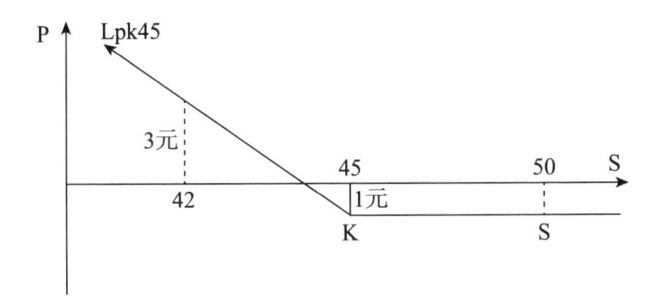

图 1.2.a

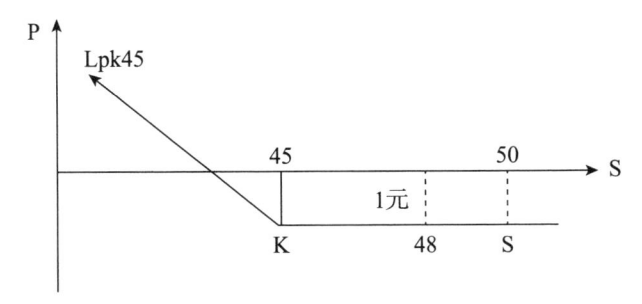

图 1.2.b

如果期中标的价格为45元、期权时间价值即期权金为0.5元时，买入者平仓了结，则买入者损益为［(45-45)-(1-0.5)］元=-0.5元，而卖出者损益为(1-0.5)元=+0.5元。当然，卖出者也可以平仓了结获利+0.5元，对手盘买入者则亏损-0.5元。

五、关于虚平实值期权

期权会根据标的资产S与行权价格K的相对位置关系，表现出虚值、平值和实值期权状态或关系。如果某一认购期权的SK距离大于零，即当前标的股票价格S大于期权的行权价格K，则该认购期权为实值期权处于实值状态，有内在价值和时间价值，内在价值$P_s=S-K$，时间价值P_t则可根据定价公式和当前市场的定价参数计算，并会随SK距离服从钟形曲线分布；如果该认购期权的SK距离小于零，则该期权为虚值期权处于虚值状态，没有内在价值，只有时间价值；如果该认购期权的SK距离等于零，则该期权为平值期权处于平值状态，也没有内在价值，只有时间价值。如图1.3.a、1.3.b、1.3.c所示。

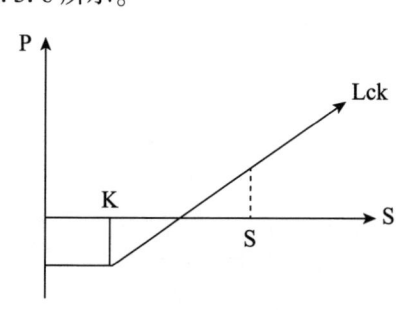

图1.3.a 实值认购期权

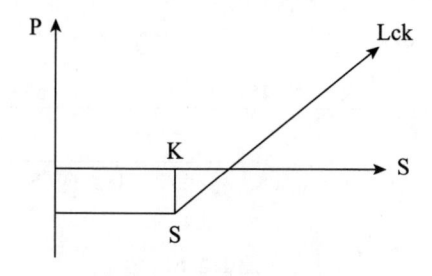

图1.3.b 平值认购期权

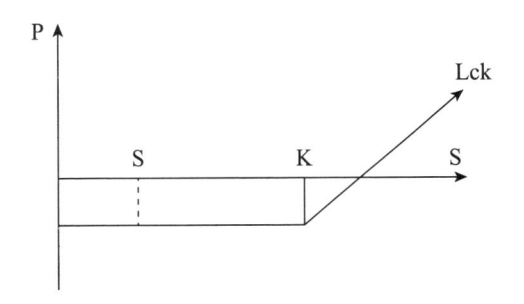

图 1.3.c　虚值认购期权

同样，如果某一认沽期权的 SK 距离小于零，即当前标的股票价格 S 小于期权的行权价格 K，则该认购期权为实值期权处于实值状态，有内在价值和时间价值。内在价值 Ps=K−S，时间价值 Pt 则可根据定价公式和当前市场的定价参数计算，并会随 SK 距离服从钟形曲线分布。如果该认购期权的 SK 距离大于零，则该期权为虚值期权处于虚值状态，没有内在价值，只有时间价值；如果该认购期权的 SK 距离等于零，则该期权为平值期权处于平值状态，也没有内在价值，只有时间价值。如图 1.3.d、1.3.e、1.3.f 所示。

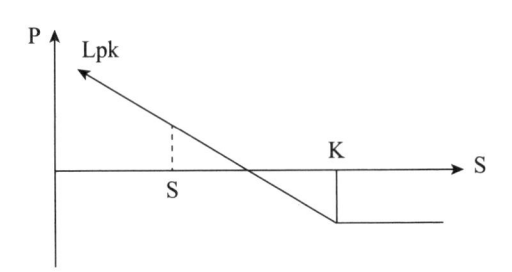

图 1.3.d　实值认沽期权

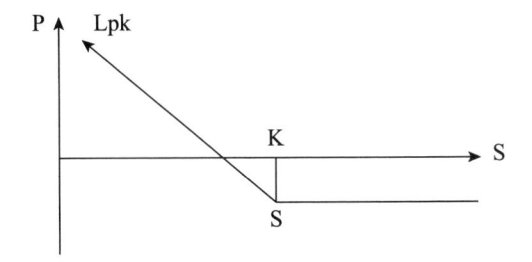

图 1.3.e　平值认沽期权

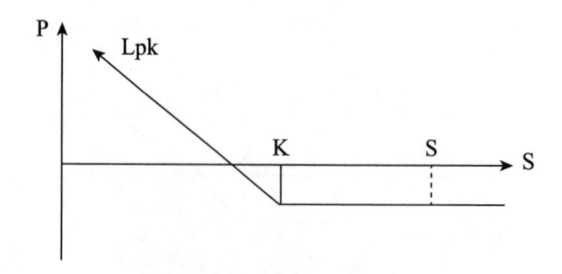

图 1.3.f 虚值认沽期权

平值期权的时间价值反映了市场对当前 S（=K）价格位置处的期权在未来期内波动的定价，时间价值最大，位于钟形曲线顶（底）部。

实值期权是增加或买入了一段 delta（记为 Δ）率空间，增加了内在价值，其市场意义是加大 delta 倍率（$\Delta = \Delta P/\Delta S$）、提高当量效率，但是如果没有确定性预期，期初开仓时尽量不用或少用实值期权。当然，有时也可以作为特殊对冲工具使用（见后续章节）。

虚值期权是减少或放弃了一段 delta 率空间，降低了时间价值，减少了当量比率，但是它有较大的杠杆率（$L = \Delta \times S/P$），建议期初开仓时多使用虚值期权工具。

第三节　期权定价

期权可以定向代替标的资产，这个定向的代价就是期权的价值（期权金），所以期权是一个有价值的衍生品工具，必须要有一个合理定价或估值，让买卖双方都能接受。所以，期权的定价，特别是被全球金融市场广泛接受的定价就非常重要。

1973 年，布莱克和斯科尔斯（Black-Shcoles）以期权定价理论获得诺贝尔奖的 B-S 期权定价模型，对于全球资本市场都接受的期权定价公式和建立期权标准化合约，以及金融衍生品市场的迅速发展，具有里程碑意义。

一、Black-Shcoles 期权定价模型

Black-Shcoles 期权定价模型认为，假设标的股票价格 S 符合有效市场的对数正态分布，在风险中性的条件下，欧式认购期权的价值 c 可以通过微分区段的无风险组合 ΔS-c 在未来期内的收益等于无风险收益 δK 的微分方程进行定价，欧式认购期权价值是微分方程的解函数 c=S×N（d1）-K×e^（-RT）×N（d2）。其中，c 为当量标的股票价格 S 的 "有波动收益的价格值 S×N（d1）" 减去组合的 "无风险收益的价格值折现值 K×e^（-RT）×N（d2）"，即 c 为对冲或冲抵两者价格值变动的差异。同样，也可以推导出欧式认沽期权价值 p=K×e^（-RT）×N（-d2）-S×N（-d1）。

其中，S 为标的股票价格、K 为期权的行权价格、σ 为标的股票的波动率、T 为期权的存续时间、R 为市场的平均利率、e^（-RT）为折现系数、N（d）为标准正态分布变量的累计概率分布函数。

这样，我们根据已知的定价参数，就可以构建符合定价位置和波动形态的正态分布模型，然后根据这个正态模型的标准正态分布变量的累计概率分布函数，就可以计算不同时空 S、K、T 和波动率 σ、R 的期权价值。

这里，我们引用一个例子来说明应用 Black-Shcoles 期权公式计算期权的价值（引自《期权与期货市场基本原理》约翰 C. 赫尔著/王勇、袁峻、韩世光译，机械工业出版社，2016 年版，第 223 页。）：

考虑一个 6 个月期限的期权，股票当前价格为 42 美元，期权行权价格为 40 美元，无风险利率为年率 10%，波动率为年率 20%，即 S=42、K=40、R=0.1、σ=0.2、T=0.5（6 个月折为 0.5 年），则有 d1 = ［ln（42/40）+（0.1+0.2^2/2）×0.5］/［0.2×(0.5)^0.5］= 0.7693；

d2 = ［ln（42/40）+（0.1-0.2^2/2）×0.5］/［0.2×(0.5)^0.5］= 0.6278，查标准正态分布变量的累计概率分布函数表有，N（0.7693）= 0.7791、N（0.6278）= 0.7359，则可以计算出这个期权的认购期权的价值为 c=42×N（0.7693）-38.049×N（0.6278）= 4.76 美元（实值期权）。同样，我们也可以计算出这个期权的认沽期权的价值为 p = 38.049×

N（-0.6278）-42×N（-0.7693）= 0.81 美元（虚值期权）。

这样，如果忽略货币的时间价值，股票价格 S 至少上涨 2.76 美元，即股价达到 44.76 美元，才能使得买入认购期权的投资者盈亏平衡；同样，股票价格 S 至少下跌 2.81 美元，即股价达到 37.19 美元，才能使得买入认沽期权的投资者盈亏平衡（注．本例中虚实值期权的价格差异是 SK 距 2 元所致，即实值期权加 2 元、虚值期权减 2 元）。

实际上，各个期权交易平台上都有当前不同时空 S、K、T 和波动率 σ、R 的期权价值、定价参数和希腊字母，随时供投资者查取。

例如，在国泰君安期权交易平台上 2023 年 4 月 5 日 10：21 时的期权 T 型报价表中可以查到：

标的物 300ETF（510300），认购期权行权价格 4.100，认购期权价格 0.0634；到期日 20230405。

杠杆比例 64.67%，内在价值-，时间价值 0.0634，溢价率 1.55%，合约单位 10000，隐含波动率 14.83%。

希腊字母 Delta 0.5304，Gamma 2.9515，Rho 0.1261，Theta -0.5210，Vega 0.3979。

从经济学意义上理解，期权的价值也称为风险中性条件下对冲当量标的股票价格 S 随机波动的对冲成本，或代替当量标的股票价格 S 随机波动的代替成本。实际上，作为期权交易者，我们只需要理解定价公式的经济学意义和数学表达的逻辑，只需要知道影响期权合理价格的定价变量参数，以及各个变量参数在不同场景下对期权价值的影响程度，从而提高交易的效率和风险管控能力。而且，作为散户或中小型机构，我们使用期权是投机期权的价值差，或者作为对冲工具对冲价差，我们可以不用太关注期权价值的估值。如果市场定价偏离，专业投资者或大型机构会很快套利抹平，使之回归合理价值。

值得高兴的是，通过分析和理解期权的定价模型和定价公式，我们总结了一些具有普遍性意义的认识。例如，如果一类证券或金融产品可以定价，并且定价公式可以用一个概率模型的显式价值函数表达，就可以量化其损益敞口及风险敞口，也就可以量化交易、量化对冲、量化管理，但关键是定价的合理性和市场的认可度,即可以在市场上买卖与对冲。而且如果两个金融产品具有极强的相关性,并且都可以量化,则可以配对组合及对冲组合,而且如果有金融衍生品参与组合,则这个组合的价值曲线就会有非线性差异,对冲组合就会产生非线性价值敞口,我们就可以利用和控制这个非线性损益敞口在波动中对冲与套利。

所以,一个国家的金融监管机构及国有大型投资银行的关键任务,就是为这个国家的证券市场合理定价,稳定市场预期。并应倡导主权财富基金和大型投行、券商(做市商)充分开发和利用金融衍生品工具进行量化对冲与波动套利,抑制市场的恶性波动,维护国家的证券市场和资本市场的安全与稳定。

二、期权的价值关系

期权有两个重要的价值关系应予重视。

期权交易规则中合约规定,同类期权有 9 个行权价格,其中 1 个平值合约、4 个虚值合约、4 个实值合约。根据期权定价模型和期权的 PS 价值分布曲线,同类期权的价值具有等价关系和平价关系(不计交易差价滑点,下同),违背等价关系和平价关系称为定价背离或者偏离,可以套利。

1. 等价关系

SK 等距离的同类实值与虚值期权的时间价值相等;同一期权的买入期权与卖出期权的价值相等。其中 S 为标的股票的价格,K 为期权的行权价格。

例 1:当前标的股票 S 的价格为 50 元,行权价格为 55 元的虚值认购期权价值为 1.633 元,其中内在价值 0.000 元、时间价值 1.633 元;行权价格为 45 元的实值认购期权价值为 6.633 元,其中内在价值 5.000 元、时间价值 1.633 元。SK 距离为 5 元行权价格 55 元的虚值认购期权与行权价格 45 元的实值认购期权的时间价值均为 1.633 元。

例 2:当前标的股票 S 的价格为 50 元,买入行权价格 55 元的虚值认购期权价格为 1.633 元，卖出行权价格 55 元的虚值认购期权价格也应该为 1.633 元左右。

2. 平价关系

同组期权的认购期权与认沽期权的时间价值相等。这样，同组期权 SK 等距离的虚值认沽期权与实值认购期权的时间价值相等，同组期权 SK 等距离的实值认沽期权与虚值认购期权的时间价值相等。

例3：假设当前标的股票 S 的价格为 50 元，行权价格为 50 元的平值认购期权和平值认沽期权的价值均为 2.75 元（均为时间价值）。如果构建一个合成关系方程 p=c-S，左侧为买入认沽期权头寸、右侧为买入认购期权与卖出标的股票的组合头寸。

如在期中 t 时，股票价格下跌为 45 元，期权的时间价值为 1.96 元，则买入的认沽期权为实值期权，价值为 6.96 元，其中有内在价值 5 元；买入的认购期权为虚值期权，价值为 1.96 元，全部为时间价值；卖出的股票 S 有收益 5 元。这样，合成方程左侧为 6.96 元，右侧为 1.96+5=6.96 元，符合平价关系。如图 1.4.a 所示。

如在期中 t 时，股票价格保持为 50 元，期权的时间价值为 1.96 元，则买入的认沽期权为平值期权，价值为 1.96 元；买入的认购期权也为平值期权，价值为 1.96 元，且两权全部为时间价值；卖出的股票 S 有收益 0 元。这样，合成方程左侧为 1.96 元，右侧为 1.96+0=1.96 元，也符合平价关系。如图 1.4.b 所示。

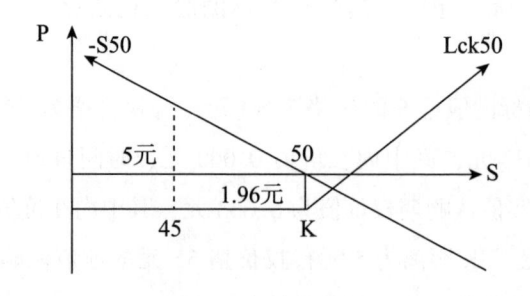

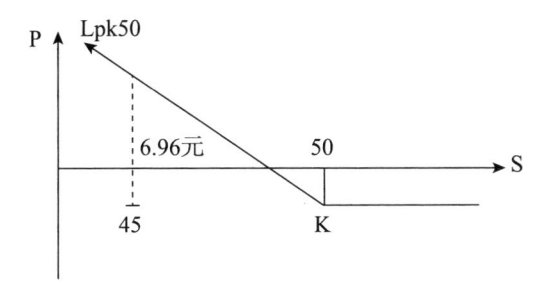

图 1.4. a

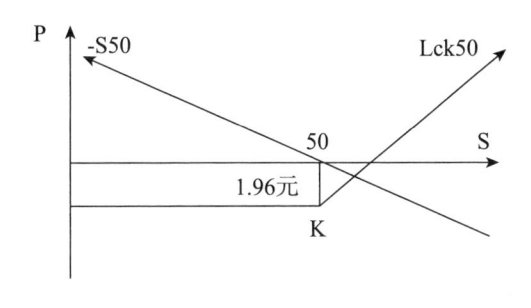

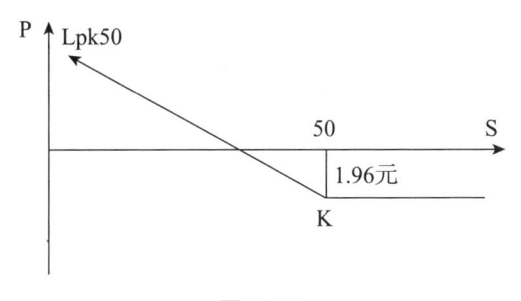

图 1.4. b

如果平价关系背离则可以套利，如在期初标的股票 S 的价格为 50 元时，行权价格为 50 元的平值认沽期权的价值为 2.85 元（全部为时间价值），平值认购期权的价值为 2.75 元（全部为时间价值），则认沽期权的价值 2.85 元估值高 0.10 元，平价关系背离，可以利用合成关系方程套利。如卖出认沽期权 Spk50 收入 2.85 元，买入认购期权 Lck50 付出 2.75 元，同时卖出同等数量标的股票 S 构建一个对冲组合 Spk50＝Lck50-S50。如果到期时标的股票价格为 45 元，则因认沽期权与认购期权的时间价值全部归零，卖出的认沽期权为实值期权会被行权有价差损失（50-45）＝5 元，买入的认购期权为虚值期权不会行权，期权合约的价值为零，卖出的标的股票有收益（50-45）= 5 元，两个期权合约与一个股票合约的组合损益为零，可以获得期初构建组合的收益（2.85-2.75）= 0.10 元。如果到期时标的股票价格保持为 50 元，也是同样结果。如图 1.5 所示。

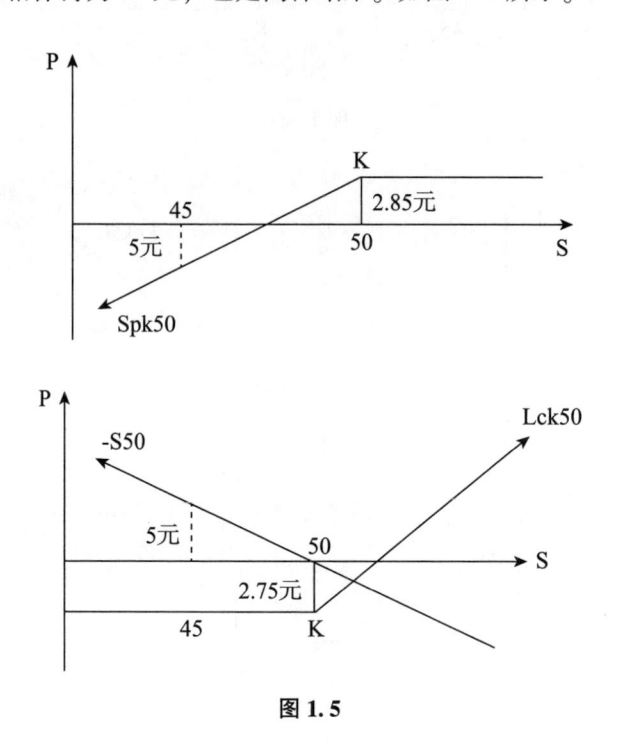

图 1.5

三、关于期权价值的两个问题讨论

（一）关于波动率与隐含波动率

根据期权的定价模型，期权有五个定价参数：标的价格 S、行权价格 K、隐含波动率 σ、剩余时间 T 和市场利率 R，其中 S、K、T 为表示空间与时间的位置参数，R 是资本市场的基本利率，一般在短期内不会变化而且变化也很小，对期权价值影响起主导作用的动力参数是隐含波动率 σ，而且隐含波动率是唯一未知而需要估计的定价参数。所以，在期权的定价公式中，对期权价值的定价，实际上是对隐含波动率的定价，而且追根溯源地说，是对标的股票价格数据在期内实际波动的波动率的估计。因此，隐含波动率应尽量接近未来的实际波动率，期权的定价才能达到公允价值，否则隐含波动率高估或低估都会被技术性套利。

所以，在期权交易中，除了标的股票市场的技术分析方法以外，期权市场还有以波动率与隐含波动率为主体的技术分析方法，如隐含波动率估值的高低，和以隐含波动率为主体的未来波动率在未来时间周期中波动的标准差长度分析等，这里重点讨论波动率分析的方法问题。

1. 关于波动率估值分析

标的股票价格波动的波动率可以分为历史波动率、预期波动率和隐含波动率。每一个交易者都会根据自己的经验和习惯，利用历史波动率、预期波动率和隐含波动率数据，确定自己在分析判断时使用的未来波动率水平，对期权交易的价值进行估计。

（1）历史波动率

历史波动率是指在过去一段时间内历史样本数据分布所表现出来的真实波动率数据，可以根据标的资产价格在过去一段时间内的历史样本序列数据，计算出相应的平均值、均方差、标准差和波动率，这个波动率就是这个时间周期的历史波动率。而且历史波动率会暗示一些价格位移表现在内的波动形态。

下面我们分析关于历史波动率的形态及偏度与峰度：

从统计学角度，我们可以分析某一只标的股票历史价格数据的统计分布规律及其与标准正态分布的差异，从而了解标的股票，或者标的股票在这一段期间的表现特质，如分析标的股票历史价格数据频率分布曲线的偏度与峰度，也是这一段历史或周期标的股票波动率的偏度与峰度。

1）价格数据分布曲线的偏度是指价格数据分布曲线相对于对称轴（平均值位置）的偏斜方向和程度，曲线顶部向左移动、右尾较长，称为正偏态分布，表示正向的高峰值过多，从而拉长了右尾。曲线顶部向右移动、左尾较长，称为负偏态分布，表示反向的高峰值过多，从而拉长了左尾。如图1.6.a和1.6.b所示。

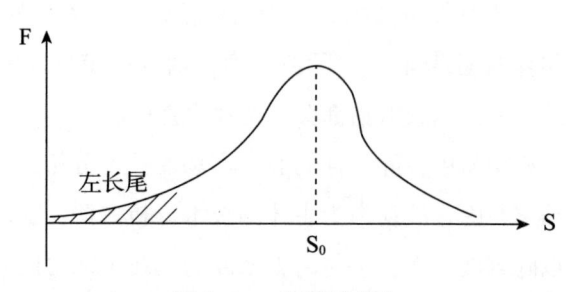

图1.6.a 正偏度分布

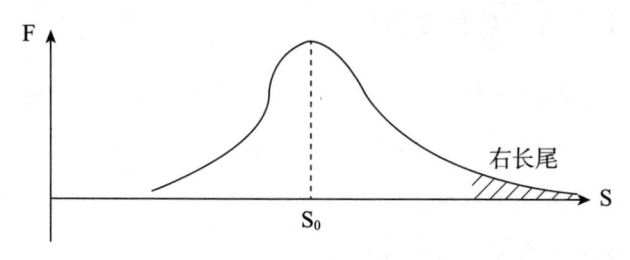

图1.6.b 负偏度分布

2) 价格数据分布曲线的峰度表示价格数据分布曲线峰顶的高陡或矮坦程度。如果将其嵌套在标准正态分布曲线中，峰顶高为正峰度，表现为大量数据分布都小于1个标准差，但也会有不少大于3个标准差的数据，而中间的数据相对较少，数据分布曲线的级配不均匀，即会有较多的正向大值数据与反向大值数据。大多数标的市场都是正峰度。负峰度是大量的价格数据在中间波动，只有较少的正反向大值数据。如图1.7所示。

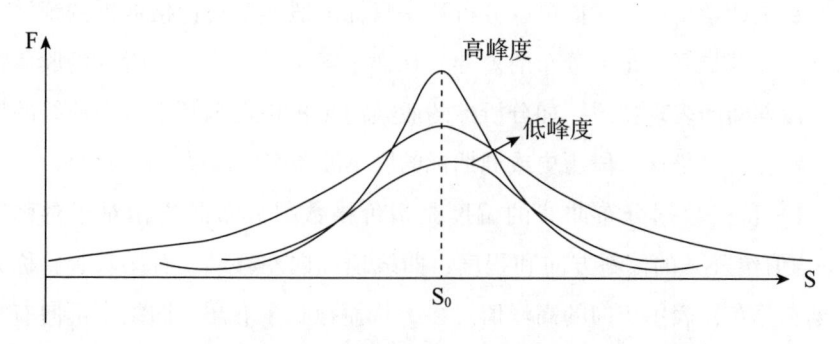

图1.7 高峰度分布与低峰度分布

这样，我们可以根据标的股票价格数据分布曲线，分析这只股票的波动形态和特征，如其似正态分布的曲线有没有偏度（单边长尾）或峰度（两边肥尾）现象，期权或组合设计中是否应考虑一些小概率大波线的问题，并且可以利用波动率偏度或峰度进行未来期内价格数据的波动分析，以及期权策略的优化布局设计等。

（2）预期波动率

预期波动率是对未来波动率的预期，是在分析当前历史的波动形态特征和类似波动图形的基础上，对未来波动的预期判断，如可以根据历史波动形态、当前图形的惯性延续，可能发生的事件影响等，对历史波动率进行修正或调整，尽量反映出未来一段时期的一个波动率水平。但是影响预期波动率的主观因素太多，无法正确预测与估值，只能是近似。

当然，如果能够预测未来波动率的近似波动水平，我们就可以与隐含波动率直接对比，比较分析隐含波动率估值的高低，就可以在期权的组合布局中利用波动率的优势。

（3）隐含波动率

隐含波动率是在期权市场中，期权交易价格中隐含的波动率，它可以根据期权的价格反算出来，表现了当前市场对未来波动率水平的认可。一般认为，市场交易的期权价格是市场参与者买卖双方都认可的期权价值，所以市场期权交易价格中隐含的波动率也是市场参与者们共同认可的波动率，也可以认为是市场认可的标的股票的未来波动率，至少是市场中投机交易者或者对冲交易者所认可的未来波动率。但是应特别注意，期权的隐含波动率不是期权价格数据的波动率，而是期权的标的股票的价格数据的波动率。

下面我们分析关于隐含波动率的市场赋值及倾斜与微笑：

1）隐含波动率的市场赋值

我们都知道，期权的定价参数中只有波动率是唯一需要估计的参数，故期权的价格最终也可以认为是对未来波动率的估值。这样，买入期权的本质，就是做多波动率，等待波动率增加；卖出期权的本质，就是做空波动率，等待波动率减少。所以期权及其组合设计，应对期权价值中隐含的波动率大小和影响因素进行深入分析。

从数学角度来讲，波动率是对未来股票价格与当前股票价格位置的偏离程度的估计。实际上，期权价格中的隐含波动率就是隐含了标的股票价格的大概率波动区间，也表现了期权价格交易的盈亏区间，买方越过盈亏平衡点才会有利，否则即使看对了方向，也会有损失。反之，卖方不越过这个盈亏平衡点就会获得卖出期权的全部收益。

市场一般是通过对标的股票市场价格的波动情况和不同期权的供求关系，赋予不同的隐含波动率对不同期权的价格进行定价，不同的期权市场和不同的市场形态，隐含波动率会表现出不同的分布特征，如波动率倾斜与波动率微笑。反之，通过不同的波动率分布特征，我们也可以知道市场对不同期权的需求情况，从而分析市场对未来波动形态的预期。亦即隐含波动率会暗示一些市场形态的表现及方向。

2) 隐含波动率的倾斜与微笑

隐含波动率的倾斜或微笑可以表述为波动率的偏度，以平值期权的隐含波动率为中心，虚值认购期权与虚值认沽期权会有前后向偏度。波动率倾斜关系，如左侧上倾，表示看跌的期权需求过多，表示未来市场可能下跌，交易者利用虚值认沽期权保护或投机的需求较大；如右侧上倾，表示看涨的期权需求过多，表示未来市场可能上涨，交易者利用虚值认购期权投机的需求较大。如图1.8.a所示。

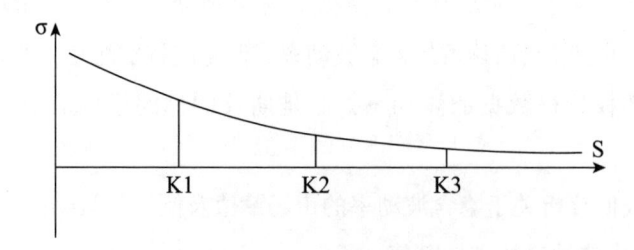

图1.8.a 波动率倾斜

波动率微笑关系，表示平值两侧认沽期权和认购期权需求较多，表示未来市场可能会有较大的波动，利用虚值认沽、认购期权投机或者对冲的需求较大。如图1.8.b所示。

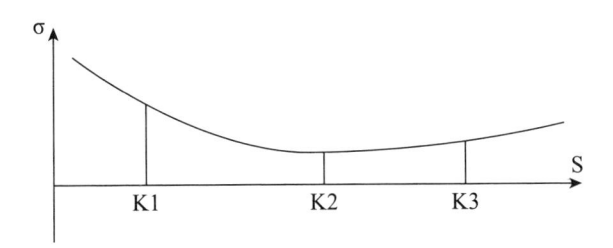

图 1.8.b　波动率微笑

我们可以利用波动率倾斜或微笑的估值偏度进行期权策略的优化布局和设计。例如，如果期权的价格便宜，即其隐含的波动率较低（与未来的实际波动率相比），可能意味着市场低估了未来的波动率，可以买入。同样，如果分析认为未来期权的波动不会突破市场赋予的隐含波动率水平，即认为期权是处于高估的价格水平，则可以卖出。同时，我们也可以利用隐含波动率估值高低的差异进行优势组合设计。

2. 关于波动率应用分析

我们知道，表达标的股票价格波动的唯一量化参数就是价格数据分布的波动率，而在期权的定价公式中，唯一需要估计的定价参数是未来的波动率，股票价格的波动率始终是资本市场永恒的话题，也是众多交易者呕心沥血分析研究的永恒主题，并且也研究提出了很多分析计算方法。然而遗憾的是，非有效市场与有效市场叠加的无规则波动，始终没有"唯一解"甚至"一个解的范围"。但是，我们如果要交易期权，还是需要分析、判断、预测，为我们的设计、布局、变换，提供一个逻辑上的支撑依据。

多年以来，根据期权定价模型服从随机波动的正态分布理论和期权价值中隐含的波动率，交易者提出了很多基于随机正态分布和隐含波动率的标的股票价格波动的分析方法。比如利用实际分布与标准正态分布的差异，分析标的价格数据的实际分布特征，如偏度、峰度等，判断大于一个标准差的价格数据分布数量、出现几率；比如用隐含波动率计算当前价格波动的标准差，分析期内价格数据可能波动触及到的位置；更专业的还有，利用隐含波动率与实际波动率的差异进行对冲套利；而且隐含波动率本身还有自己的分布特征，如隐含波动率倾斜、隐含波动率微笑等，这些分析、判断、预期，都是期权布局设计中可以利用的比较优势。

(1) 关于波动率的比较分析

期权价值的定价是基于随机波动的标准正态分布模型，隐含波动率是一个标准正态分布的波动率，无偏度、无峰度或者说有一个标准峰度，如果以一个标准差衡量，则隐含波动率的赋值决定了这个标准差的长度。在标准正态分布中，68%的数据都在一个标准差之内，只要求大约每月一次的两个标准差波动和有0.2%的三个标准差波动。实际波动率（包括历史及未来波动率）是实际价格数据真实波动按照正态分布统计方法计算出一个标准差，再根据这个标准差计算出来的实际波动率，如果以一个标准差衡量，这个标准差长度决定了实际波动率的赋值。而且这个标准差和实际波动率还有非有效市场的位移影响（表现为偏度），以及价格数据的离散影响（表现为峰度）。所以，在价格数据的实际分布中，虽然绝大多数的数据都在一个标准差之内，但大于一个标准差的波动随着市场波动形态的变化也会有不同程度的分布。

两种波动率比较，隐含波动率是一个标准的理论分布，它是根据市场对期权的定价和期权的定价参数确定一个标准的正态分布曲线。但是未来波动率是实际波动率，它由未来价格波动数据的实际分布所表现。在交易分析中，如果我们能够比较分析隐含波动率与未来波动率，能够基本把握隐含波动率估值的高低，亦即期权价值的估值的高低，我们就可以考虑利用波动率优势或具有定价优势的期权工具进行设计布局。

虽然比较标的股票未来波动率与标的期权隐含波动率非常困难，但还是可以近似。如我们可以通过历史样本、类似图型，甚至包括期权市场的隐含波动率特征等各种方式预测估计股票价格的未来波动率，做市商和专业交易者还可以通过期现对冲进行修正和不断迭代修正，分析期权定价中的隐含波动率与市场波动中标的股票的实际波动率的差异。

期权交易者，实际上是买卖期权隐含波动率的差异，通过利用隐含波动率与实际波动率之间的差异进行套利。所以，期权交易者在关注标的股票价格变化的同时，还应该考虑波动率差异的影响，应该对隐含波动率与实际波动率的差异进行分析。例如通过对标的股票的价格数据实际分布曲线与标准正态分布曲线的对比分析，我们会发现，不完全服从正态分布的股票价格波动，特别是有峰度或/和有偏度的股票价格波动，标的股票的实际波动率与标的期权的隐含波动率会有很大差异，这种股票的价格数据容易出现大幅波动，如会有 3~4 个标准差的峰值，而且会有明显的偏移。这类标的股票的期权，或者在这种形态期间，可以以买入期权策略为主。反之，基本服从正态分布的价格曲线，或者负峰度曲线，可以考虑卖出期权策略。

与股票市场分析一样，时间周期框架也很重要，较短的时间周期可能会有很多随机的噪声。根据交易的需要，我们可以通过改变时间周期，平滑一些价格数据的标准差表现，这时我们可能会发现在一段时期内比较稳定的波动率，甚至可以发现一些波动率变化的趋势。所以，长期投资组合应该用平衡的观点看待波动率变化，应分析中长期的波动率及波动率变化规律，从较长的尺度来观察标的股票波动率的变化趋势。

（2）关于标准差的应用分析

我们知道，标的市场价格数据的波动率是根据价格数据的一个标准差推算出来的，用一个标准差衡量波动率或者用波动率衡量一个标准差具有相同的效果。这样，我们可以用期权市场赋值的隐含波动率计算当前标的价格的标准差，分析未来期内价格的一个标准差的位置，或者未来期内价格达到某个位置需要几倍的标准差长度，以指导我们在某一个波动率水平中设计布局或在波动率变化时的调整布局。

这种利用隐含波动率水平分析标的市场中标的股票价格波动的标准差长度方法虽然近似，但简单量化、逻辑清晰，在实际交易中有很大的应用价值。特别是在市场中性或者横盘波动时，可以直接对比，量化分析。另外，如果有足够的经验和数据样本，根据计算分析的标准差数据，与类似当前价格数据的历史图形，还可以分析判断在期权的剩余时间内大于一个标准差波线出现的幅度与频度，那就是十分成功的专业交易者。

当然，应特别强调指出，这个标准差长度只是有效市场随机波动的标准差长度，而对于股票价格波动的非有效市场的位移不能够预测。或者可以根据股票市场的技术分析方法如 MACD 或 KDJ 等循环型指标进行分析。

1) 周期系数

我们把波动率定义为一个交易年度内标的股票价格发生一个标准差的波动率,而且市场及交易平台提供的波动率也都是年化波动率 σ 年,我们应根据周期系数 (T/251)^0.5 进行周期化处理,计算剩余时期 T 里的股票价格波动率 σT=σ 年×(T/251)^0.5,如 σ 月=σ 年×(1/12)^0.5,σ 周=σ 年×(1/52)^0.5,σ 日=σ 年×(1/251)^0.5。其中,T 为计算时间周期的天数,251 为每年有 251 个交易日,12 为每年有 12 个交易月,52 为每年有 52 个交易周;σ 年为年波动率,σ 月为月波动率,σ 周为周波动率,σ 日为日波动率。

2) 标准差分析

如果我们需要估计当前买入期权能够越过行权价格成为实值期权的位置,或者卖出期权不会越过行权价格从而不会被行权的位置,就要对期权或组合的行权价格设计位置进行估计。这时我们可以通过计算在期权持续期内股票价格波动的标准差长度进行概略的量化分析。如果买入期权的价值能够覆盖这个标准差长度,则其成为实值期权的可能性很大,并且会有价差价值;如果卖出期权的价值会覆盖这个标准差的长度,则不宜卖出,有被行权的可能,要解决一系列烦琐的问题。

这里简单地举几个例子来说明波动率及标准差分析的应用价值。

例 1:设如当前标的股票价格为 36 元,市场看涨,认购期权的行权价格 40 元,隐含波动率 35%,剩余时间 9 天,分析认购期权成为实值而可以行权的可能性?

分析:股票价格 9 天的波动率为 35%×(9/251)^0.5=6.6%,9 天的一个标准差变化为 36 元×6.6%=2.38 元。

股票价格从 36 元上涨 4 元到 40 元,认购期权才可能行权,计算 4/2.38=1.68 即 9 天内股票价格有 1.68 个标准差的波动,认购期权才能行权、才有价值,显然这个概率的实现是有可能的。如图 1.9 所示。

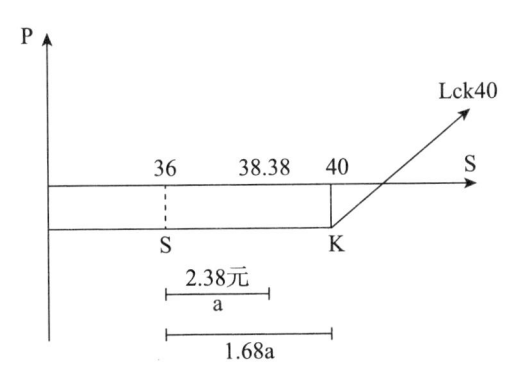

图 1.9 波动率及标准差分析示例 1

例2：设如当前标的股票价格为 36 元，市场看跌，剩余时间 9 天，隐含波动率 40%，分析卖出一张行权价格为 35 元期权价值为 1.06 元的认购期权 Sck35 元实现获利的可能性？

分析：9 天一个标准差的变化为 36 元×40%×(9/251)^0.5 = 2.72 元，分析认为，9 天波动一个标准差，即市场下跌，股票价格变化为 36-2.72 = 33.28 元的可能性很大，而 33.28 小于行权价格 35 元，如再考虑卖出认购期权 Sck35 元的价格 1.06 元，一般行权者在股价大于 36.06 元时行权才有利，故卖出认购期权 Sck35 元不会被行权，可以获取卖出的期权价值 1.06 元。如图 1.10 所示。

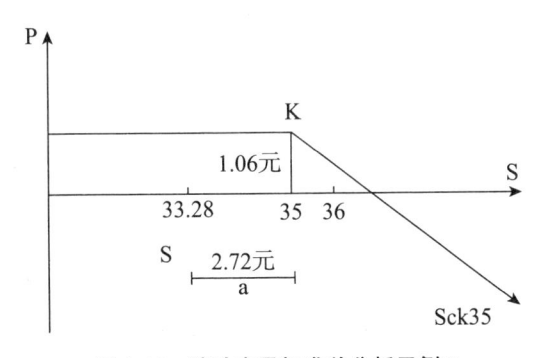

图 1.10 波动率及标准差分析示例 2

例3：设如当前标的股票价格为 70 元，剩余时间 9 天，隐含波动率 40%，拟选择在行权价格 75 元处卖出认购期权 Sck75，分析股票价格波动到 75 元处的"实现波动率"，并与市场赋予的"隐含波动率"进行比较，判断是否可以卖出认购期权获利？

分析：在股票价格 70 元处，波动到 75 元的年波动率为 5/70×100% = 7.14%，远低于隐含波动率 40%。但是如果折算为 9 天，则实现波动率为 1.35%、隐含波动率为 7.57%，隐含波动率在 9 天里的一个标准差为（70× 7.57%）= 5.299 元，卖出认购期权 Sck75 有被行权的可能性，设计的行权价格位置不安全。如图 1.11 所示。而且隐含波动率 40% 的波动在一年内可能会穿越价差为 5 元的 5 个行权价格。

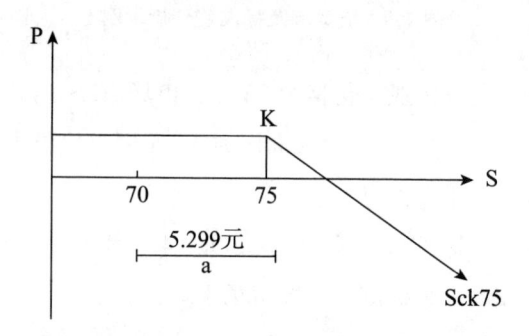

图 1.11 波动率及标准差分析示例 3

例 4：设如当前标的股票价格为 50 元，市场有限看涨，行权价格 50 元的认购期权价格 3 元、行权价格 55 元的认购期权价格 1 元，剩余时间 21 天，隐含波动率 35%，但风险分析后估计其有 +-10% 的变化范围，分析买入一张平值认购期权 Lck50 的方案，与买入一张平值认购期权 Lck50 并再卖出一张虚值认购期权 Sck55 构建一个正向价差组合方案的优势？

分析：本例的周期系数为 (21/251)^0.5 = 0.2892，年隐含波动率 25%、35%、45% 折算为 21 天的波动率分别为 7.23%、10.12%、13.01%，相应的一个标准差长度分别为 3.615 元、5.060 元、6.505 元。

如果隐含波动率为 35%，则到期日标的价格大略为 55 元，买入的认购期权 Lck50 为实值期权可以行权，有价差收益 5 元；卖出的认购期权 Sck55 为平值期权不行权，期权合约的价值为零。期初如构建价差组合，组合有收益 5 元，加上期初构建成本 2 元，交易有收益 3 元。期初如只买入认购期权 Lck50，则有收益 5 元，加上期初构建成本 3 元，交易有收益 2 元。

第一章 期权规则与市场意义

如果隐含波动率为25%，则到期日标的价格大略为53.6元，买入的认购期权Lck50为实值期权可以行权，有价差收益3.6元；卖出的认购期权Sck55为虚值期权不行权，期权合约的价值为零。单一买入认购期权的收益为（3.6-3）=0.6元，价差组合的收益为（3.6-2）=1.6元。

如果隐含波动率为45%，则到期日标的价格大略为56.5元，买入的认购期权Lck70为实值期权可以行权，有价差收益6.5元；卖出的认购期权Sck55也为实值期权会被行权，期权合约有价差损失1.5。单一买入认购期权的收益为（6.5-3）=3.5元，价差组合的收益为（6.5-1.5-2）=3元。

综上所述，如果波动率低于35%，则买入正向价差组合优于买入单一的认购期权，可收入卖出的认购期权Sck55的价值。如果波动率高于35%，则买入正向价差组合不如买入单一的认购期权，卖出的认购期权Sck55会对冲买入认购期权Lck50的收益，故波动率增大时应放开买入期权的损益敞口。如图1.12所示。

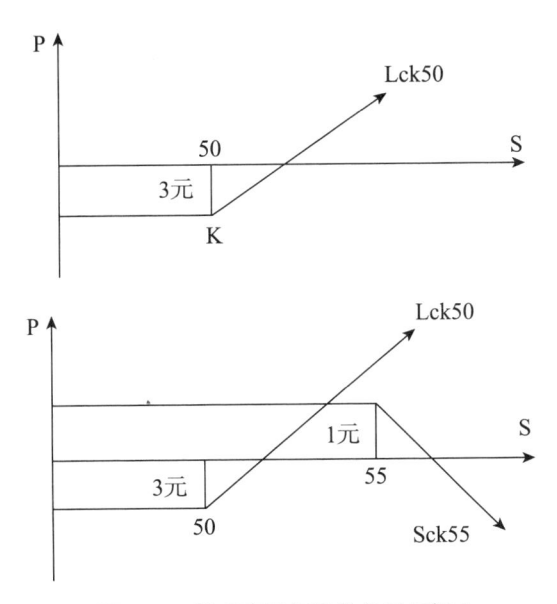

图1.12 波动率及标准差分析示例4

例5：当前市场方向不明、强烈波动，隐含波动率高达65%，交易者拟构建一个买入跨式组合博弈一边方向突破之利是否可行？

设如标的股票价格为50元,行权价格50元的认购期权价格3元、行权价格55元的认沽期权价格3.5元,剩余时间21天,买入一张平值认购期权Lck50支付成本3元、买入一张平值认沽期权Lpk50支付成本3.5元,买入组合的成本为6.5元。

分析：本例的周期系数为 (21/251)^0.5=0.2892,年隐含波动率65%折算为21天的波动率为18.8%,相应的一个标准差长度为50×18.8%=9.4元,大于构建组合的成本6.5元,买入跨式组合的方案可行。实际上市场非常极端,到期日标的股票的价格下跌到39.8元,买入的认购期权Lck50为虚值期权,期权合约的价值为零,买入的认沽期权Lpk50为实值期权可以行权,期权合约有价差收益（50-39.8）=10.2元,减去期初买入组合的成本为6.5元,这笔交易盈利3.7元,一张组合可获利3.7万元。如图1.13所示。

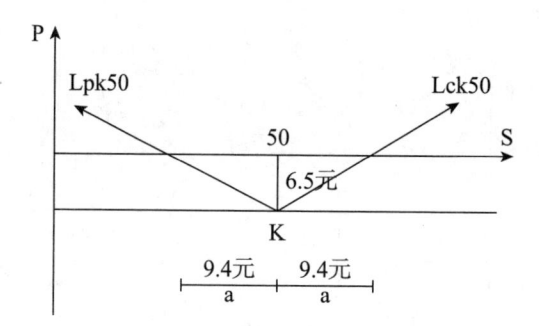

图1.13 波动率及标准差分析示例5

（3）其他分析方法

1）标准差与布林线

一般的期权交易者都会有大量的标的股票价格波动数据分析图表,如果最近一段时期没有重大变化可以直接用历史波动率数据进行分析,如我们可以评估之前一个月或者一周的历史波动率对应的平均标准差,观测每天或者每个观测周期股票价格波动的标准差与平均标准差的差异,建立一个类似于布林线通道的图表,并按照布林线的方法进行股票价格的波动分析与指导交易。

2）循环周期与波动幅度及位置

我们也可以利用股票市场技术分析的循环型指标如 MACD、KDJ 等辅助分析。循环型指标是快均线相对慢均线的波动，可以判断当前股票价格在循环波段中的位置（这很重要），并且它还会暗示当前股票价格位置或者期权价值估值的高低。

（二）有效市场与非有效市场

标的股票的期权价值是标的股票价格 S 在未来期内（剩余时间内）波动的概率加权平均值，而标的股票期权定价的数学基础是标的股票价格数据 S 符合正态分布的随机波动，即期权的价值是对有效市场的定价。而实际标的股票价格 S 大多数情况下的表现是非有效市场的波动位移。

标的股票价格 S 的波动假设及波动形态分布规律曾经有过很大争议，涉及技术面分析与基本面分析谁是谁非，以及以谁为主导的问题。我们认为，期权的定价可以完美地解释这个问题。有效市场的随机行走理论认为，市场的无效率因素是不可能长期存在的，但是也认为，价格可能会随机行走，但不会扰乱长期的趋势，这是辩证地看待问题，一个趋势不可能长期持续，但随机波动会随时存在。实际上，标的股票的走势与波动是两个层面的问题，并不冲突，随机波动并不会影响标的股票的走势，可以认为是在波动中有走势，或在走势中有波动。如果分层次考虑，趋势是波动中的趋势，波动是趋势中的波动。

标的股票已实现的 SK 距离的变化属于当前非有效市场的波动位移（建仓后持仓位置 SK 的变化就表现了这个位移），期权的时间价值则属于未来有效市场的随机波动长度（或上或下），标的股票期权的价值只是对标的股票的未来随机波动的估值（大略是一个随机波动的标准差），而且随着 SK 距离的增加，波动的价值会在传递过程中折减。另外，期权的隐含波动率虽然是有效市场对期权定价的主要参数，但也是市场交易者共同认可的波动参数，同时包括了非有效市场的认同因素。

从交易的视角来看，买入期权是想买入随机变化的价差，更想买入走势,而卖出期权只是想卖出随机变化的收益。所以应特别注意,买入期权相当于买入股票,但是卖出期权不同于卖空股票,而且是有无限风险与极有限的收益。

第四节 希腊字母

期权的希腊字母是期权的定价参数发生单位变化时期权的价值变化率,如认购期权(认沽期权类同)的定价参数 S、K、σ、T、R 发生单位变化时,期权的价值变化为 $dC=\partial C/\partial S \times \Delta S + 0.5 \times \partial^2 C/\partial S^2 \times (\Delta S)^{\wedge}2 + \partial C/\partial \sigma \times \Delta \sigma + \partial C/\partial T \times \Delta T + \partial C/\partial R \times \Delta R = Delta \times \Delta S + 0.5 \times Gamma \times (\Delta S)^{\wedge}2 + Vega \times \Delta \sigma + Theta \times \Delta T + Rho \times \Delta R = \Delta \times \Delta S + 0.5 \times G \times (\Delta S)^{\wedge}2 + V \times \Delta \sigma + \theta \times \Delta T + Rho \times \Delta R$。

希腊字母 Delta/Δ、Gamma/G、Vega/V、Theta/θ、Rho,即期权价值的变化率非常重要,根据期权或组合的希腊字母(交易平台上期权 T 型报价表上可以查到适时动态变化的每一个期权的希腊字母),我们可以了解定价参数对期权价值的影响程度或贡献率,当前哪些希腊字母暴露了敞口,谁是主要参数,应予重点关注;可以知道当前哪个定价参数是盈利因素或亏损因素,并控制当前亏损因素的风险敞口和敏感率即希腊字母的大小;甚至可以主动设计或变换设计适宜于当前市场形态的希腊字母因子的组合布局。

应该特别强调的是,无论定价参数正反向变化,一个期权的希腊字母符号始终是固定不变的。这样,我们就可以利用希腊字母的这个特性对多个期权组合的希腊字母进行代数叠加。而另一个重要价值是我们可以采用希腊字母相反的期权或组合对现在有希腊字母风险的期权或组合进行量化对冲。

希腊字母最重要的应用场景是风险管理,期权的希腊字母风险是,如果定价参数变化方向与其希腊字母变化方向(希腊字母符号中定义的定价参数方向,下同)相反,则该希腊字母敞口有风险,风险值大小即为量化的希腊字母。

一、希腊字母 Delta（记为 Δ 值）

定价参数标的资产价格如股票或基金 S 单位变化时期权价值的变化率为期权的 Δ（$=\partial C/\partial S$）值。

1. Delta 的意义

Δ 值是未来标的资产价格 S 变化对期权价值的贡献率，如平值期权的 Δ 值为 0.5，表示标的资产价格 S 变化 1 元，则期权价值变化 0.5 元。这样也可以看出，Δ 表示当前期权持仓的合约规模相当于持有多少标的头寸的当量率，如当前 Δ 为 0.5，则当前期权持仓相当于持仓 0.5 倍的标的头寸，持仓 1 张期权（合约乘数 10000）相当于持仓 5000 份沪深 300ETF 基金。

如果买入一张 Δ 为 0.5 的认购期权，标的价格正向变化 0.1 元，则认购期权的价值增加收益 500 元；标的价格反向变化 0.1 元，则认购期权的价值损失 500 元。

反之，如果卖出一张 Δ 为 0.5 的认购期权，标的价格正向变化 0.1 元，则认购期权的价值增加损失 500 元；标的价格反向变化 0.1 元，则认购期权的价值增加收益 500 元。

2. Delta 的符号

期权的 Δ 值为在 PS 坐标系中 PS 曲线的斜率，左切线斜率 Δ 为正，则 Lck、Spk 的 Δ 为正；右切线斜率 Δ 为负，即 Lpk、Sck 的 Δ 为负。表示如果 S 正向变化，则 Lck、Spk 期权增加 Δ 值，有利，而 Lpk、Sck 期权减少 Δ 值，不利；如果 S 负向变化，则 Lck、Spk 期权减少 Δ 值，不利，而 Lpk、Sck 期权增加 Δ 值，有利。

如果买入一张 Δ 为 0.5 的认购期权、卖出一张 Δ 为 0.3 的认沽期权，标的价格正向变化 0.1 元，则买入认购期权的价值收益 500 元、卖出认沽期权的价值收益 300 元。

而如果买入一张 Δ 为 0.5 的认沽期权、卖出一张 Δ 为 0.3 的认购期权，标的价格正向变化 0.1 元，则买入认沽期权的价值损失 500 元、卖出认购期权的价值损失 300 元。

3. Delta 的结构关系

Δ 与 SK 距离的关系，Δ 与期权的价值 P 一样，随 SK 距离呈 S 形指数分布关系，从（0，1）或从（0~-1）。

Δ 与 T 剩余时间的关系，随着剩余时间的减少近到期日，实值期权的 Δ 趋于 1（或-1）；虚值期权的 Δ 趋于 0；平值期权的 Δ 保持 0.5，即有 50%的概率成为实值期权、有 50%的概率成为虚值期权。这时如果持仓近平值，就应该特别注意，尤其是卖出期权如果成为实值，就会被行权而有损失。

4. 关于 Delta 值风险

Δ 值风险是当前标的资产价格 S 变化方向与期权或期权组合的 Δ 值符号相反，如果期权或期权组合的 Δ 敞口有风险，应进行希腊字母 Δ 的风险管理，或者进行 Δ 中性对冲（使组合的 Δ=0）封闭 Δ 敞口，或者平掉风险肢曲线变换布局。

例如保护性组合 Sck1+Lck2 在当前 S 处 Sck1 的 Δ 为-0.67、Lck2 的 Δ 为+0.25，则组合的希腊字母 Δ 为-0.42，如果 S 正向，则组合会有损失 0.42×ΔS 元，需要买入 4200 股标的股票 S（买入标的股票 S 的 Δ 值为+1）对冲封闭 Δ 敞口。如果 S 反向，则组合会有收益 0.42×ΔS 元，可以买平当量与 4200 股股票的卖出认购期权 Sck1，封闭 Δ 敞口，使组合保持中性。

二、希腊字母 Gamma（记为 G 值）

定价参数标的资产价格 S 单位变化时 Δ 值的变化率为期权的 G（$=\partial\Delta/\partial S=\partial^2 C/\partial S^2$）值。

1. Gamma 的意义

G 值是未来标的资产价格 S 变化对 Δ 值的贡献率，亦是标的资产价格 S 变化对期权价值的非线性贡献值 $0.5 \times G \times (\Delta S)^2$。并且应特别注意，在虚值空间，G 值的非线性变化效应会比 Δ 值的效应大得多。

2. Gamma 的符号

期权的 G 值为在 PS 坐标系中 PS 曲线的曲率，凹曲线曲率 G 为正则 Lck、Lpk 为正，凸曲线曲率 G 为负即 Sck、Spk 为负。

因为无论 S 正负变化曲率 G 值均为增加，则 Lck、Lpk 增值有利，所以 G 值为正；Sck、Spk 增值不利，所以 G 值为负。

在投资组合的精确对冲中，Δ 及 G 应作为独立因子分别进行对冲。但如果标的价格 S 的变化区间较小，或虚实值区间的 G 值较小，Δ 与 G 值也可以代数迭加（注意，G 值根据其正负号加减 Δ 值之后，Δ 仍保持其原来的符号），如当前认购期权的 Δ 为 0.33、G 值为 0.02，则买入认购期权的 Δ 近似为+0.35、卖出认购期权的 Δ 近似为-0.31。而如卖出认沽期权的 Δ 为+0.33、G 值为-0.02，卖出认沽期权的 Δ 近似为+0.31。

应特别注意，目前国内期权交易平台的期权 T 型报价表中，Gamma 数值的单位量纲有问题（似乎应除以 100），与 Δ 值不匹配。

3. Gamma 的结构关系

G 与 SK 距离的关系，G 与期权的时间价值一样，随 SK 距离呈钟形分布关系。

G 与剩余时间的关系，随着剩余时间的减少近到期日，实值期权和虚值期权的 G 值很小并趋于 0，但近平值期权的 G 值逐渐增大，表示这时近平值期权的 Δ 范围将会变大。

4. 关于 Gamma 值风险

G 值风险是当前标的资产价格 S 变化方向与期权或期权组合的 G 值符

号相反，如果期权或期权组合的 G 敞口有风险，应进行希腊字母 G 的风险管理。一般期中的 G 绝对值较小，特别是 SK 距较大的实虚值期权更小，可以不计。但如果 G 值敞口较大且方向不利，可以对 Gamma 值风险单独进行对冲。

三、希腊字母 Vega（记为 V 值）

定价参数隐含波动率 σ 单位变化+1%时期权价值的变化率为期权的 V（$=\partial C/\partial \sigma$）值。

1. Vega 的意义

V 值是未来隐含波动率 σ 变化对期权价值的贡献率。

σ 增加 PS 曲线上移、期权价值增值，凹曲线 V 为正，则 Lck、Lpk 为正，凸曲线 V 为负，即 Sck、Spk 为负。表示如果 σ 增加则买入期权的价值增加 V 值，有利，而卖出期权的价值增加 V 值，不利；如果 σ 减少则买入期权减少 V 值，不利，而卖出期权减少 V 值，有利。而如果考虑保持（锁住）现在值避免（冲抵）未来增减值，则可以采用具有反向 V 值的期权进行对冲，如使用具有+V 的买入认购期权 Lck 对冲有 −V 的卖出认购期权 Sck。

2. Vega 的结构关系

V 与 SK 距离的关系，V 与期权的时间价值一样，随 SK 距离呈钟形分布关系。

V 与剩余时间的关系，随着剩余时间的减少近到期日，实值期权和虚值期权的 V 值趋小，而近平值期权的 V 值也会非线性衰减。

3. 关于 Vega 值风险

V 值风险是当前隐含波动率 σ 变化方向，与期权或期权组合的 V 值符号相反，如果期权或期权组合的 V 敞口有风险，应进行希腊字母 V 的风险管理。V风险一般对价差策略影响不大，主要表现在作波动率策略或作时间值策略中。

如果当前期权或期权组合的V值较大，而且市场潜在有事件驱动的不利σ的变化，则可以暂时构建Vega中性的对冲组合，封闭V敞口，而一旦事件效应消失，则可以放开V敞口。如果是作波动率差异，则应该构建delta中性组合，封闭Δ敞口，敞开V敞口，等待波动率回归；或者保持Δ对冲到底，到期日波动率归零。

四、希腊字母Theta（记为θ值）

定价参数剩余时间T单位变化-1天时期权价值的变化率为期权的θ（$=\partial C/\partial T$）值。

1. Theta的意义

θ值是未来剩余时间T的变化对期权价值的贡献率。

剩余时间T始终在减少，PS曲线始终在下移，期权价值始终在减值，T变化-1天买入期权减值-θ，不利，而且T始终为负，则Lck、Lpk始终为-θ值；反之，Sck、Spk的θ为正，即T损耗使期权减值，卖出期权减值，有利。

应注意目前国内期权交易平台的期权T型报价表中，Theta数值的单位量纲有问题，与其他希腊字母数值也不匹配。

2. Theta的结构关系

θ与SK距离的关系，θ与期权的时间价值变化一样，但其随SK距离呈倒钟形分布关系。

θ与剩余时间的关系，随着剩余时间的减少近到期日，实值期权和虚值期权的θ值趋于稳定的常数，但近平值期权的θ值会逐渐增大，表示时间值消耗逐渐增加。

3. 关于 Theta 值风险

θ值风险主要是时间价值的减值，对买入期权的影响较大。如果买入期权的价差已经到位，而其时间价值还较大，为避免时间减值风险，可以卖出剩余的时间价值平仓了结。

值得注意的是，一个期权的 θ 值一定与它的 G 值相反，而且变化率（变化曲线）也基本相同，这个关系可以帮助我们衡量长期持仓的风险与收益，具有正 G 值意味着可以从标的价格的变化中获利，而负 θ 值表示如果标的价格不变则期权的价值会随着时间流逝。所以，在具有正 G 值和负 θ 值的期权头寸中，风险由 θ 值确定、收益由 G 值确定，如买入期权；具有负 G 值和正 θ 值的期权头寸中，风险由 G 值确定、收益由 θ 值确定，如卖出期权。

五、希腊字母 Rho

定价参数中市场短期利率 R 单位变化 +1% 时期权价值的变化率为期权的 Rho（$=\partial C/\partial R$）值。

1. Rho 的意义

Rho 值是市场短期利率 R 变化对期权价值的贡献率。

R 增加，正向期权（持有资产）的 PS 曲线上移，期权价值增值，正向期权的 Rho 为正，即 Lck、Spk 为正；反向期权（借出资产）的 Rho 为负，即 Lpk、Sck 为负。表示如果 R 增加则正向期权增加 Rho 值，有利，而反向期权相对减少 Rho 值，不利；如果 R 减少则正向期权减少 Rho 值，不利，而反向期权相对增加 Rho 值，有利。

2. 关于利率风险

一般情况下，市场利率在短期内是固定的，利率风险可以不计。相对于其他定价参数，市场利率变化对期权价值的影响较小，敏感程度较低，在实际操作中可以忽略利率的风险因素。但是在持有长期期权的投资组合的风险管理中，应考虑利率风险的问题。

六、四类期权及标准价差组合的希腊字母

1. 买入认购期权

买入认购期权是买入多头或作多买入，希腊字母有 +Δ、+G、+V、-θ、+Rho，希腊字母 Δ 的风险有限。

2. 卖出认购期权

卖出认购期权是买入认购期权的对手盘，希腊字母有 -Δ、-G、-V、+θ、-Rho，希腊字母 Δ 的风险无限。

3. 买入认沽期权

买入认沽期权是卖出多头或作多卖出，希腊字母有 -Δ、+G、+V、-θ、-Rho，希腊字母 Δ 的风险有限。

4. 卖出认沽期权

卖出认沽期权是买入认沽期权的对手盘，希腊字母有 +Δ、-G、-V、+θ、+Rho，希腊字母 Δ 的风险无限。

5. 标准正向价差组合

以认购期权的正向价差组合为例，买入认购期权 Lck_1 为主导区段的多头区间，希腊字母有 +Δ、+G、+V、-θ、+Rho；卖出认购期权 Sck_2 为主导区段的空头区间，希腊字母有 -Δ、-G、-V、+θ、-Rho。

标准正向价差组合的希腊字母 Δ 始终是正值，呈 0~+0.5~+1~+0.5~0 钟形分布，两权 PS 曲线拐点处（Δ=+1）效率最高。无论股票价格 S 如何变化，组合均风险可控。

6. 标准反向价差组合

以认购期权的反向价差组合为例，卖出认购期权 Sck1 为主导区段的空头区间，希腊字母有$-\Delta$、$-G$、$-V$、$+\theta$、$-Rho$；买入认购期权 Lck2 为主导区段的多头区间，希腊字母有$+\Delta$、$+G$、$+V$、$-\theta$、$+Rho$。标准反向价差组合的希腊字母Δ始终是负值，呈 0~-0.5~-1~-0.5~0 钟形分布，两权 PS 曲线拐点处（$\Delta=-1$）效率最高，无论股票价格 S 如何变化，组合均风险可控。

第五节 关于市场交易者与做市商的关系

为了充分保障市场交易的流动性，证券市场都要有一个做市商制度。证券交易所会认定一些符合标准规定的券商和投行作为做市商，他们会根据市场的供求关系，为市场提供期权交易所需要的一系列期权产品。他们会评估市场的波动状况和供需关系，不断测算标的股票市场的价格数据波动率，为期权的价值合理定价。做市商实际上也是一个专业的、交易量巨大的期权交易者，他们的优势是掌握了期权的定价权，可以利用买、卖期权的价差进行套利，也可以根据市场情况，利用自己所掌握的证券资源，通过配对对冲交易进行套利。

这里通过举例简单介绍市场交易者与做市商作为对手盘的交易关系，以及做市商的应对策略。

1. 买卖认购期权交易示例

（1）交易者的交易策略

市场看涨，当前标的股票价格 S 为 50 元，市场交易者买入一张平值认购期权 Lck50 价格为 3.6 元。如图 1.14.a 所示。

第一章 期权规则与市场意义

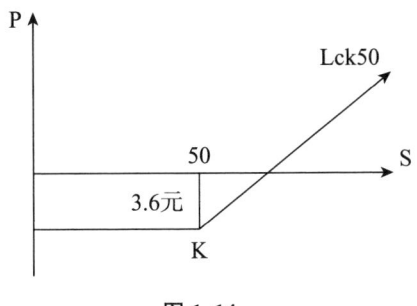

图 1.14.a

1）设计方向：市场看涨。

2）最大收益：收益无限。

3）最大亏损：期初买入认购期权的成本 3.6 元。

4）解盘分析：

a. 到期日，如果标的股票价格 S 下跌越过行权价格 K50，则买入的认购期权 Lck50 为虚值期权，期权合约的价值为零，交易者有期初买入期权的成本损失 3.6 元。

b. 到期日，如果股票价格 S 上涨越过行权价格 K50 但在盈亏平衡点 53.6 元以内，则买入的认购期权 Lck50 为实值期权可以行权，期权合约有价差收益（S-50）元，但交易者仍有损失 [3.6-（S-50）] 元。

c. 到期日，如果股票价格 S 上涨越过盈亏平衡点 53.6 元，则买入的认购期权 Lck50 为实值期权可以行权，期权合约有价差收益（S-50）元，交易者有收益 [（S-50）-3.6] 元。而且如果股票价格无限上涨，则期权的收益也无限增加。

5）希腊字母表现

买入认购期权为买入多头，有希腊字母 +Δ、+G、+V、-θ、+Rho，上斜线 Δ 收益无限。

6）交易经验与变换技巧

a. 期内如果股票价格 S 大涨，可以再买入一张平虚值认购期权 Lck55 追踪正向波线，也可以卖出一张实值认沽期权 Spk45 追随正向波线减值。

b. 期内如果股票价格 S 温和上涨并且涨有限，可以卖出一张相邻前向虚值期权Sck55的时间价值,构建一个买入正向价差的组合。

c. 期内如果股票价格S反转并且有明确的反向趋势,则应卖出一张相邻后向实值期权Sck45的价值,构建一个卖出反向价差的组合,并继续观察期内市场变化。

d. 期内如果股票价格S持续中性,则应卖出两张虚值认购期权Sck55的价值,构建一个正向比率价差组合,并继续观察期内市场变化。

（2）做市商的应对策略——应对买入期权

市场看涨,当前标的股票价格S为50元,有交易者买入一张平值认购期权Lck50价格为3.6元,则作为对手盘的做市商必须卖出一张平值认购期权Sck50,收益为3.6元（举例不计差价,下同）。如图1.14.b所示。

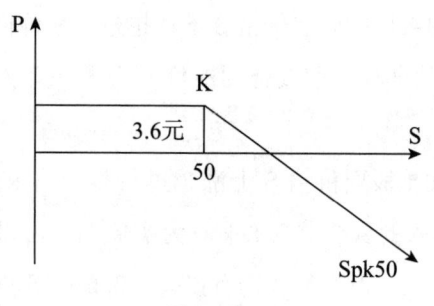

图1.14.b

1) 设计方向：市场看涨。

2) 最大收益：期初卖出认购期权的收益3.6元。

3) 最大亏损：亏损无限。

4) 解盘分析：

a. 到期日,如果标的股票价格S下跌越过行权价格K50,则卖出的认购期权Sck50为虚值期权,期权合约的价值为零,做市商有期初卖出期权的收益3.6元。

b. 到期日,如果股票价格S上涨越过行权价格K50但在盈亏平衡点53.6元以内,则卖出的认购期权Sck50为实值期权会被行权,期权合约有价差损失（S-50）元,但卖出期权仍有收益［3.6-（S-50）］元。

c. 到期日，如果股票价格 S 上涨越过盈亏平衡点 53.6 元，则卖出的认购期权 Sck50 为实值期权会被行权，期权合约有价差损失（S-50）元，卖出期权有损失［(S-50)-3.6］元。而且如果股票价格无限上涨，则期权的损失也无限增加，这时必须对卖出的认购期权进行对冲。

做市商一般为券商，拥有大量的证券资源，可以买入等量头寸的标的股票进行对冲（当然，如果做市商持有买入期权的头寸更好，可以直接对冲）。如在股票价格 54 元时买入等量头寸的标的股票进行对冲，则会"合成一张卖出的认沽期权 Spk50，和一条锁损价差有-4 元的下平线（锁住 S54 到 K50 的价差损益）"，而且因为 SK 距离相同，认沽期权 Spk50 与认购期权 Sck50 的时间价值相同。这时原来卖出认购期权的上涨损失空间已经被买入股票的头寸对冲，再上涨也不会有损失。但是由于持有了买入股票的头寸，反转又下跌且持续下跌则会有问题，做市商还要进行对冲处理。

a) 到期日，如果股票价格 S 收盘超过 54 元，则买入股票与卖出认购期权自 S54 元处以后的价差完全对冲，卖出认购期权在 S54 元处有价差损失 4 元，买入股票在 S54 元处损益为零，组合有价差损失 4 元，减去期初卖出期权的收益 3.6 元，交易仍有损失 0.4 元。

如果从合成组合的角度来看，这时，合成卖出的认沽期权为虚值期权，期权合约的价值为零，但损益下平线有损失 4 元，减去期初卖出期权的收益 3.6 元，交易仍有损失 0.4 元。两者的效果相同。

b) 到期日，如果股票价格 S 反向，收盘于 50 元处，卖出认购期权为平值期权，期权合约的价值归零，而在 S54 元处买入的股票有价差损失 4 元，减去期初卖出期权的收益 3.6 元，交易仍有损失 0.4 元。

如果从合成组合的角度来看，这时，合成卖出的认沽期权为平值期权，期权合约的价值为零，但损益下平线有损失 4 元，减去期初卖出期权的收益 3.6 元，交易仍有损失 0.4 元。两者的效果相同。

c) 到期日，如果股票价格 S 反向，收盘于 43 元处，卖出认购期权为虚值期权，期权合约的价值为零，但在 S54 元处买入的股票有价差损失 11 元，组合有损失 11-3.6=7.4 元。而且如果股票价格持续下跌，期权的亏损也持续增加，做市商则需要进行反向对冲处理。

如果从合成组合的角度来看，这时合成卖出的认沽期权 Spk50 为实值期权会被行权，期权合约有价差损失 7 元，而损益下平线有损失 4 元，期初卖出认购期权有收益 3.6 元，求代数和则组合有损失 7+4-3.6=7.4 元。效果相同。

这里有必要说明，卖出认购期权收益 3.6 元，也就是说股票价格只能上涨 3.6 元的空间，上涨超过 3.6 元就会有价差损失，如在 S54 元处，期权已有 0.4 元的损失。但是因为在 S54 元处已进行对冲，此后股票价格上涨因价差对冲再无损失。但反过来看，如果股票价格 S 下跌，因为股票价格越过行权价格 K50 后组合是斜平线组合，买入股票下跌超过上平线 3.6 元的收益后也会有下跌损失。

（3）做市商的应对策略——应对卖出期权

期中市场涨跌不定，当股票价格 S 为 53 元时，如果之前买入一张平值认购期权 Lck50 的交易者，又卖出一张虚值认购期权 Sck55 价格为 1.5 元，构建了一个买入认购期权的正向价差组合 Lck50+Sck55。作为对手盘的做市商则必须买入一张虚值认购期权 Lck55 成本为 1.5 元。如图 1.14.c 所示。

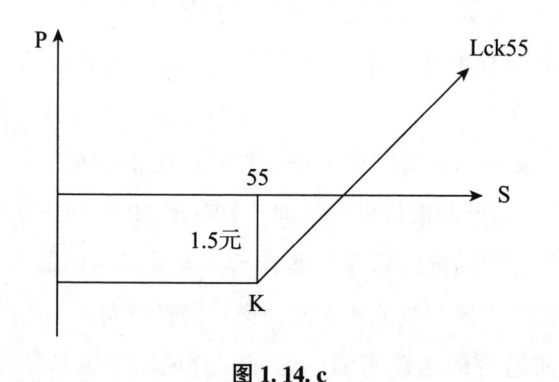

图 1.14.c

1）设计方向：市场涨跌不定。

2）最大收益：收益无限。

3）最大亏损：期初认购中买入期权的成本 1.5 元。

4）解盘分析：

a. 到期日，如果股票价格 S 上涨越过行权价格 K55 但在盈亏平衡点 56.5 元以内，则买入的认购期权 Lck55 为实值期权会被行权，期权合约有价差收益（S-55）元，但买入期权仍有损失［1.5-（S-55）］元。

b. 到期日，如果股票价格 S 上涨越过盈亏平衡点 56.5 元，则买入的认购期权 Lck55 为实值期权会被行权，期权合约有价差收益（S-55）元，买入期权有收益［（S-55）-1.5］元。而且如果股票价格无限上涨，则期权的收益也无限增加。

c. 到期日，如果标的股票价格 S 下跌越过行权价格 K55，则买入的认购期权 Lck55 为虚值期权，期权合约的价值为零，做市商有期中买入认购期权的成本损失 1.5 元。

因为做市商持有的头寸很大，所以这时必须对买入的认购期权进行对冲。如在股票价格 53 元时卖出等量头寸的标的股票进行对冲，则会"合成一张买入的认沽期权 Lpk55，和一条锁损价差有-2 元的下平线（锁住 S53 到 K55 的价差损益）"，而认沽期权 Lpk55 与认购期权 Lck55 的时间价值相同。这时买入认购期权下跌的空间已经被卖空股票的头寸对冲，但是由于持有了卖空股票的头寸，如果市场反转上涨且持续上涨，则卖空的股票会有损失，做市商又需要进行正向对冲。

a）到期日，如果股票价格 S 收盘于 53 元处，则卖空股票损益为零，买入认购期权 Lck55 为虚值期权，期权合约的价值为零，则组合损失期初买入认购期权的成本 1.5 元。

如果从合成组合的角度来看，这时合成买入的认沽期权 Lpk55 为实值期权可以行权，期权合约有价差收益 2 元，但是损益下平线有损失-2 元，期初买入认购期权的成本有 1.5 元，组合的损失为 2-2-1.5＝1.5 元。效果相同。

b）到期日，如果股票价格 S 收盘于 50 元处，则卖空股票有价差收益 3 元，买入认购期权 Lck55 为虚值期权，期权合约的价值为零，期初买入认购期权的成本有 1.5 元，则组合有收益 3-1.5＝1.5 元。而且如果股票价格持续下跌，则卖空股票的收益也持续增加。

如果从合成组合的角度来看，这时合成买入的认沽期权 Lpk55 为实值期权可以行权，期权合约有价差收益5元，损益下平线有损失2元，期初买入认购期权的成本有1.5元，求代数和则组合有收益5-2-1.5=1.5元。而且如果股票价格持续下跌，则合成买入认沽期权的收益也持续增加。

2. 买卖认沽期权交易示例

（1）交易者的交易策略

市场看跌，当前标的股票价格S为50元，市场交易者买入一张平值认沽期权Lpk50价格为3.6元。如图1.15.a所示。

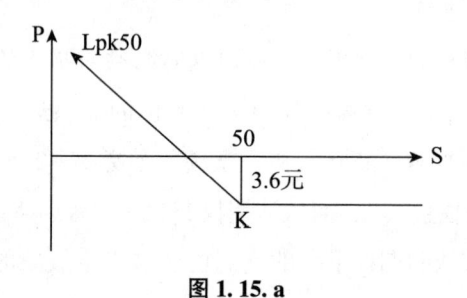

图1.15.a

1）设计方向：市场看跌。

2）最大收益：收益为期初标的股票的价格。

3）最大亏损：期初买入认沽期权的成本3.6元。

4）解盘分析：

a. 到期日，如果标的股票价格S上涨越过行权价格K50，则买入的认沽期权Lpk50为虚值期权，期权合约的价值为零，交易者有期初买入期权的成本损失3.6元。

b. 到期日，如果股票价格S下跌越过行权价格K50但在盈亏平衡点46.4元以内，则买入的认沽期权Lpk50为实值期权可以行权，期权合约有价差收益（50-S）元，但买入认沽期权仍有损失［3.6-（50-S）］元。

c. 到期日，如果股票价格S下跌越过盈亏平衡点46.4元，则买入的认沽期权Lpk50为实值期权可以行权，期权合约有价差收益（50-S）元，买入认沽期权有收益［（50-S）-3.6］元。而且如果股票价格持续下跌，则期权的收益也持续增加，直至标的股票的价格下跌为零。

5）希腊字母表现

买入认沽期权为卖出多头，有希腊字母-Δ、+G、+V、-θ、-Rho，上斜线Δ收益无限。

6）交易经验与变换技巧

a. 期内如果股票价格S大跌，可以再买入一张平虚值认沽期权Lpk45追踪反向波线，也可以卖出一张实值认购期权Sck55追随正向波线减值。

b. 期内如果股票价格S温和上涨并涨有限，可以卖出相邻前向虚值期权Spk45的时间价值，构建一个买入反向价差组合。

c. 期内如果股票价格S反转并且有明确的正向趋势，则应卖出相邻后向实值期权Spk55的价值，构建一个卖出正向价差组合，并继续观察期内市场变化。

d. 期内如果股票价格S持续中性，则应卖出两张虚值认沽期权Spk45的价值，构建一个正向比率价差组合，并继续观察期内市场变化。

（2）做市商的应对策略——应对买入期权

市场看涨，当前标的股票价格S为50元，有交易者买入一张平值认沽期权Lpk50价格为3.6元，则作为对手盘的做市商必须卖出一张平值认沽期权Spk50，收益为3.6元。如图1.15.b所示。

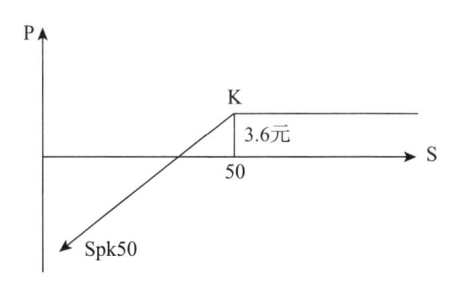

图1.15.b

1）设计方向：市场看跌。

2）最大收益：期初卖出认沽期权的收益3.6元。

3）最大亏损：亏损为期初标的股票的价格。

4）解盘分析：

a. 到期日，如果标的股票价格 S 上涨越过行权价格 K50，则卖出的认沽期权 Spk50 为虚值期权，期权合约的价值为零，做市商有期初卖出期权的收益 3.6 元。

b. 到期日，如果股票价格 S 下跌越过行权价格 K50 但在盈亏平衡点 46.4 元以内，则卖出的认沽期权 Spk50 为实值期权会被行权，期权合约有价差损失（50-S）元，但卖出期权仍有收益［3.6-（50-S）］元。

c. 到期日，如果股票价格 S 下跌越过盈亏平衡点 46.4 元，则卖出的认沽期权 Spk50 为实值期权会被行权，期权合约有价差损失（50-S）元，卖出期权有损失［（50-S）-3.6］元。而且如果股票价格持续下跌，则期权的损失也持续增加，这时必须对卖出的认沽期权进行对冲。

做市商可以卖出（卖空）等量头寸的标的股票进行对冲（当然，如果做市商持有买入期权的头寸更好，可以直接对冲）。如在股票价格 46 元时卖出等量头寸的标的股票进行对冲，则会"合成一张卖出的认购期权 Sck50，和一条锁损价差有 -4 元的下平线（锁住 K50 到 S46 元的价差损益）"，而认购期权 Sck50 与认沽期权 Spk50 的时间价值相同。这时卖出认沽期权下跌的损失空间已经被卖出股票的头寸对冲，再下跌也不会有损失。但是由于持有了卖出股票的头寸，如果股票价格反转又上涨且持续上涨则会有问题，做市商还需要进行正向对冲处理。

a）到期日，如果股票价格 S 收盘跌过 S46 元，则卖出股票与卖出认沽期权自 S46 元处以后的价差已经完全对冲，卖出认沽期权在 S46 元处有价差损失 4 元，卖出股票在 S46 元处损益为零，组合有价差损失 4 元，减去期初卖出期权的收益 3.6 元，做市商仍有损失 0.4 元。

如果从合成组合的角度来看，这时合成卖出的认购期权为虚值期权，期权合约的价值为零，但损益下平线有损失 4 元，减去期初卖出期权的收益 3.6 元，做市商仍有损失 0.4 元。效果相同。

b）到期日，如果股票价格 S 反弹，收盘于 50 元处，卖出的认沽期权为平值期权，期权合约的价值为零，而在 S46 元处卖出的股票有价差损失 4 元，组合仍有损失 0.4 元。

如果从合成组合的角度来看,这时合成卖出的认购期权为平值期权,期权合约的价值为零,但损益下平线有损失4元,组合仍有损失0.4元。效果相同。

c）到期日,如果股票价格S正向,收盘于S57元处,卖出的认沽期权为虚值期权,期权合约的价值为零,但在S46元处卖出的股票有价差损失11元,组合有损失11-3.6=7.4元。而且如果股票价格持续上涨,则卖出股票的亏损也持续增加,做市商则需要进行正向对冲处理。

如果从合成组合的角度来看,这时合成卖出的认购期权Sck50为实值期权会被行权,期权合约有价差损失7元,损益下平线有损失4元,期初卖出认购期权有收益3.6元,求代数和则组合有损失-7-4+3.6=-7.4元。效果相同。

(3) 做市商的应对策略——应对卖出期权

期中市场涨跌不定,当股票价格S为47元时,如果之前买入一张平值认沽期权Lpk50的交易者,又卖出一张虚值认购期权Spk45价格为1.5元,构建了一个买入认沽期权的反向价差组合Lpk50+Spk45。作为对手盘的做市商必须买入一张虚值认沽期权Lpk45,成本为1.5元。如图1.15.c所示。

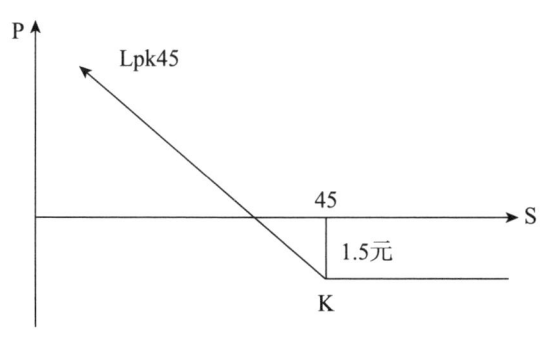

图1.15.c

1) 设计方向：市场涨跌不定。
2) 最大收益：收益无限。
3) 最大亏损：期中买入认沽期权的成本1.5元。

4）解盘分析：

a. 到期日，如果股票价格 S 下跌越过行权价格 K45 但在盈亏平衡点 48.5 元以内，则买入的认沽期权 Lpk45 为实值期权会被行权，期权合约有收益（45-S）元，但买入的认沽期权仍有损失［1.5-（45-S）］元。

b. 到期日，如果股票价格 S 下跌越过盈亏平衡点 48.5 元，则买入的认沽期权 Lpk45 为实值期权会被行权，期权合约有价差收益（45-S）元，做市商有收益［（45-S）-1.5］元。而且如果股票价格持续下跌，则期权的收益也持续增加。

c. 到期日，如果标的股票价格 S 上涨越过行权价格 K45，则买入的认沽期权 Lpk45 为虚值期权，期权合约的价值为零，期权有期中买入期权的成本损失 1.5 元。

因为做市商持有的头寸很大，所以这时必须对买入的认沽期权进行对冲。如在股票价格 47 元时买入等量头寸的标的股票进行对冲，则会"合成一张买入的认购期权 Lck45 和一条锁损价差有-2 元的下平线（锁住 K45 到 S47 元的价差损益）"，而认购期权 Lck45 与认沽期权 Lpk45 的时间价值相同。这时买入认沽期权上涨的损失空间已经被买入的股票头寸对冲。但是由于持有了买入股票的头寸，如果市场反转下跌且持续下跌，则买入的标的股票会有损失，做市商还需要进行反向对冲处理。

a）到期日，如果股票价格 S 收盘于 47 元处，则买入股票的损益为零，买入认沽期权 Lpk45 为虚值期权，期权合约的价值为零，组合损失期初买入认沽期权的成本 1.5 元。

如果从合成组合的角度来看，这时合成买入的认购期权 Lck45 为实值期权可以行权，期权合约有价差收益 2 元，但损益平线有损失-2 元，期初买入认沽期权的成本有 1.5 元，组合的损失也是 1.5 元。

b）到期日，如果股票价格 S 收盘于 50 元处，则买入股票有收益 3 元，买入认沽期权 Lpk45 为虚值期权，期权合约的价值为零，期初买入认沽期权的成本有 1.5 元，则组合有收益 3-1.5=1.5 元。而且如果股票价格持续上涨，买入股票的收益也持续增加。

如果从合成组合的角度来看，这时合成买入的认购期权 Lck45 为实值期权可以行权，期权合约有价差收益5元，但损益下平线有损失2元，期初买入认沽期权的成本有1.5元，则组合的收益也为1.5元。而且如果股票价格持续上涨，则合成买入认购期权的收益也持续增加。

3. 买卖跨式组合交易示例

（1）交易者的交易策略

当前市场方向不明、强烈波动，隐含波动率高达55%，标的股票价格S为50元，市场交易者买入一张平值认购期权Lck50价格为3.0元、买入一张平值认购沽期权Lpk50价格为3.6元，构建一个买入跨式组合Lck50+Lpk50，组合的成本为6.6元。如图1.16.a所示。

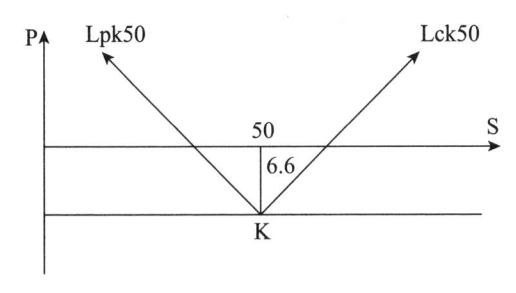

图1.16.a

1）设计方向：市场大涨大跌。

2）最大收益：收益无限。

3）最大亏损：期初构建组合的成本6.6元。

4）解盘分析：

a. 到期日，如果标的股票价格S上涨越过行权价格K50，但在盈亏平衡点56.6元之内，则买入的认沽期权Lpk50为虚值期权，期权合约的价值为零，买入的认购期权Lck50为实值期权可以行权，期权合约有价差收益（S-50）元，减去期初构建组合的成本6.6元，交易仍有损失［6.6-（S-50）］元。如果到期日股票价格收盘于50元处，则买入的认沽期权Lpk50和买入的认购期权Lck50均为平值期权，期权合约的价值均为零，交易损失期初构建组合的成本6.6元。

b. 到期日，如果股票价格 S 上涨越过盈亏平衡点 56.6 元，则买入的认沽期权 Lpk50 为虚值期权，期权合约的价值为零，买入的认购期权 Lck50 为实值期权可以行权，期权合约有价差收益（S-50）元，减去期初构建组合的成本 6.6 元，交易有收益 [（S-50）-6.6] 元。而且如果股票价格持续上涨，则组合的收益也持续增加。

c. 到期日，如果股票价格 S 下跌越过行权价格 K50，但在盈亏平衡点 43.4 元之内，则买入的认购期权 Lck50 为虚值期权，期权合约的价值为零，买入的认沽期权 Lck50 为实值期权可以行权，期权合约有价差收益（50-S）元，减去期初构建组合的成本 6.6 元，交易仍有损失 [6.6-（50-S）] 元。

d. 到期日，如果股票价格 S 下跌越过盈亏平衡点 43.4 元，则买入的认购期权 Lck50 为虚值期权，期权合约的价值为零，买入的认沽期权 Lpk50 为实值期权可以行权，期权合约有价差收益（50-S）元，减去期初构建组合的成本 6.6 元，交易有收益 [（50-S）-6.6] 元。而且如果股票价格持续下跌，则组合的收益会持续增加。

（2）做市商的应对策略

市场交易者构建一个买入跨式组合 Lck50+Lpk50，则做市商需要卖出一个跨式组合 Sck50+Spk50，卖出组合的收益为 6.6 元。如图 1.16.b 所示。

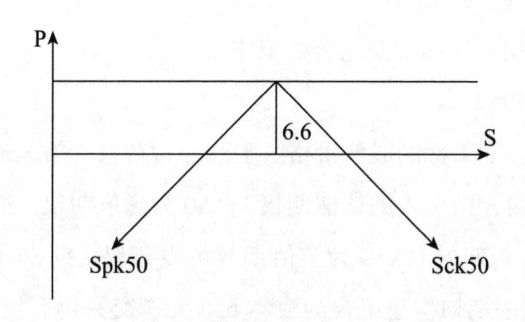

图 1.16.b

1）设计方向：市场大涨大跌。

2）最大亏损：期初卖出标的股票的价格 50 元。

3) 最大收益：期初构建组合的收益 6.6 元。

4) 解盘分析：

a. 到期日，如果标的股票价格 S 上涨越过行权价格 K50，但在盈亏平衡点 56.6 元之内，则卖出的认沽期权 Spk50 为虚值期权，期权合约的价值为零，卖出的认购期权 Sck50 为实值期权会被行权，期权合约有价差损失 (S-50) 元，减去期初构建组合的收益 6.6 元，交易仍有收益 [6.6-(S-50)] 元。如果到期日股票价格收盘于 50 元，则卖出的认沽期权 Spk50 和卖出的认购期权 Sck50 均为平值期权，期权合约的价值均为零，交易获得期初构建组合的收益 6.6 元。

b. 到期日，如果标的股票价格 S 上涨越过盈亏平衡点 56.6 元，则卖出的认沽期权 Spk50 为虚值期权，期权合约的价值为零，卖出的认购期权 Sck50 为实值期权会被行权，期权合约有价差损失 (S-50) 元，减去期初构建组合的收益 6.6 元，交易有损失 [(S-50)-6.6] 元。而且如果股票价格持续上涨，则组合的损失也持续增加，这时做市商必须对卖出的认购期权进行对冲。

c. 到期日，如果标的股票价格 S 下跌越过行权价格 K50，但在盈亏平衡点 53.4 元之内，则卖出的认购期权 Sck50 为虚值期权，期权合约的价值为零，卖出的认沽期权 Spk50 为实值期权会被行权，期权合约有价差损失 (50-S) 元，减去期初构建组合的收益 6.6 元，交易仍有收益 [6.6-(50-S)] 元。如果到期日股票价格收盘于 50 元，则卖出的认沽期权 Spk50 和卖出的认购期权 Sck50 均为平值期权，期权合约的价值均为零，交易获得期初构建组合的收益 6.6 元。

d. 到期日，如果标的股票价格 S 上涨越过盈亏平衡点 53.4 元，则卖出的认购期权 Sck50 为虚值期权，期权合约的价值为零，卖出的认沽期权 Spk50 为实值期权会被行权，期权合约有价差损失 (50-S) 元，减去期初构建组合的收益 6.6 元，交易有损失 [(50-S)-6.6] 元。而且如果股票价格持续下跌，则组合的损失也持续增加，这时做市商必须对卖出的认沽期权进行对冲。

e. 关于做市商对冲，以卖出认购期权 Sck50 越界后对冲为例。

a）做市商如果没有对应的买入期权头寸直接对冲，则必须买入等量头寸的标的股票进行对冲。如在股票价格59元时买入等量头寸的标的股票对冲卖出认购期权Sck50，则会"合成一张卖出的认沽期权Spk50和一条锁损价差有-9元的下平线（锁住K50到S59元的价差损益）"，而卖出认沽期权Spk50与卖出认购期权Spk50的时间价值相同。这时卖出认购期权上涨的损失空间已经被买入股票的头寸对冲，再上涨也不会有损失。如到期日股票价格为70元，则卖出的认沽期权Spk50为虚值期权，期权合约的价值为零；卖出的认购期权Sck50为实值期权会被行权，期权合约有价差损失70-50=20元；在59元处买入股票有价差收益70-59=11元，加上期初构建组合的收益6.6元，交易有损失20-11-6.6=2.4元，而且如果股票价格持续上涨，则组合的损失也只有2.4元。

如果从合成组合的角度来看，这时合成卖出的认沽期权Spk50为虚值期权，期权合约的价值为零，但损益平线有损失9元，减去期初构建组合的收益6.6元，交易有损失也是2.4元。合成效果相当。

b）如果买入股票对冲卖出的认购期权后，股票价格反转并且有明显的下跌趋势，由于持有了买入股票的头寸，反转又下跌且持续下跌则会有问题。而且从合成角度来看，现在组合已经变成两张卖出的认沽期权，做市商还要进行对冲处理。

如果我们从两张卖出的认沽期权Spk50角度进行对冲。如在股票价格41元时卖出（卖空）等量头寸的两份标的股票对冲两张卖出的认沽期权Spk50，则会"合成一个卖出两张的认购期权Spk50和一条锁损价差有-2×9元损失的下平线（锁住K50到S41元的损失）"的组合，而卖出认购期权Sck50与卖出认沽期权Sck50的时间价值相同。这时原来卖出认沽期权（包括一张合成卖出的认沽期权）下跌的损失空间已经被对冲，再下跌也不会有损失。如在当前S41元处，两张卖出的认沽期权有价差损失2×(50-41) = -18元，卖空的两份股票损益为零，期中合成认沽期权的损益下平线为-9元，期初构建组合的收益为6.6元，求代数和18+9-6.6=20.4元，则交易损失20.4元。

假如到期日股票价格为30元，则卖出的两张认沽期权Spk50为实值期权,期权合约有价差损失2×(50-30)=40元,但在41元处卖出的股票有收益2×(41-30)=22元,加上期初构建组合的收益6.6元和合成认沽期权的下平线损失9元,求代数和40-22-6.6+9=20.4元,则整笔交易也是损失20.4元。

如果从原始组合进行验算复核,到期日股票价格为30元时,卖出的认购期权为虚值期权,期权合约的价格为零;卖出的认沽期权为实值期权,期权合约有价差损失20元;在59元处买入的一份股票损失29元;在41元处卖空的两份股票盈利22元,加上期初构建组合的收益6.6元,求代数和-20-29+22+6.6=20.4元,则整笔交易有损失20.4元,结果一致。

这里应注意,一是交易的损失费用较高,主要是示例中假定的两边对冲的位置太远,两个都是在损失9元处才对冲;二是在股票价格30元处,因为卖出的认购期权为虚值平线不能对冲,故组合为两张卖出的认沽期权Spk50与两份在41元处卖空的股票S进行对冲,对冲组合可以对冲下跌的损失,但是对冲后卖空股票S会有下斜线敞口,当股票价格发生正向变化又大于50元时,会有三份卖空的下斜线对应一份买入的上斜线,又需要买入两份上斜线对冲,如果股票价格来回变化,组合可能要一直对冲下去直至到期日,但组合始终可以保持有限的损益。

另外,一般做市商都大量持有不同行权价格的卖出认购期权、卖出认沽期权、部分买入认购期权、买入认沽期权的四大类型头寸。在持有的期权头寸不能互相对冲时,他们会利用手中持有的标的股票证券进行合成对冲,或者是数量对冲、或者是delta对冲,并且可以从买卖差价和对冲组合中套利。所以做市商一般都能够有长期稳定的收益。当然,如果市场极端大跌,想买买不进来,想卖卖不出去,期现组合无法实现对冲交易,特别是delta对冲的delta倍率无法对冲,做市商也会有重大风险损失。

第二章　期权策略与技术逻辑

　　期权作为衍生品工具的最大优势是，期权是一个具有保险价值的定向工具，可以独立买入认购（看涨）和卖出认购（看涨）预期、买入认沽（看跌）和卖出认沽（看跌）预期，故其较标的股票或期货只能单纯买入和卖出两维结构，进化到了四维结构，有四肢损益敞口。所以，期权作为一种技术手段和衍生品工具，几乎可以构建适宜于任何市场需求的设计策略。

　　经过几十年的实践检验和演变进化，期权产生了一些结构合理、逻辑明确的标准化结构和设计组合布局，但是由于期权的多因素变化和组合的多解性场景，导致期权的标准化和非标化组合极其复杂多变，甚至可以从不同的角度和结果来解释和理解期权及期权组合的设计。所以，本章"期权策略与技术逻辑"将不再局限于各种标准化组合的设计和应用解释，而是把期权的标准化组合作为一种设计技术进行解构，并进一步分解、合成及变换，研究各种策略组合设计背后的技术逻辑。

　　通过多年的交易实践我们认为，期权交易者首先要正确理解和深刻认识这些标准化组合的设计逻辑和设计技术，并且能够根据不同的市场需求，找到最优化的策略组合和设计布局，才能够实现期权的灵活性设计与可控性交易。

　　本章讨论的"期权策略与技术逻辑"，包括期权的策略设计、构造期权标准化策略的一些布局技术与变换技巧，并通过分析各种策略布局背后的技术逻辑，试图让交易者重新理解和认识在实际交易中各种标准化策略的优势与不足。

第一节　买入期权与卖出期权

一、买入期权合约

买入期权的逻辑是买入一个方向（付出买入方向的保险成本），如果预期市场看涨，则可买入认购期权即买入市场正向；如果预期市场看跌，则可买入认沽期权即买入市场反向。

买入期权和买入股票一样，需要对市场进行方向性判断，并需要对当前市场波段的位置，涨跌幅度和买入期权的成本进行评估，如果认为有利可图则可以买入。另外，长期布局、拦截行情和对冲保护，一般也采用买入期权工具。

单一买入期权相当于买入标的股票做多或卖出标的股票做多，也要选择方向和位置，而且还要选择好行权价格 K，如虚值期权的成本小、杠杆大，可以作为散户的投机工具。

买入期权虽然没有下斜线风险，但是有下平线的买入成本损失（买入期权的价值）。如果市场预期不准确或者波幅不够，买入期权也会有损失。据交易统计数据，买入期权十次有八次不能突破损益平衡点，所以我们一般不建议做单一的买入期权，应该做一些组合进行成本冲抵，如价差组合，或者正反向比率价差组合等。

这里提醒注意三个问题：

（1）买入平值期权的 Δ 当量率较大，但成本也较高，如果没有足够的预期的波幅，即使方向正确也会有损失。

如当前标的股票的价格为 50 元，买入行权价格 50 元的平值认沽期权 Lpk50 价格为 3.25 元，即到期日标的股票价格下跌到 46.75 元，才能使得买入认沽期权的投资者盈亏平衡。如果到期日标的股票价格即使下跌到 47

元，而买入认沽期权仍有损失 0.25 元。

（2）买入期权的潜在收益与买入标的股票的收益基本相似，但买入期权的风险要小得多、收益也要少一部分，期权交易实际上是用有限资金控制数倍的资产规模。所以买入期权合约是一种具有金融杠杆性质的交易，如买入虚值期权的 Δ 当量率小，成本也低，但杠杆率较大。

设如当前标的股票价格为 50 元，行权价格为 45 元的实值认购期权价格为 6.3 元、Δ 为 0.81，行权价格为 50 元的平值认购期权价格为 2.2 元、Δ 为 0.50，行权价格为 55 元的虚值认购期权价格为 0.16 元、Δ 为 0.1，根据杠杆率计算公式 $L = \Delta \times S/P$，实值期权 Lck45 的杠杆倍数为 $L = 0.81 \times 50/6.3 = 6.43$，为 6.43 倍，即期权投资者只需要很少的资金 6.3 元，就可以控制总价值 6.43 倍的期权合约。

平值期权 Lck50 的杠杆倍数为 $L = 0.50 \times 50/2.2 = 11.36$ 倍，即期权投资者只需要 2.2 元，就可以控制总价值 11.36 倍的期权合约。

虚值期权 Lck55 的杠杆倍数为 $L = 0.1 \times 50/0.16 = 31.25$ 倍，即期权投资者只需要 0.16 元，就可以控制总价值 31.25 倍的期权合约。

（3）一般的期权交易者只是看涨或看跌标的股票的价格变化，关注期内标的股票的价格差值，对于涉及期权价值的其他计价参数的变化，特别是隐含波动率的高低估值及变化似乎并没有一个清晰的认识。

买入期权是做多，定价参数的变化使期权的价值增值有利，如标的股票价格 S 同向增加，使希腊字母 Δ 增加有利；标的股票的波动率 σ 增加，使希腊字母 V 增加有利；期权的持续时间因时间 T 的损耗只会减少，使希腊字母 θ 减少不利；市场的短期利率 R 增加，使正向资产如买入认购期权的希腊字母 Rho 增加有利，但会使负向资产如买入认沽期权的希腊字母 Rho 减少不利。

例如，当前标的股票价格 S 为 70 元，5 月平值认购期权 Lck70 的价格为 5 元，定价参数的希腊字母分别为 $\Delta = +0.5$、$G = +0.023$、$V = +0.12$、$\theta = -0.15$、$Rho = +0.03$。如果市场有一波看涨行情，我们买入一张 5 月认购期权 Lck70 有成本 5 元。

第二章　期权策略与技术逻辑

解盘分析：

a. 如果买入后即有一波行情，股票价格 S 上升为 73 元，隐含波动率平均上涨 2%（假定已折算为行情期内的平均值，下同），如果 Δ 值贡献为 0.65、G 值贡献为 0.063（其值较小可以直接加与 Δ 值）、V 值贡献为 0.24、θ 值损失为 0.46、Rho 仍为 0.03 不变（无贡献无损失），则买入认购期权 Lck70 的价格通过定价公式计算为 6.980 元，如果此刻平仓，减去买入期权的成本 5 元，则可获利 1.980×10000/1 张 = 19800 元。

b. 如果继续持仓到期末，股票价格 S 仍保持为 73 元收盘，买入的认购期权 Lck70 为实值期权可以行权，期权合约有价差收益（73-70）= 3 元，但时间价值归零，减去建仓时买入的成本 5 元，买入这张期权实际亏损 2 元×10000/1 张 = 20000 元。如图 2.1.a 所示。

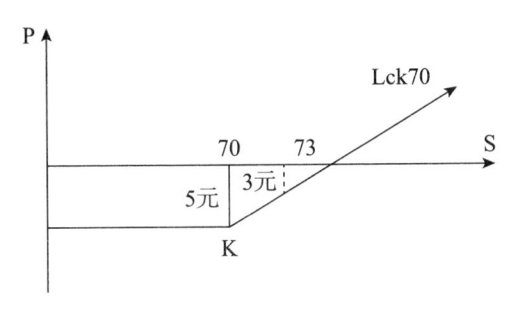

图 2.1.a

c. 同样情况下，如果是卖出一张认购期权 Sck70，则有收益 5 元。如果持仓到期末股票价格 S 收盘于 73 元，卖出的认购期权 Lck70 为实值期权会被行权，期权合约有价差损失（73-70）= 3 元，时间价值归零，减去建仓时卖出的收益 5 元，卖出这张期权可以获得收益 2 元×10000/1 张 = 20000 元。如图 2.1.b 所示。

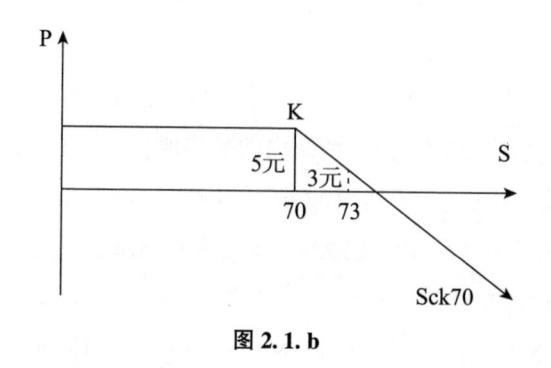

期权设计与应用场景——交易者解构期权设计

```
         P
         │
         │────────K
         │   5元 │3元
         │       │╲         S
         │───────┼──╲──────────→
                70  73 ╲
                        ╲
                         ╲
                          ╲ Sck70
```

图 2.1.b

二、卖出期权合约

　　从市场交易者角度来看，卖出期权的逻辑是卖出一个方向，并卖出一段时间值长度。卖出期权作为买入期权的对手盘，大量由市场的做市商（券商或投行）承做，可以取买卖差价之利，而且他们有大量的证券资源和多空手段及工具，可以根据市场变化情况进行对冲保护和对冲套利。

　　当期权交易者判断标的股票价格在期内上涨的概率不大，他也可以卖出认购期权 Sck 收取期权金价值。而持有标的股票的投资者也可以卖出认购期权为股票锁定卖出价格即所谓备兑卖出并套取期利。如果期权到期时，标的股票价格维持在行权价格之下，卖出期权就不会被行权，期权交易者可以获取卖出期权所得的价值；如果标的股票价格在行权价之上，卖出期权就可能会被行权，则期权交易者必须以行权价格 K 卖出标的股票（但仍可以保留卖出的期权金价值收益）。

　　卖出认沽期权的市场意义及风险收益类似，不再赘述。

　　例如，当前标的股票价格为10元，市场预期未来一个月内上涨的概率不大，交易者卖出一张行权价格为11元一个月后到期的虚值认购期权，期权价格为2元，收取期权金20000元。如图2.2.a所示。

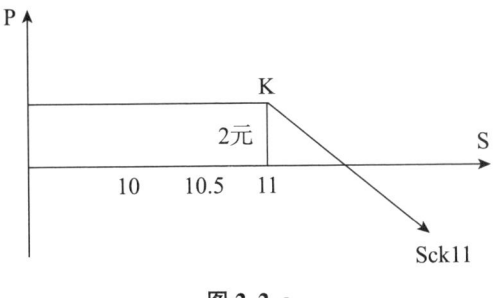

图 2.2.a

如果到期时股票价格为 10.5 元，卖出的认购期权为虚值期权。期权的合约价值归零，则交易者获得期初卖出期权的收益 20000 元。

如果到期时股票价格为 15 元，卖出的认购期权为实值期权会被行权，期权合约有价差损失 4 元，减去期初卖出期权的收益 2 元，则交易者会有损失 20000 元。如图 2.2.b 所示。

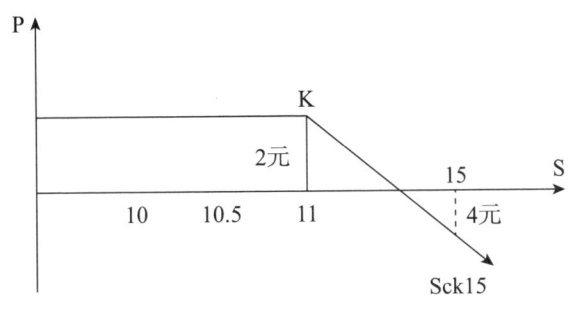

图 2.2.b

卖出期权在开仓时，必须按照期权合约规定交纳足够的保证金（保证金水平设置应能够覆盖标的证券连续两个交易日涨跌的风险），而在每天收盘后会根据投资者义务仓仓位核算其维持保证金水平是否满足要求，如果不满足要求则需要追加维持保证金。如果投资者保证金不足而又没有及时补足保证金，将会面临被强行平仓的风险，投资者会被行权，需要准备相应的标的证券进行交割。理论上讲，标的证券的价格可以无限上涨，所以卖出认购期权的损失也可能是无限的，投资风险较大。

这里提醒注意三个问题：

（1）因为卖出期权有无限风险，中小型机构和散户应慎重卖出，特别是不能裸卖出，包括合成后的裸卖出期权。据交易统计数据，卖出期权十次有八次能获取期权金收益，但是一两次损失就可能远大于八九次收益。当然，如果市场可控，或有保护，且风险价值有较大空间，也可以卖出期权，获取风险价值。

根据交易实践，如果要卖出期权的风险价值，我们建议做方便动态调整的卖出跨式组合或者两边有保护的买入蝶式策略。

（2）有些书籍提出的所谓涨（或跌）有限，主动卖出正权 Spk 以争取涨有限的期权价值，且还能获取时间价值的"单一裸卖出认沽期权"策略，实不可取，应慎重考虑。根据卖出期权的定义，卖出期权是卖出一个方向和一个波段长度，必然是下斜线与上平线组合的结构，如果市场反向则会有下斜线损失。

特别重要的是，期权交易者必须会分析期权的各种组合，如有能力分辨出合成后的裸卖出期权。现在市场上大肆流行的雪球结构，有些类型合成后实际上就是裸卖出认沽期权，是给做市商接盘，间接地成为市场交易者的对手盘，风险无限，投资人应特别注意。如图2.3所示。

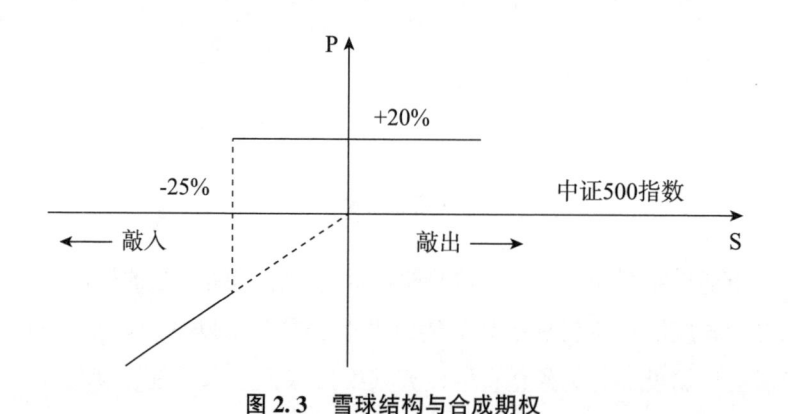

图 2.3 雪球结构与合成期权

（3）卖出期权是做空，定价参数的变化使期权的价值减值有利，如果标的股票价格 S 反向变化，使希腊字母 Δ 减少有利；标的股票的波动率 σ 减少，使希腊字母 V 减少有利；期权的持续时间因时间 T 的损耗只会减少，使希腊字母 θ 减少有利；市场的短期利率 R 减少，使正向资产如卖出认沽期权的希腊字母 Rho 减少不利，但会使负向资产如卖出认购期权的希腊字母 Rho 减少有利。

而且我们从另一个角度再次强调指出，可以简单地理解标的股票期权的价值是在伴随标的股票 S 位移过程中的随机波动的标准差。买入期权是想买入随机变化的长度更想买入走势，但是卖出期权只能是卖出随机变化的长度收益。所以应特别注意，买入期权相当于买入股票，但是卖出期权不同于卖出股票，而是有无限风险和极有限的收益。

第二节　期权的价差组合

价差组合的设计逻辑是买入一段未来波幅并卖出剩余的时间价值冲抵买入期权的部分成本，适宜于有涨跌或有限涨跌的市场情况。价差组合设计逻辑清晰、结构明确，是期权组合中最基础的标准组合单元。

价差组合在期权合约到期时，结构损益图两边为上下平线，只有有限收益与有限损失量化可控，是一种最常用的组合策略，也是期权交易的基础策略。它是构建各种组合的基本单元，可以来回变换，中小型机构和散户必须熟练掌握这种策略及其组合技术，并且能够根据不同的市场环境变化任意变换，或平线改斜线，或斜线改平线。

一、关于标准价差组合

价差组合分为牛市正向认购期权价差组合与熊市反向认沽期权价差组合。正向认购期权价差组合是买入较低行权价格的认购期权如平值、卖出较高行权价格的认购期权如虚值，取正向价差变化之利；反向认沽期权价差组合是买入较高行权价格的认沽期权如平值、卖出较低行权价格的认沽期权如虚值，取反向价差变化之利。以下举例说明正向认购期权价差组合与反向认沽期权价差组合。

(1) 正向认购期权价差组合典型示例

例如，当前标的股票价格为 70 元，买入一张 5 月行权价格 70 元的平值认购期权 Lck70 价格为 3.5 元（全部都是时间价值），同时卖出一张 5 月行权价格 75 元的虚值认购期权 Sck75 价格为 0.5 元（全部都是时间价值），构建一张 5 月行权价格 70/75 元的买入认购期权价差组合 Lck70+Sck75，组合的成本为 3 元。如图 2.4.a 所示。

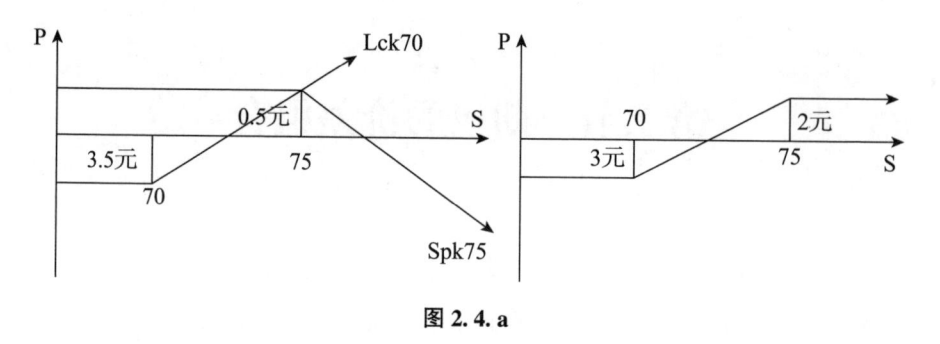

图 2.4.a

1）设计方向：市场看涨，但涨有限。

2）最大亏损：构建组合的成本 3 元。

3）最大收益：2 元，两行权价格之差减去构建组合的成本。

4）解盘分析：

a. 到期日，如果标的股票价格低于行权价格 K1 = 70 元（下平线位置），买入认购期权 Lck70 与卖出认购期权 Sck75 均为虚值期权，两个期权合约的价值为零，组合损失为期初构建组合的成本 3 元。

b. 到期日，如果股票价格高于行权价格 K2 = 75 元（上平线位置），买入认购期权 Lck70 与卖出认购期权 Sck75 均为实值期权会行权，两个期权合约的时间价值归零，买入认购期权有价差收益（S-K1），卖出认购期权有价差损失（S-K2），两仓对冲后有收益为（S-K1）-（S-K2）=［(S-70)-(S-75)］元，减去期初构建组合的成本 3 元，组合有收益 2 元。

c. 到期日，如果股票价格 S 在两个行权价格 K1K2 之间（中间斜线位置），买入认购期权 Lck70 为实值期权可以行权，期权合约有价差收益（S-70）元，卖出认购期权 Sck75 为虚值期权，期权合约的价值为零，减去期初构建组合的成本3元,组合的损益为[(S-70)-3]元。

5) 希腊字母表现

正向认购期权价差组合是一个买入多头组合,希腊字母Δ为正、G为正、V为正、θ为负,表现为股票价格上涨有利,隐含波动率上升有利,时间损耗不利。

6) 交易经验与变换技巧

a. 如果期内股票价格上涨幅度较大,有超越行权价格K2的趋势,可以平掉卖出的认购期权Sck75,放开买入认购期权Lck70的获利敞口;也可以再买入一张虚平值认购期权Lck75,甚至买入一个价差组合Lck75+Sck80。根据交易实践,我们建议再买入一个认购期权,或者买入一个价差组合。

b. 如果期内股票价格反转且有下跌趋势,经市场评估,可以卖出一个实值认购期权Sck65,三权构成一个左侧有上平线、右侧有下斜线,有两个台阶的反向价差组合,股票价格下跌,两个卖出的认购期权减值有利,原来买入的认购期权可作为保护的工具(注意只能保护一张卖出期权)。如图2.4.b所示。

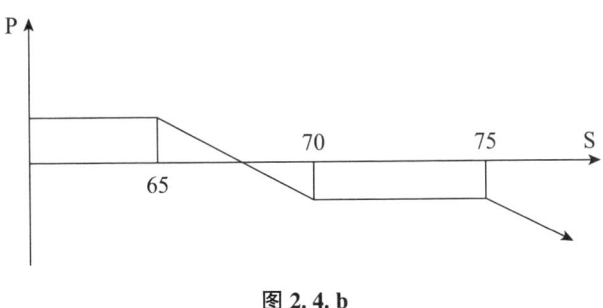

图2.4.b

c. 如果期内股票价格中性不变或者只有小幅波动,可以卖出左侧实值认购期权Sck65,等待时间减值和波动率降低,或者再卖出一张Sck75构建正向比率组合,等待时间减值和波动率降低,并观察市场变化情况再做调整。如图2.4.c所示。

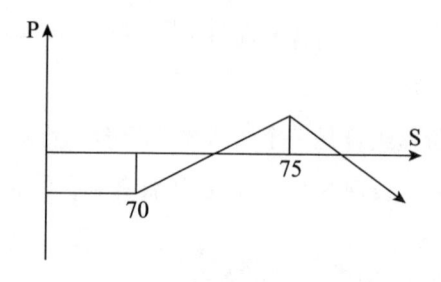

图 2.4.c

(2) 反向认沽期权价差组合典型示例

例如,当前标的股票价格为 70 元,买入一张 5 月行权价格 70 元的平值认沽期权 Lpk70 价格为 3.5 元,同时卖出一张 5 月行权价格 65 元的虚值认沽期权 Spk65 价格为 0.5 元,构建一张 5 月行权价格 65/70 元的反向认沽期权价差组合 Lpk70+Spk65,组合有成本 3 元。如图 2.5.a 所示。

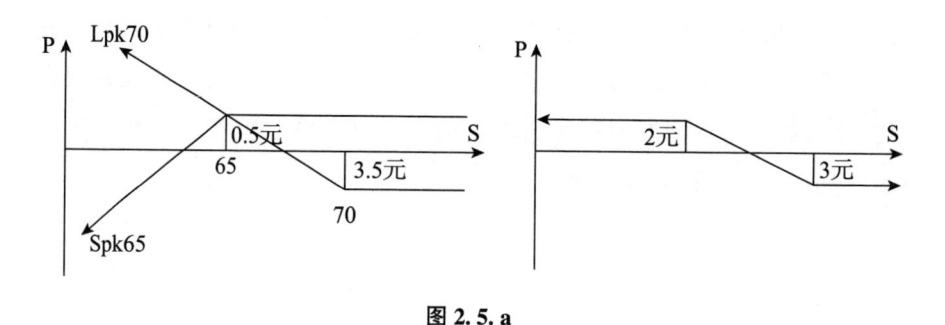

图 2.5.a

1) 设计方向:市场看跌。

2) 最大亏损:构建组合的成本 3 元。

3) 最大收益:2 元,为两行权价格之差减去构建组合的收益。

4) 解盘分析:

a. 到期日,如果标的股票价格 S 低于行权价格 K1=65 元(上平线位置),买入的认购期权 Lck70 与卖出的认购期权 Lpk65 均为实值期权会行权,Lck70 合约有价差收益 (70-S) 元、Sck65 合约有价差损失 (65-S) 元,两仓对冲有收益 5 元,减去期初构建组合的成本 3 元,组合有收益 2 元。

b. 到期日,如果股票价格 S 在两个行权价格之间(左上斜线位置),卖出认购期权 Sck65 为虚值期权,期权合约的价值为零,买入的认购期权

Lpk70 为实值期权可以行权，期权合约有价差损益（70-S），减去期初构建组合的成本 3 元，组合有损益 [（70-S）-3] 元。

c. 到期日，如果标的股票价格 S 高于行权价格 K2=70 元（下平线位置），买入的认购期权 Lck70 与卖出的认购期权 Lpk65 均为虚值期权，两个期权合约的价值为零，组合有期初构建组合的成本损失 3 元。

5）希腊字母表现

反向认沽期权价差组合是一个卖出多头组合，希腊字母 Δ 为负、G 为正、V 为正、θ 为负，表现为股票价格下跌有利，隐含波动率上升有利，时间损耗不利。

6）交易经验与变换技巧

a. 如果期内股票价格下跌幅度较大，有超越行权价格 K1 的趋势，可以平掉卖出的认沽期权 Spk 65，放开买入认沽期权 Lpk70 的获利敞口；也可以再买入一张虚平值认沽期权 Lpk60，甚至买入一个价差组合 Lpk60+Spk55。根据交易实践，我们建议再买入一个认沽期权，或者买入一个价差组合。

b. 如果期内股票价格反转且有上涨趋势，经市场评估，可以卖出一个实值认购期权 Spk75，三权构成一个右侧有上平线、左侧有下斜线、有两个台阶的正向价差组合。股票价格上涨，两个卖出的认沽期权减值有利，原来买入的认沽期权可作为保护的工具（注意只能保护一张卖出期权）。如图 2.5.b 所示。

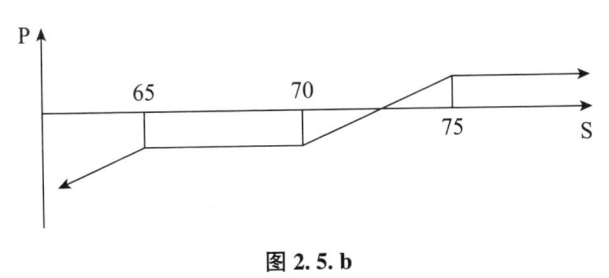

图 2.5.b

c. 如果期内股票价格中性不变或者只有小幅波动，可以卖出右侧实值认沽期权 Spk75，等待时间减值和波动率降低，或者再卖出一张 Spk65 构建正向比率组合，等待时间减值和波动率降低，并观察市场变化情况再做调整。如图 2.5.c 所示。

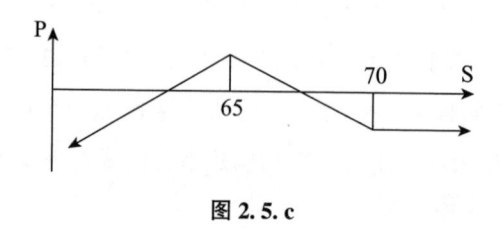

图 2.5.c

二、关于价差组合的布局

价差组合可以通过同步布局和分步布局进行构建，根据交易实践，如果有可能，建议尽量采用分步布局技术，也可以在波动中追求错位布局。

（1）价差组合的同步布局是有一个基本可靠的涨跌幅预期，买入较近行权价格期权 Lck1 的同时，卖出较远的行权价格期权 Sck2。期初卖出期权的时间价值较大，可以冲抵较多的买入期权成本。

例如，当前标的股票价格为 50 元，交易者根据类似当前波动形态的历史波动率分析，预期市场未来一个月内会上涨 4~6 元，他买入一张行权价格为 50 元的平值认购期权 Lck50，付出期权金 2.6 元，同时卖出一张行权价格为 55 元的虚值认购期权 Sck55，收取期权金 0.93 元，则同步布局的价差组合成本为 1.67 元。如果到期时标的股票价格为 54.5 元，买入认购期权 Lck50 为实值期权可以行权，合约价值有价差收益 4.5 元，卖出认购期权 Sck55 为虚值期权，期权合约价值为零，则同步布局的价差组合 Lck50+Sck55 有损益 4.5-1.67=2.83 元，乘以合约乘数，可以获利 2.83 万元。

（2）分步布局的价差组合是追求买入期权 Lck1 的正 Δ 率不会被卖出期权 Sck2 的负 Δ 率部分冲抵，适宜于涨幅较快的市场场景。如果预期市场涨幅较快，可先买入期权 Lck1 观察，如果 Lck1 的期内涨幅基本到位，获取+Δ 率的收益后，可再卖出相邻权位 K 处的期权 Sck2，获取卖出期权的剩余时间价值之利。

在波动中建仓时选择错位布局也是一种分步布局，即一权布局后略有盈利再建反权仓位，如果两权组合的价值始终为盈利红字，则该价差组合为一种优势布局。例如在波动中，先布局 Lck1 有盈利红字后再错位卖出相邻权位 K 的期权 Sck2，或者先布局 Sck2 有盈利红字后再错位买入相邻权位 K 的期权 Lck1，则可以没有任何顾虑地持仓到底。而且这种错位布局技术适宜于任何有买入卖出的配对组合。

三、关于铁价差布局

我们知道，认购、认沽期权有对称性、有平价关系，我们可以使用反向工具如认沽期权构建牛市正向价差组合，或用认购期权构建熊市反向价差组合。因为反向工具构建组合不需要买入成本（但卖出实值需要保证金），故又称为贷出价差组合或铁价差组合布局。铁价差组合布局的损益与普通价差组合布局完全相同，在正向工具买卖价差较大、有流动性问题，或公募基金公司为了账面好看，或者反向工具有希腊字母优势时，可以采用铁价差组合布局。

以卖出认沽期权的牛市正向价差组合为例，卖出牛市正向铁价差组合是"卖出实值认沽期权，同时买入平值或虚值认沽期权保护"的牛市正向价差组合。

例如，当前标的股票价格为 70 元，买入一张 5 月行权价格 70 元的平值认沽期权 Lpk70 价格为 3.5 元（全部都是时间价值），同时卖出一张 5 月行权价格 75 元的实值认沽期权 Spk75 价格为 5.5 元（其中有时间价值 0.5 元），构建一张 5 月行权价格 70/75 元的卖出认沽期权牛市铁价差组合 Lpk70+Spk75，组合有收益 2 元。如图 2.6.a 所示。

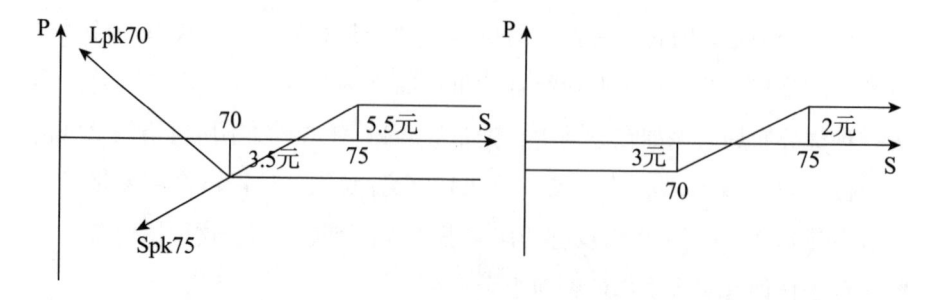

图 2.6.a

(1) 设计方向：市场看涨，但涨有限。
(2) 最大收益：期初构建组合的收益 2 元。
(3) 最大亏损：3 元，两行权价格之差减去构建组合的成本。
(4) 解盘分析：

a. 到期日，如果股票价格 S 高于行权价格 K2＝75 元（上平线位置），买入的认沽期权 Lpk70 与卖出的认沽期权 Spk75 均为虚值期权，两个期权合约的价值为零，组合的收益为期初构建组合的收益 2 元。

b. 到期日，如果股票价格 S 低于行权价格 K1＝70 元（下平线位置），买入的认沽期权 Lpk70 与卖出的认沽期权 Spk75 均为实值期权会行权，买入认沽期权 Lpk70 有价差收益（70-S）、卖出的认沽期权 Spk65 有价差损失（75-S），两仓组合的损益对冲后有损失 5 元，减去期初构建组合的收益 2 元，组合有损失 3 元。

c. 到期日，如果股票价格 S 在两个行权价格 K1K2 之间（中间斜线位置），买入的认沽期权 Lpk70 为虚值期权，期权的合约价值为零，卖出的认沽期权 Spk75 为实值期权会被行权，期权合约有价差损失（75-S）元，组合的损益为［(75-S)＋2］元。

从这个例子可以看出，一是卖出认沽期权的牛市正向铁价差组合 Lpk70+Spk75，与普通买入牛市正向价差组合 Lck70+Sck75 具有完全相同的结构损益图和损益（最大亏损 3 元、最大收益 2 元）；二是组合 Lpk70+Spk75 实际上是一个普通卖出认沽期权的反向价差组合；三是同一行权价格 K 位的认购期权与认沽期权的时间价值定价符合平价关系，如平值认沽期权 Lpk70 与平值认购期权 Lck70 的时间价值都是 3.5 元，实值认沽期权

Spk75 与虚值认购期权 Lck75 的时间价值都是 0.5 元。如果平价关系背离，就可以套利。由此可见，两种期权工具构建的价差组合的盈亏完全相同，可以互换。如图 2.6.b 所示。

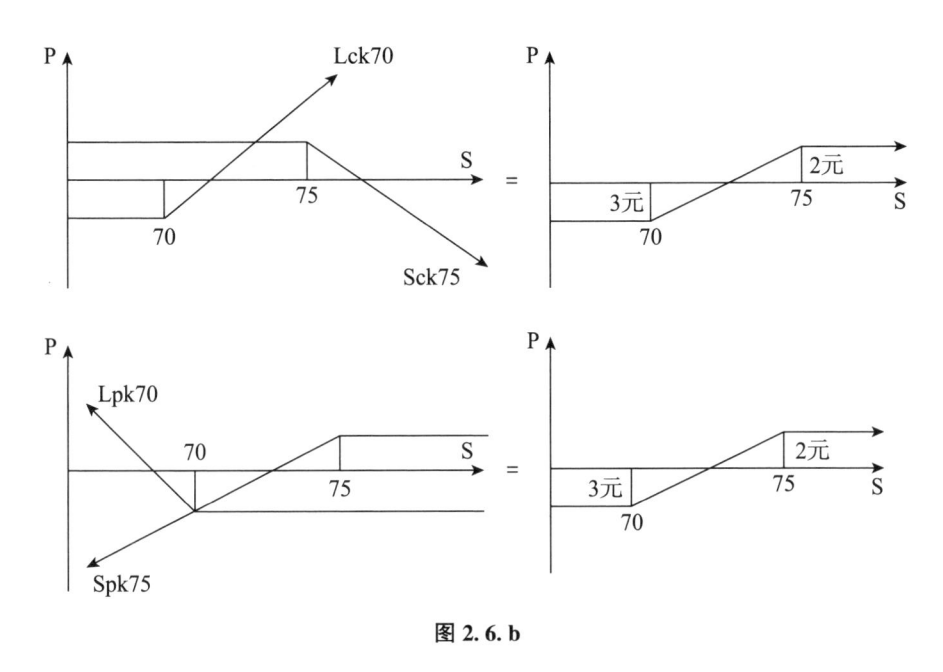

图 2.6.b

根据我们的交易经验，铁价差组合的最大价值是可以在市场变化和策略变换中构建保护性组合，止损获益。如买入认购期权 Lck2，或买入认购期权牛市价差组合 Lck2+Sck3 后，市场突然反向，可以平 Sck3 仓后，再卖出实值认购期权 Sck1，构建保护组合 Sck1+Lck2，该组合称为卖出认购期权价差组合，实际上是一个卖出认购期权的熊市反向铁价差组合，可以获取反向之利。

套用上例数据，如果当前标的股票价格为 70 元，买入认购期权 Lck70 后市场有反向趋势，可以卖出实值认购期权 Sck65，构建一个卖出认购期权的熊市反向铁价差组合。如果买入一张平值认购期权 Lck70 支付成本 3.5 元（全部都是时间价值）后，市场有反向波动，在股票价格为 70 元附近，卖出一张实值认购期权 Sck65，卖出的实值认购期权有内在价值 5 元、时间价值 Pt，则卖出实值认购期权 Sck65 的价值为 5+Pt，组合有收益（5+

Pt-3.5）=（1.5+Pt）元。

  a. 到期日，如果股票价格 S 低于行权价格 65 元，则买入和卖出的认购期权均为虚值期权，期权合约的价值为零，组合有收益 1.5 元。

  b. 到期日，如果股票价格 S 高于行权价格 70 元，则买入和卖出的认购期权均为实值期权会行权。期权合约的时间价值为零，买入认购期权 Lck70 有收益（S-70）元，卖出认购期权 Sck65 有损失（S-65）元，组合有损失（5-1.5）=3.5 元。

  c. 到期日或期中，如果股票价格 S 在两个行权价格 65~70 元之间，则买入的认购期权 Lck70 为虚值期权，期权的合约价值为零，卖出的认购期权 Sck65 为实值期权会被行权，期权合约有损失（S-65）元，则组合有损益［（S-65）-（1.5+Pt）］元。

四、关于价差组合的希腊字母

  价差组合是追求标的资产 S 价格差的收益，S 为主要计价因素，Δ 因子的希腊价值效率远大于其他因子的价值效率，所以组合所有希腊字母的敞口都可以敞开，不需要对冲封闭。

  标准正向价差组合为净多头，希腊字母 Δ 始终是正值，呈 0~+0.5~+1~+0.5~0 钟型分布，两权 PS 曲线拐点处（Δ=+1）效率最高，所以只要 S 正向变化，价差组合均无损失。

  标准反向价差组合为净空头，希腊字母 Δ 始终是负值，呈 0~-0.5~-1~-0.5~0 钟形分布，两权 PS 曲线拐点处（Δ=-1）效率最高，所以只要 S 反向变化，价差组合均无损失。

  希腊字母 Vega 值对价差组合的影响一般不计，但是如果隐含波动率倾斜明显，如虚值认沽期权的需求较多、隐含波动率 σ 较高，对 Vega 值及其他希腊字母影响较大，且市场有明显的下跌趋势。则应根据期权的平价关系，即同 SK 距离的虚值认沽期权与实值认购期权的隐含波动率 σ 应基本相当的关系，采用具有优势希腊价值（我们交易时以隐含波动率 σ 具有 20% 以上的优势为标准）的认沽期权工具，获取价差价值及波动率差异之利。

五、关于价差组合的认识

价差组合的设计逻辑是控制一个有限价差、控制有限成本、争取最优的收益率，是期权追求的终极价值，也是期权的典型设计策略。所以，价差组合应该作为一切策略组合的基本单元，有时甚至可以以一个基本单元参与变换组合。

另一方面，由于价差组合结构简单、逻辑清晰，是斜平线组合的最基本构件。如果市场形态变化，可以很方便地进行动态调整、变换布局。所以也可以利用原策略布局的斜平线敞口变换为新的价差组合单元。

这里简单表述价差组合 Lck2+Sck3 的几种变换方式。

（1）如果市场持续正向，可以平掉已经获利的价差组合，另建一个价差布局。也可以平掉 Sck3，或者移仓到 Sck4、Sck5，放开 Lck2 敞口持续获取大 Δ 值之利。甚至可以卖出 Δ 为正的认沽期权 Spk1 构建合成标的股票的区间组合，获取两个 Δ 值叠加之利。

（2）如果市场已有反向趋势，可以平掉 Sck3（已有反向减值之利），卖出 Lck2 左侧权位处的 Sck1（实值期权）构建保护型卖出价差组合 Sck1+Lck2，获取反向之利。而如果又正向则可以再买入一份 Lck2 构建反向比率价差组合 Sck1+2Lck2。理论上可以正反正反一直变换下去。

（3）如果市场中性震荡，可以在原价差组合的基础上，再卖出一份 Sck3 构建正向比率价差组合 Lck2+2Sck3。并随着市场变化可以继续构建蝶式组合、N 型组合等，而且可以持续延续变换下去。如图 2.6.c 所示。

图 2.6.c

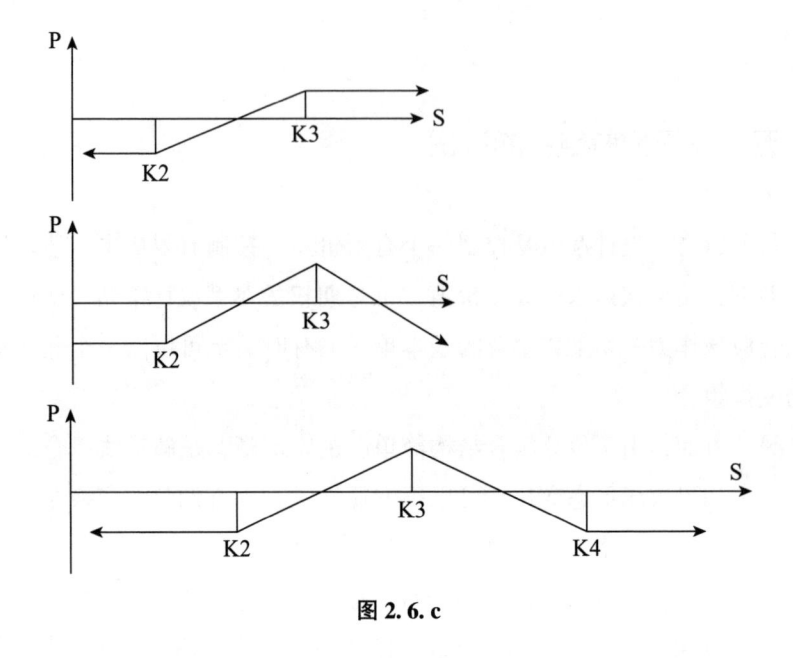

第三节 期权的跨式组合

跨式组合是由认购认沽两类期权构建的双向组合，可以对赌方向、可以卖出时间价值、可以做波动率。而且以跨式组合为基础的变换组合丰富多彩、无穷无尽，是我们最喜欢使用的期权组合布局。

一、买入跨式组合

一般买入跨式组合是做标的股票价格的大幅波动或者做多波动率，很多书籍都对该组合布局的应用以及希腊字母分布进行了详细的解释。

1. 买入跨式组合套利

标准买入跨式组合适宜于市场方向不明，但会有大幅波动的市场环境，只有当标的股票价格出现大幅变化时才能够获利，如果股价下跌买入的认沽期权就会升值、股价上涨买入的认购期权也会升值，但是如果波动幅度较小，则买入的认沽、认购期权都会贬值。而且买入跨式组合的影响因素很多，需要根据市场变化进行动态调整。

（1）买入跨式组合典型示例

例如，当前标的股票价格为70元，买入一张5月行权价格70元的平值认购期权付出成本5元，同时买入一张5月行权价格70元的平值认沽期权付出成本5元，构建一张5月行权价格70元的买入跨式组合，组合的成本为10元。如图2.7.a所示。

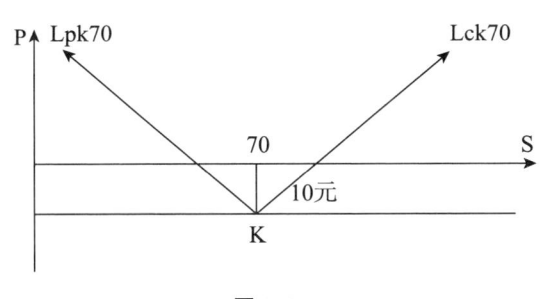

图 2.7. a

1) 设计方向：市场大涨或者大跌。
2) 最大亏损：期初构建组合的成本10元。
3) 最大收益：正方向或者反方向收益无限。
4) 解盘分析：

a. 到期日，如果标的股票价格S低于左侧盈亏平衡点60元（左上斜线位置），买入的认购期权Lck70为虚值期权，期权的合约价值归零；买入的认沽期权Lpk70为实值期权可以行权，期权合约有价差收益（70-S）元，组合的损益为（70-S-10）元。而且随着股票价格持续下跌，组合有持续收益。

b. 到期日，如果股票价格S高于右侧盈亏平衡点80元（右上斜线位置），买入的认沽期权Lck70为虚值期权，期权的合约价值归零；买入的认购期权Lpk70为实值期权可以行权，期权合约有价差收益（S-70）元，组合的损益为（S-70-10）元。而且随着股票价格无限上涨，组合有无限收益。

c. 到期日，如果股票价格 S 在两个盈亏平衡点 60~80 元之间，则买入的认购期权与认沽期权一个为虚值期权，期权合约的价值为零；另一个为实值期权，期权合约有价差收益（S-70）或（70-S）元，则组合有收益［(S-70)-10］元。如果到期日股票价格收盘于 70 元处，则卖出的认购期权与认沽期权均为平值期权，期权合约的价值均为零，组合有最大损失即期初构建组合时买入期权的成本 10 元。

5) 希腊字母表现

买入跨式组合是一个多头组合，以认购期权 Lck 为主导的买入做多区间，有希腊字母+Δ、+G、+V、-θ；以认沽期权 Lck 为主导的卖出做多区间，有希腊字母-Δ、+G、+V、-θ。表现为股票价格与其 Δ 方向一致变化有利，隐含波动率上升有利，时间损耗不利。

6) 交易经验与变换技巧

以买入跨式组合为基础的变换策略众多，而且非常方便，也非常安全。

a. 如果期内股票价格持续上涨，可以再买入一张虚值认购期权 Lck75，取正向增值之利，也可以卖出一张虚值认沽期权 Spk65，取反向减值之利。而且原来买入的认沽期权 Lpk70 可以对卖出认沽期权 Spk65 进行保护。实际上，卖出认沽期权 Spk65 与原来的买入认购期权 Lck70 构成一个合成买入股票的正向区间组合；卖出认沽期权 Spk65 与原来的买入认沽期权 Lpk70 构成了一个卖出正向价差组合。

b. 如果期内股票价格持续下跌，可以再买入一张虚值认沽期权 Lpk65，取反向增值之利，也可以卖出一张虚值认购期权 Sck75，取反向减值之利。而且原来买入的认购期权 Lck70 可以对卖出认购期权 Sck75 进行保护。实际上，卖出认购期权 Sck75 与原来的买入认购期权 Lck70 构成了一个合成卖出股票的反向区间组合；卖出认购期权 Sck75 与原来的买入认购期权 Lck70 构成了一个买入反向价差组合。

c. 如果期内股票价格中性不变，或在跨式区间来回波动，可以采用中介工具 Sck 或 Spk 在波动中来回进出、来回取利的日内交易策略组合。

(2) 关于买入跨式组合的深度思考

如果更细腻一些，我们用一个在 S50 元处买入认购期权 Lck50 与买入认沽期权的跨式组合示例来说明买入跨式组合的锁利、锁损以及合成、变换等技术。

1) 关于数量对冲

买入跨式组合后，如果股票价格 S 一路下跌至 S43 元后横盘震荡，可以在 S43 处买入相同数量的标的股票如 10000 股股票进行数量对冲，锁住买入认沽期权 Lpk50 在 S43 处的收益，并可以合成为一张买入认购期权 Lck 加一条损益上平线 7 元。如图 2.7.b 所示。

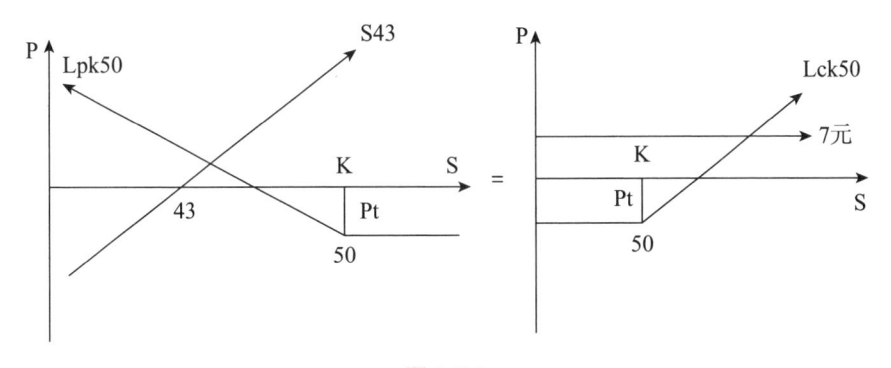

图 2.7.b

解盘分析：

a. 到期日，如果股票价格 S 在 43 元以下，买入的认沽期权 Lpk50 为实值期权可以行权，期权合约的时间价值为零，期权合约有价差收益（50-S）元，在 S43 处买入的股票 S 有价差损失（43-S）元，组合有收益（50-S）-（43-S）= 7 元，即保持在 S43 处的锁利价值 7 元不变。如果从合成组合角度结算，合成买入的认购期权 Lck50 为虚值期权，期权的合约价值为零，而损益上平线 7 元保持不变，故原组合与合成组合的效果完全相同。同时，买入跨式组合另一边的买入认购期权 Lck50 也为虚值期权，期权的合约价值为零。

b. 到期日，如果股票价格 S 在 43 元与 50 元之间如 46 元，则买入的认沽期权 Lpk50 为实值期权可以行权，期权合约的时间价值为零，期权合约有价差收益 50-46=4 元，在 S43 处买入的股票 S 有价差收益 46-43=3 元，组合有收益 4+3=7 元，即保持在 S43 处的锁利价值 7 元不变。如果从合成组合角度结算，在 S46 处合成买入的认购期权 Lck50 仍为虚值期权，期权的合约价值为零，而损益上平线 7 元仍保持不变，故原组合与合成组合的效果完全相同。同样，买入跨式组合另一边的买入认购期权 Lck50 也为虚值期权，期权的合约价值为零。

c. 到期日，如果股票价格 S 在 50 元以上，则买入的认沽期权 Lpk50 为虚值期权，期权的合约价值为零，在 S43 处买入的股票 S 有价差收益（S-43）元，组合有收益（S-43）元。如果从合成组合角度结算，在 S 大于 50 元处合成买入的认购期权 Lck50 为实值期权可以行权，期权合约的时间价值为零，期权合约有价差收益（S-50）元，而损益上平线 7 元保持不变，则合成组合的收益为 [（S-50）+7] =（S-43）元，即原组合与合成组合的效果完全相同。同时，买入跨式组合另一边的买入认购期权 Lck50 也为实值期权可以行权，期权合约的时间价值为零，期权合约有价差收益（S-50）元。

d. 买入跨式组合后，如果股票价格 S 一路上涨如至 S57 元后横盘震荡，也可以仿上一样卖空 10000 股股票进行数量对冲，锁住买入认购期权 Lck50 在 S57 元处的收益。

2）关于 delta 对冲

如果持仓量较大，买入或卖出股票进行数量对冲规模太大、占用费用太高，也可以用期权进行 delta 对冲。如买入跨式组合后，如果股票价格 S 一路下跌至 S43 元后横盘震荡，可以在 S43 处卖出实值认沽期权 Spk50 进行 delta 对冲，锁住买入认沽期权 Lpk50 在 S43 处的收益，卖出实值认沽期权的价值为（7+Pt）元。因为相同 SK 处的买入与卖出期权的价值相等，delta 率完全相同、完全对冲，则两权会合成为一条损益上平线 7 元。如图 2.7.c 所示。

第二章 期权策略与技术逻辑

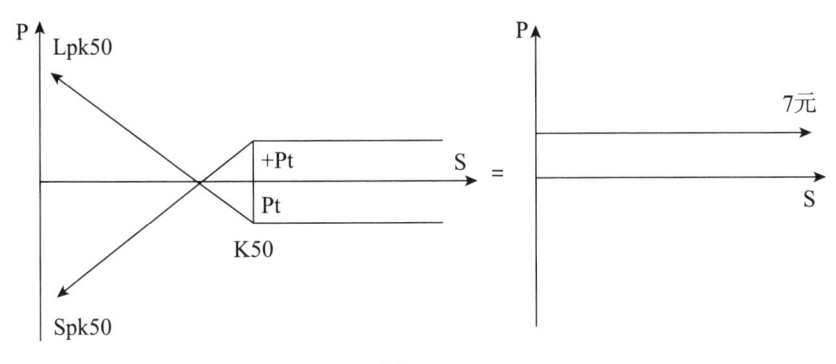

图 2.7.c

解盘分析：

a. 到期日，如果股票价格 S 在 43 元以下，买入的认沽期权 Lpk50 为实值期权可以行权，期权合约的时间价值为零，期权合约有价差收益（50-S）元，卖出的认沽期权 Lpk50 为实值期权会被行权，期权合约的时间价值为零，期权合约有价差损失（50-S）元，加上期中卖出实值认沽期权的价值 7 元（Pt=0），则组合的收益为（50-S）-（50-S）+7=7 元。同时，买入跨式组合另一边的买入认购期权 Lck50 为虚值期权，期权的合约价值为零。效果与数量对冲完全相同。

b. 到期日，如果股票价格 S 在 43 元与 50 元之间如 46 元，则买入的认沽期权 Lpk50 为实值期权可以行权，期权合约的时间价值为零，期权合约有价差收益 50-46=4 元，而卖出的认沽期权 Lpk50 为实值期权会被行权，期权合约的时间价值为零，期权合约有价差损失 50-46=4 元，加上期中卖出实值认沽期权的价值 7 元（Pt=0），则组合的收益为（4-4）+7=7 元。同时，买入跨式组合另一边的买入认购期权 Lck50 为虚值期权，期权的合约价值为零。效果也与数量对冲完全相同。

c. 到期日，如果股票价格 S 在 50 元以上，则买入的认沽期权 Lpk50 为虚值期权，期权的合约价值为零，而卖出的认沽期权 Lpk50 也为虚值期权，期权的合约价值为零，但是有期中卖出实值认沽期权的价值收益 7 元。同时，买入跨式组合另一边的买入认购期权 Lck50 也为实值期权可以行权，期权合约的时间价值为零，但期权合约有价差收益（S-50）元。

注意这时数量对冲与 delta 对冲发生了差异，数量对冲中买入认沽期权边组合的收益为（S-43）元，随着 S 的上涨收益也会增长，而 delta 对冲中买入认沽期权边组合的收益为锁价固定值 7 元，并且随着 S 的上涨收益不会变化。这是因为锁价仓 S 有上斜线收益（S-43）元、锁价仓 Spk50 只有上平线收益 7 元。

d. 买入跨式组合后，如果股票价格 S 一路上涨如至 S57 元后横盘震荡，也可以仿上一样卖出实值认购期权 Sck50 进行数量对冲，锁住买入认购期权 Lck50 在 S57 元处的收益。

e. 因为同期的买入期权与卖出期权当天收盘后会自动平仓并对冲，故有时需卖出不同期的期权进行对冲。这时买入期权与卖出期权的 delta 值不同，需要配置两仓的 delta 倍率，使两仓的 Δ（delta）值对冲、组合保持 Δ 中性。并且需要随时对 Δ 进行动态调整，直到期末组合仍保持 Δ 中性。

3）动态变换

由上可知，数量中性和 delta 中性都已封闭了 S 下行的获利空间，如果剩余时间较长、还会有一波下行的行情，则可以分析评估后，在下行方向移动一个价差卖出 Spk 或 2Spk 作价差或比率价差组合，再取下行价差之利。

如买入跨式组合后，股票价格 S 一路下跌至 S45 元后横盘震荡，但根据历史图形数据惯性分析，似乎还会有一波下行行情，则可以在 S45 处卖出两倍价格为 2×1.8 元的 2Spk40 进行变换，则买入跨式组合的下行边构建为一个正向比率价差组合 Lpk50+2Spk40。如图 2.7.d 所示。

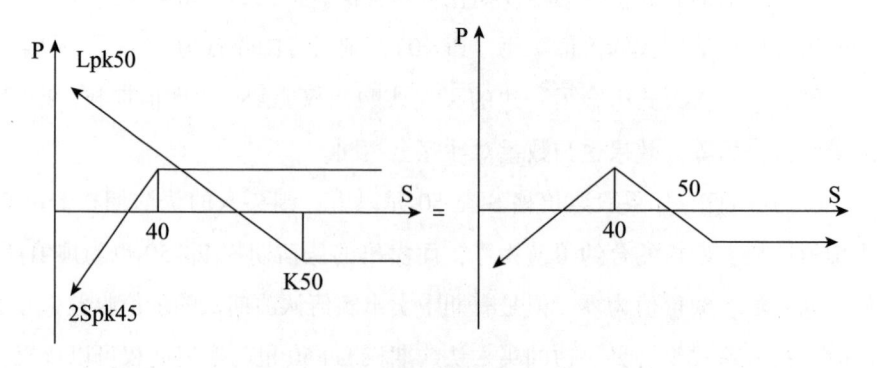

图 2.7.d

解盘分析：

a. 到期日，如果股票价格 S 在 50 元以下但 40 元以内如 43 元，买入的认沽期权 Lpk50 为实值期权可以行权，期权合约的时间价值为零，期权合约有价差收益（50-S）元，在 S45 处卖出的两张认沽期权 2Spk40 为虚值期权，期权的合约价值为零，组合有收益（50-S）-（43-S）+2×1.8=10.6 元，即保持在 S43 处的锁利价值 7 元不变，还有卖出两张期权的价值 3.6 元。同时，买入跨式组合另一边的买入认购期权 Lck50 也为虚值期权，期权的合约价值为零。

b. 到期日，如果股票价格 S 在 50 元以上，则买入的认沽期权 Lpk50 为虚值期权，期权的合约价值为零，在 S45 处卖出的两张认沽期权 2Spk40 为虚值期权，期权的合约价值为零，组合下行边有收益 3.6 元。同时，买入跨式组合另一边的买入认购期权 Lck50 为实值期权可以行权，期权合约的时间价值为零，期权合约有价差收益（S-50）元，则全组合有收益 [（S-50）+3.6] 元。

c. 买入跨式组合后，如果股票价格 S 一路上涨如至 S55 元后横盘震荡，预期也会有一波上行行情，则可以仿上一样在 S55 处卖出两倍价格为 2×1.8 元的 2Spk60 进行变换，则买入跨式组合的上行边构建为一个正向比率价差组合 Lck50+2Sck60。

通过对以上案例的分析，我们可以看到，买入跨式组合可以有很多种方法进行积极的技术管理，而且风险有限。我个人认为，非常有价值和值得我们思考的是，只要有一边突破就可以锁利，然后在波动中再等待另一边突破，这种数量中性、detla 中性及合成组合、动态变换的理念和方法完全可以应用到其他双向布局的策略中去。

2. 买入跨式组合的希腊字母

如果买入跨式组合是对赌方向、追求标的资产 S 的价格差收益，则与价差组合一样，S 为主要计价因素，Δ 因子的希腊值效率远大于其他因子的价值效率，组合所有希腊字母的敞口都可以是敞开的。

3. 关于买入跨式组合的优势

买入跨式组合，特别是两边虚值布局的跨式组合，买入成本低、控制区间大，是一种最基础的布局方式，并且可以灵活多变，非常主动，可以适应各种市场环境。它能够控制区间内外，突破到外区间可以获取价差之利，在内区间波动，可以在两边保护中利用中介工具进出取利。

构建跨式组合，应尽量保持 Δ 中性，Δ 中性表示方向不明，但风险中性，任一边都会有增加净头寸之利。而如果能够在波动中抓住一个机会错位布局，则更加理想。

关于买入跨式组合控制一个区间，在波动中利用中性工具来回进出、来回取利的典型策略，详见第三章有关叙述。

二、卖出跨式组合

卖出跨式组合主要用卖出时间价值或卖出波动率获取收益。做波动率因动态调整的工作量较大、效率较低，一般是大型机构或专业人士采用自动交易软件操作，中小型机构和散户基本不参与。本节只讨论卖出跨式组合做时间价值与 Δ 中性的策略及技术问题。

1. 卖出跨式组合典型示例

例如，当前标的股票价格为 70 元，卖出一张 5 月行权价格 70 元的平值认购期权有收益 5 元，同时卖出一张 5 月行权价格 70 元的平值认沽期权有收益 5 元，构建一张 5 月行权价格 70 元的卖出跨式组合，构建组合的收益为 10 元。如图 2.8.a 所示。

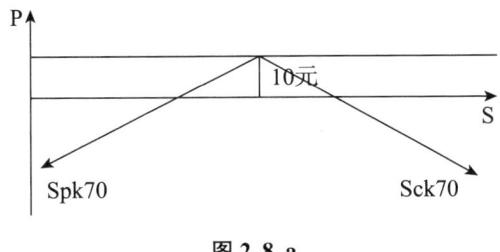

图 2.8.a

(1) 设计方向：市场中性。

(2) 最大收益：期初卖出跨式组合的收益 10 元。

(3) 最大亏损：期初建仓时标的股票的价格 70 元。

(4) 解盘分析：

a. 到期日，如果标的股票价格 S 低于左侧盈亏平衡点 60 元（左上斜线位置），卖出认购期权 Sck70 为虚值期权，期权的合约价值为零；卖出认沽期权 Spk70 为实值期权会被行权，期权合约有价差损失（70-S）元，组合的损失为［（70-S）-10）元。而且随着股票价格的持续下跌，组合的亏损也持续增加。

b. 到期日，股票价格 S 高于右侧盈亏平衡点 80 元（左上斜线位置），卖出认沽期权 Spk70 为虚值期权，期权的合约价值为零；卖出认购期权 Sck70 为实值期权会被行权，期权合约有价差损失（S-70）元，组合的损失为［（S-70）-10）］元。而且随着股票价格的持续上涨，组合亏损也持续增加。

c. 到期日，股票价格 S 在两个盈亏平衡点 60~80 元之间，则卖出的认购期权与认沽期权有一个为虚值期权，期权合约的价值为零；另一个为实值期权，期权合约有价差损失（S-70）或（70-S）元，则组合有收益［10-（S-70）］元。如果到期日股票价格收盘于 70 元处，则卖出的认购期权与认沽期权均为平值期权，期权合约的价值为零，组合有最大收益即期初构建组合时卖出期权的收益 10 元。

(5) 希腊字母表现

卖出跨式组合是一个空头组合，以认购期权 Sck 为主导的做空区间，有希腊字母-Δ、-G、-V、+θ；以认沽期权 Spk 为主导的做空区间，有希腊字母$+\Delta$、$-G$、$-V$、$+\theta$。表现为股票价格与其 Δ 方向一致变化不利，隐含波动率上升不利，时间损耗有利。

（6）交易经验与变换技巧

以卖出跨式组合为基础的变换策略比较复杂，两边都有不利的 Δ 敞口，必要时需要采用移仓保护、合成保护、delta 对冲等组合策略。

a. 如果期内股票价格持续上涨，组合的负 Δ 持续增加，可以买平认购期权 Sck70，并移仓卖出前向行权价格的认购期权 Sck75，构建一个有价差空间的卖出宽跨式组合。

卖出宽跨式组合的优势是有一定的调整空间，如果价格上涨趋势已经明确，则应买平认购期权 Sck75，并买入一张认购期权 Lck75，与已经持有的卖出认沽期权 Spk70 合成为一个买入股票的正向区间组合，争取正向之利；如果股票价格在跨内区间来回波动，则可以持仓等待时间减值或波动率减值；如果股票价格有反向趋势，则卖出宽跨式组合会有一定的时间和空间进行反向处理。

b. 如果期内股票价格持续下跌，组合的正 Δ 持续增加，可以买平认沽期权 Spk70，并移仓卖出后向行权价格的认购期权 Spk65，构建一个有价差空间的卖出宽跨式组合。

如果价格下跌趋势已经明确，则应买平认沽期权 Spk65，并买入一张认沽期权 Lpk65，与已经持有的卖出认购期权 Sck70 合成为一个反向区间组合，争取反向之利；如果股票价格在跨内区间来回波动，则可以持仓等待时间减值或波动率减值；如果股票价格有正向趋势，则卖出宽跨式组合会有一定的时间和空间进行正向处理。

2. 关于卖出跨式组合的 delta 中性

卖出跨式组合因为价值低、风险大，一般很少有人交易，做市商可以利用标的证券资源做多或做空进行无成本对冲保护，但普通交易者只能采用 delta 中性的方法不断地进行调整和保护。

例如市场长时间横盘波动，交易者卖出横盘上下支阻线位置的认沽期权与认购期权，构建一个卖出宽跨式组合 Spk1+Sck2。如果卖出建仓的 SK

位置对称在两 K 之间，即卖出认沽期权 SpK1 与卖出认购期权 ScK2 基本等距，则组合的 delta 基本中性（组合的 Δ 近于零），如果两权不对称，则可以调整两仓合约头寸的 Δ 倍率使卖出宽跨式组合基本保持中性。

卖出宽跨式组合获取卖出时间价值或卖出波动率的基本前提是保持到期日不受股票价格 S 价差变化对卖出价值的影响，故应该始终保持组合的 Δ 值基本中性。而且为了获取卖出的时间价值基本不变还不能用有成本价值的买入期权作对冲组合而封闭 Δ 敞口，因为对冲成本会冲抵卖出的时间价值。所以只能不断地调整卖出宽跨式组合 Spk1+Sck2 的位置及头寸，保持组合的 Δ 值（如果 Gamma 值较大还要考虑 Gamma 效应，下同）基本中性。

（1）卖出宽跨式组合 Spk1+Sck2 后，如果价格 S 正向变化（反向变化类似），则 Sck2 的-Δ2 会增大、Spk1 的+Δ1 会减小，如果组合的 Δ 增量（=-Δ2+Δ1）大于一定数值，就应该进行 Δ 对冲，这时一是可以调整卖出期权合约的张数，如减少 Sck2 或者增加 Spk1 的合约规模，二是可以移仓，如平掉一边甚至两边的部分卖出期权（两权相抵会有部分亏损），重新作 Δ 中性的宽跨式组合布局。直至维持到到期日价格 S 仍在两 K 之间，可获取卖出两权价值的归零之利。

（2）如果卖出宽跨式组合后价格 S 持续单向，突破一边 K 界限后仍持续单向并已有明确的趋势，则应该尽快买入相邻 K 位的期权作半鹰式保护，如 Spk1+Sck2+Lck3，或半 N 型组合 Spk1+Sck2+2Lck3 等。如图 2.8.b 所示。

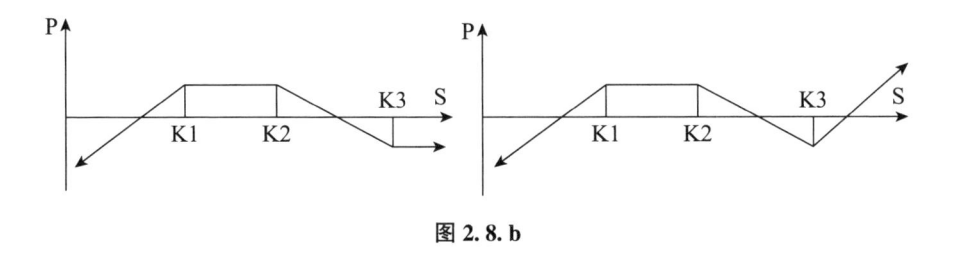

图 2.8.b

从以上示例可以看出，卖出跨式或宽跨式组合的头寸管理非常困难，为了管理风险，我们需要不断地对股票价格的走势做出判断，一旦价格 S

突破区间界限，无论是上涨或者是下跌都需要进行相应调整，进行 delta 对冲，并且会付出一定的代价。而且千万要记住，卖出跨式或宽跨式组合的风险是无限的，无法预测并难以管理。但是卖出跨式或宽跨式组合也给予了我们一些有益的启示，如卖出宽跨式组合的方法可以保持希腊值敞口在远位配对对冲，不用像直接对冲组合一样封闭敞口，可以在复杂布局中冲抵某支期权的未来变化或当前的持仓成本，也是一个有价值的方法与技术。

3. 关于卖出跨式组合的希腊字母

卖出宽跨式组合由卖出认沽期权 Spk1 与卖出认购期权 Sck2 组成，组合的 Δ 值从左到右、从 +1~0~-1 变化，两边都有下斜线风险，Δ=0 在两曲线中间的凸型顶部。组合的 V 值从左到右呈倒钟形分布，两权结合部 V 值最小（最大负值），显然 σ 减值有利。

三、关于跨式组合的认识

买卖跨式组合包括蝶鹰式组合的设计逻辑都是设计控制一个区间，如市场中性，控制这个区间的长度，卖出这个区间内的时间价值；如市场波动，控制这个区间的成本，买入这个区间外的价差方向。而且控制的区间长度都涉及收益、成本和风险等问题，例如买入的区间过长则成本较低但收益也较低，卖出的区间过长则收益较低但风险也较低。

我们通过买入跨式组合的示例和卖出跨式组合的变换，表述了买入跨式组合和卖出跨式组合头寸管理的困难和风险，以及数量对冲和 delta 对冲的方法与技术。

另外，我们还讨论了通过买入跨式组合博弈方向，并随市场形态变化的组合演变及策略转换问题。

第四节　期权的蝶式与鹰式组合

期权的蝶式组合与鹰式组合是一种在市场中性或市场波动的环境中的有限组合策略，蝶鹰式组合构造比较复杂，而且效率较低，除了做波动率差异，很少作为单独策略使用。我们大多数情况下把它们看作是价差组合、比率组合或跨式组合演变过程中的衍生品组合。

一、买入蝶式或鹰式价差组合

买入蝶式价差组合是在中间平值 $S=K2$ 处卖出两份平值期权，然后买入左边 K1 处实值期权、右边 K3 处虚值期权进行保护，并采用同类认购期权或认沽期权构建。实际是一个正向比率价差加一个买入虚值保护期权的组合 "Lck1 实值+2Sck2 平值+Lck3 虚值"。亦是左侧为 "Lck1 实值+Sck2 平值" 正向普通价差，与右侧为 "Sck2 平值+Lck3 虚值" 反向铁价差的组合。

具有相同效果的卖出铁蝶式价差组合采用了认购与认沽两类期权，是在中间平值 $S=K$ 处，左侧为卖出认沽正向铁价差组合 "Lpk1 虚值+Spk2 平值"，右侧为卖出认购反向铁价差组合 "Sck2 平值+Lck3 虚值"。有时候，卖出铁蝶式价差组合可以利用波动率优势。

买入蝶式与鹰式组合的区别是，蝶式组合在中间行权价格处卖出两张期权，鹰式组合在中间两个行权价格处各卖出一张期权，中间有一个平线区间。鹰式组合比蝶式组合更保守，成本低收益也低。如图 2.9.a 所示。

图 2.9.a

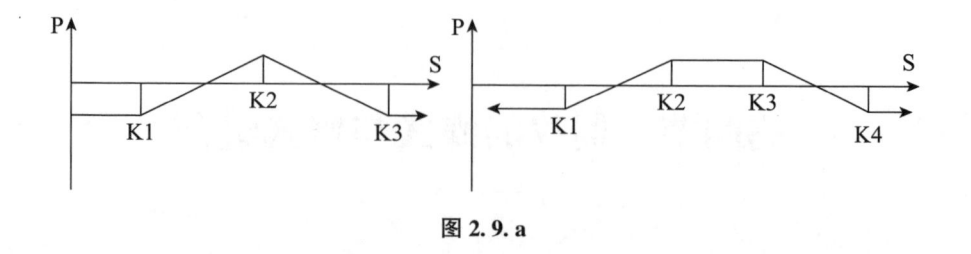

(1) 买入蝶式价差组合典型示例

例如，当前标的股票价格为 70 元，买入一张 5 月行权价格 65 元的实值认购期权 Lck65 成本 7 元，卖出两张 5 月行权价格 70 元的平值认购期权 Sck70 收入 2×4 为 8 元，买入一张 5 月行权价格 75 元的虚值认购期权 Lck75 成本 2 元，构建一张 5 月行权价格 65/70/75 元的买入蝶式价差组合，构建组合的成本为 1 元。如图 2.9.b 所示。

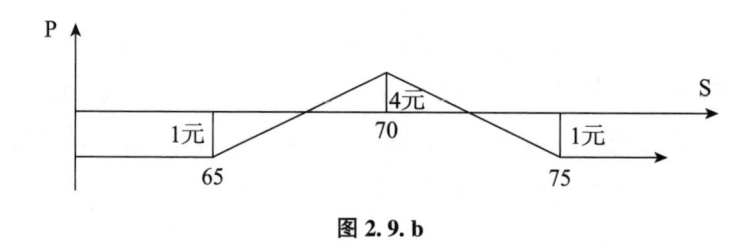

图 2.9.b

1) 设计方向：市场中性。

2) 最大收益：4 元。

3) 最大亏损：1 元。

4) 解盘分析：

a. 到期日，如果标的股票价格 S 低于行权价格 K1=65 元（左下平线位置），则全部四个认购期权均为虚值期权，期权合约的价值均为零，组合的损失为期初构建组合的成本 1.0 元。

b. 到期日，如果标的股票价格 S 在两个行权价格 65 元与 70 元之间，（左上斜线位置），卖出的两张认购期权 Sck70 和买入的一张认购期权 Lck75 为虚值期权，期权合约的价值为零，买入认购期权 Lck65 为实值期权可以行权，期权合约有价差收益（S-65）元，组合的损益为 [（S-65）

-1] 元。

c. 到期日，如果股票价格 S 在两个行权价格 70 元与 75 元之间（右下斜线位置），买入的一张认购期权 Lck75 为虚值期权，期权合约的价值为零，买入的一张认购期权 Lck65 与卖出的两张认购期权 Sck70 均为实值期权会行权，两仓行权后有价差收益 [（S-65）-2×(S-70)] 元，组合的损益为 [（S-65）-2×(S-70) -1] 元。

d. 到期日，如果股票价格 S 收盘于 70 元处，卖出的两张认购期权 Sck70 和买入的一张认购期权 Lck75 均为虚值期权，期权合约的价值为零，买入的一张认购期权 Lck65 为实值期权可以行权，期权合约有价差收益 5 元，减去期初构建组合的成本 1 元，组合有最大收益 4 元。

e. 到期日，如果股票价格 S 高于行权价格 75 元（右下平线位置），则全部四个认购期权均为实值期权，买入一张认购期权 Lck65 的收益为 SK1 =（K1K2+K2K3+SK3）= 10+SK3、卖出两张认购期权 Sck70 的损失为 -2×SK2=-2×(K2K3+SK3) = -2×(5+SK3)、买入一张认购期权 Lck75 的收益为 SK3，四个期权合约组合的损益为 10+SK3-2×(5+SK3) +SK3＝0，即四仓对冲，组合的损失为期初构建组合的成本 1.0 元。

5）希腊字母表现

买入蝶式价差组合的希腊字母分为两个部分，从左下平线经 K1K2 两曲线拐点到 K1K2 两凸曲线顶点为多头区段，风险可控；从 K2K3 两凸曲线顶点经 K2K3 两曲线拐点到右下平线为空头区段，也风险可控。

6）交易经验与变换技巧

买入蝶式价差组合是在顶点平值处卖出跨式的保护型组合，还是想取市场中性的卖出价值的减值之利。买入蝶式价差由四个认购期权构成，买入认购期权 Lck65 与 Lck75 为正向期权，正向变化有利；卖出的两张认购期权 Sck70 为反向期权，反向变化有利。

a. 如果期内股票价格持续正向，并且有正向趋势，可以平掉一张卖出认购期权 Sck70。保留一组正向价差组合 Lck65+Sck70 和一张买入虚值认购期权 Lck75，构建一个正向有两个台阶的区间组合，获取正向之利，并保留一张卖出认购期权 Sck70 为以后调整留有余地。如图 2.9.c 所示。

图 2.9.c

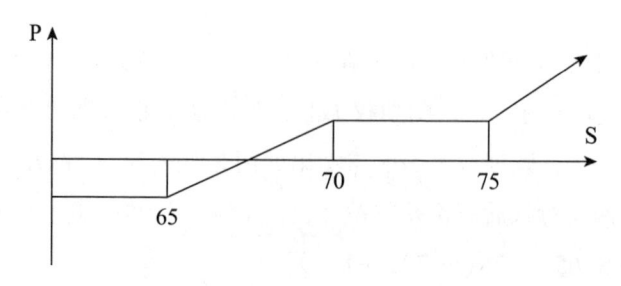

b. 如果期内股票价格持续反向，并且有明确的反向趋势，这时两张卖出的认购期权减值有利，但是买入的那张实值认购期权 Lck65 成本高、损益率大，应即刻平掉，但应保留买入的虚值认购期权 Lck75，保护有两份比率卖出期权中的一份下斜线风险。如图 2.9.d 所示。

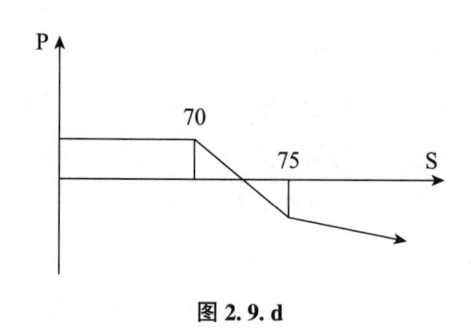

图 2.9.d

（2）卖出铁蝶式价差组合典型示例

卖出铁蝶式价差组合是用认购、认沽两类期权构建一个买入蝶式价差组合，并且与买入蝶式价差组合的损益和损益结构图完全相同。

例如，当前标的股票价格为 70 元，买入 5 月一张行权价格 65 元的虚值认沽期权 Lpk65 成本 2 元，卖出一张 5 月行权价格 70 元的平值认沽期权收入 4 元，卖出一张 5 月行权价格 70 元的平值认购期权 Sck70 收入 4 元，买入一张 5 月行权价格 75 元的虚值认购期权成本 2 元，构建一张 5 月行权价格 65/70/75 元的卖出铁蝶式价差组合，构建组合有收益为 4 元。如图 2.10 所示。

图 2.10

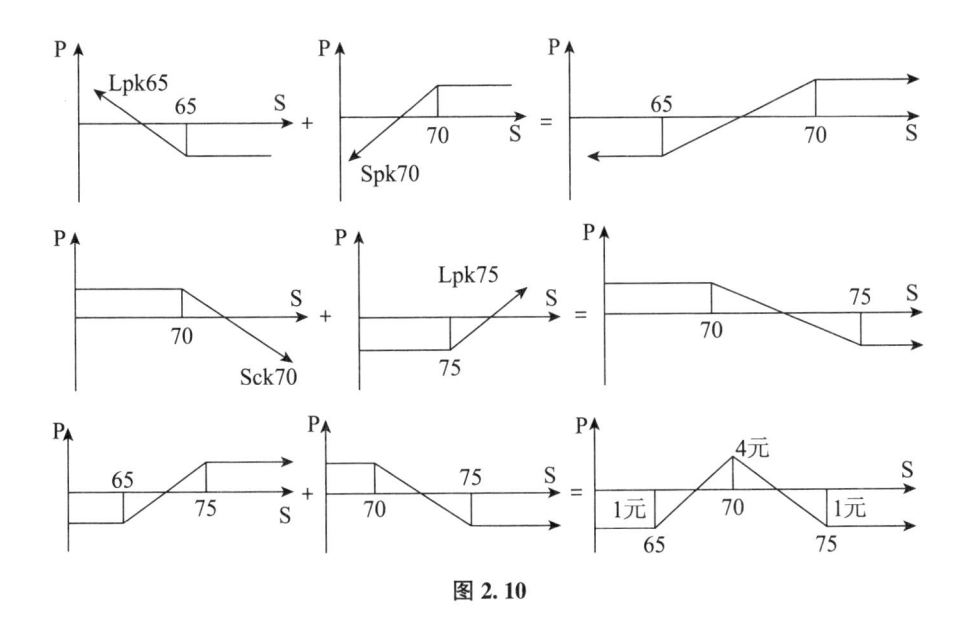

1) 设计方向：市场中性。
2) 最大收益：4 元。
3) 最大亏损：1 元。
4) 解盘分析：

a. 到期日，如果标的股票价格 S 低于行权价格 K1=65 元，卖出和买入的一组认购期权为虚值期权，期权合约的价值为零，买入和卖出的一组认沽期权为实值期权会行权，买入认沽期权 Lck65 的合约有价差收益（S-65）元，卖出认沽期权 Sck70 的合约有价差损失（S-70）元，组合有损失 5-4=1 元。

b. 到期日，如果股票价格 S 在行权价格 K1K2 之间（左斜线位置），则除了一张卖出认沽期权 Spk70 外，其他三个期权均为虚值期权，期权合约的价值均为零，卖出认沽期权 Spk70 合约有损失（S-70）元，组合的损益为 [（S-70）+4] 元。如果到期日股票价格 S 收盘于 70 元，则组合有最大收益（70-66）=4 元。

c. 到期日，如果股票价格 S 在行权价格 K2K3 之间（右斜线位置），则除了一张卖出认购期权 Spk70 外，其他三个期权均为虚值期权，期权合约的价值均为零，卖出认购期权 Spk70 合约有损失（S-70）元，组合的损

益为 [（S-70）+4] 元。

d. 到期日，如果股票价格 S 高于行权价格 K3=75 元，卖出和买入的一组认沽期权为虚值期权，期权合约的价值为零，买入和卖出的一组认购期权为实值期权会行权，买入认购期权 Lck75 的合约有价差收益（S-75）元，卖出认购期权 Sck70 的合约有价差损失（S-70）元，组合有损失 5-4=1 元。

5）交易经验与变换技巧

卖出铁蝶式价差组合的结构逻辑非常清晰，为两组正反向价差互相对冲。

如果期内股票价格持续正向，并且有正向趋势，可以平掉反向价差，保留正向价差 Lpk65+Spk70，取正向之利；也可以平掉反权，保留正权 Spk70+Lck75，取正向之利。

如果期内股票价格持续反向，并且有反向趋势，可以平掉正向价差，保留反向价差 Sck70+Lck75，取反向之利；也可以平掉正权，保留反权 Lpk65+Sck70，取反向之利。

二、卖出蝶式或鹰式价差组合

卖出蝶式价差组合是在中间平值 S=K2 处买入两份期权，然后卖出左边 K1 处实值期权、右边 K3 处虚值期权冲抵买入成本，并采用同类认购期权或认沽期权构建。实际是一个反向比率价差加一个卖出虚值期权冲抵的组合"Sck1 实值+2Lck2 平值+Sck3 虚值"，亦是左侧为"Sck1 实值+Lck2 平值"卖出反向铁价差，与右侧为"Lck2 平值+Sck3 虚值"买入正向普通价差的组合。

具有相同效果的买入铁蝶式价差采用了认购与认沽两类期权，是在中间平值 S=K 处，左侧为买入认沽期权反向普通价差"Spk1 虚值+Lpk2 平值"，右侧为买入认购期权正向普通价差"Lck2 平值+Sck3 虚值"。有时候，卖出铁蝶式价差组合可以利用波动率优势。

卖出蝶式与鹰式组合的区别是，蝶式组合在中间行权价格处买入两张期权，鹰式组合在中间两个行权价格处各买入一张期权，中间有一个平线区间。鹰式组合比蝶式组合更保守，成本低收益也低。如图 2.11.a 所示。

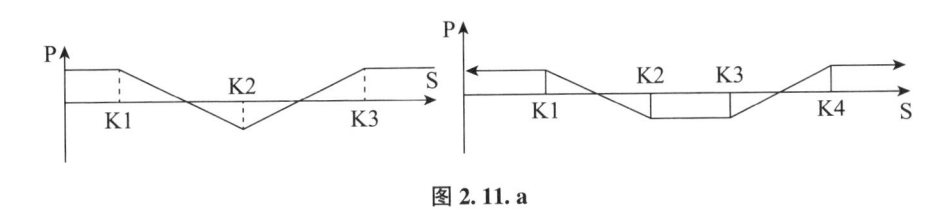

图 2.11.a

（1）卖出鹰式价差组合典型示例

例如，当前标的股票价格为 70 元，卖出一张 5 月行权价格 65 元的实值认购期权收入 7 元，买入一张 5 月行权价格 70 元的平值认购期权成本 4 元，买入一张 5 月行权价格 75 元的虚值认购期权成本 2 元，卖出一张 5 月行权价格 80 元的虚值认购期权收入 1 元，构建一张 5 月行权价格 65/70/75/80 元的卖出鹰式价差组合，构建组合的收益为 2 元。如图 2.11.b 所示。

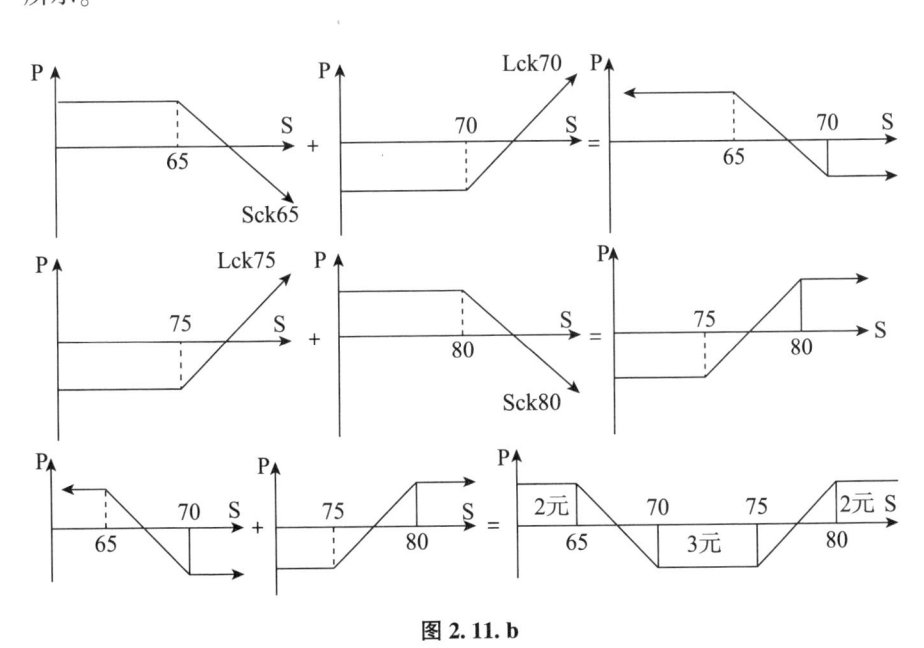

图 2.11.b

1）设计方向：市场大波动越过 K1 或 K4 界限之外。

2）最大收益：2元。

3）最大亏损：3元。

4）解盘分析：

a. 到期日，如果标的股票价格S低于行权价格K1=65元（左下平线位置），则全部四个认购期权均为虚值期权，期权合约的价值均为零，组合的收益为期初构建组合的收益2元。

b. 到期日，如果股票价格S在行权价格K1与K2之间（左斜线位置），买入的认购期权Lck70、买入的认购期权Lck75和卖出认购期权Sck80均为虚值期权，期权合约的价值为零，有一张卖出认购期权Sck65为实值期权会被行权，有损益（S-65）元，组合的损益为[（S-65）+2]元。

c. 到期日，如果股票价格S在行权价格K2与K3下平线之间，买入的认购期权Lck75和卖出的认购期权Sck80为虚值期权，期权合约的价值为零，卖出的认购期权Sck65与买入的认购期权Lck70为实值期权会被行权，两权对冲后有损失5元，组合的损失为5-2=3元。

d. 到期日，如果股票价格S在行权价格K3与K4之间（右斜线位置），卖出的认购期权Sck80为虚值期权，期权合约的价值为零，卖出认购期权Sck65、买入认购期权Lck70和买入认购期权Lck75均为实值期权会行权，期权的合约组合后有损益（-SK1+SK2+SK3）元，组合的损益为（-SK1+SK2+SK3+2）元。

e. 到期日，如果股票价格S高于行权价格K4，全部四个期权均为实值期权会行权，四个期权组合的损益为（-SK1+SK2+SK3-SK4）=-（15+SK4）+（10+SK4）+（5+SK4）-SK4=0，即四个期权的四仓对冲，组合的损益为期初构建组合的收益2元。

5）希腊字母表现

卖出鹰式价差组合的希腊字母分为三个部分，从左上平线经下左斜线K1K2曲线拐点到下平线为空头区段；下平线区段为中性区段；从下平线经上右斜线K3K4曲线到右上平线为多头区段[卖出价差（空头）与买入价差（多头）的组合，中间夹一段中性]。三个区段均风险可控。

6）交易经验与变换技巧

卖出蝶式或鹰式价差组合的结构损益图是在顶点平值处买入跨式加两边冲抵的组合，交易者还是想获取市场大波动的买入价差的增值之利。

a. 卖出鹰式价差两边虚值空间较大，效率较低，如果期内股票价格持续正向，并且有正向趋势，我们可以保留正向价差组合 Lck75+Sck80，平掉卖出的实值认购期权 Sck65，并卖出实值认沽期权 Spk75 与原 Lck70 构建一个买正向合成区间取利。另外，也可以平掉 Sck80 放开正向敞口，同时卖出 Spk75 与原 Lck75 合成取利。其中新卖出的 Spk75 直到 K65 才会暴露下斜线风险（65~75 元 Sck65 与 Spk75 两斜线对冲），所以对未来反向变化，有足够的时间和空间进行处理，而且极方便调整，如买一张虚值认沽虚值区间就可以对冲。

b. 同样，如果期内股票价格持续反向，并且有反向趋势，我们可以保留反向价差组合 Sck65+Lck70，平掉正向价差组合中的正权 Lck75，同时买入反权 Lpk75 与反权 Sck80 构成一个卖出股票的反向区间组合合成取利。

（2）买入铁鹰价差组合典型示例

买入铁鹰式价差组合是用认购、认沽两类期权构建一个卖出鹰式价差组合，并且与卖出鹰式价差组合的损益和损益结构图完全相同。

例如，当前标的股票价格为 70 元，卖出一张 5 月行权价格 65 元的虚值认沽期权收入 2 元，买入一张 5 月行权价格 70 元的平值认沽期权成本 4 元，买入一张 5 月行权价格 75 元的虚值认购期权成本 2 元，卖出一张 5 月行权价格 80 元的虚值认购期权收入 1 元，构建一张 5 月行权价格 65/70/75/80 元的买入铁鹰价差组合，构建组合的成本为 3 元。如图 2.11.c 所示。

图 2.11.c

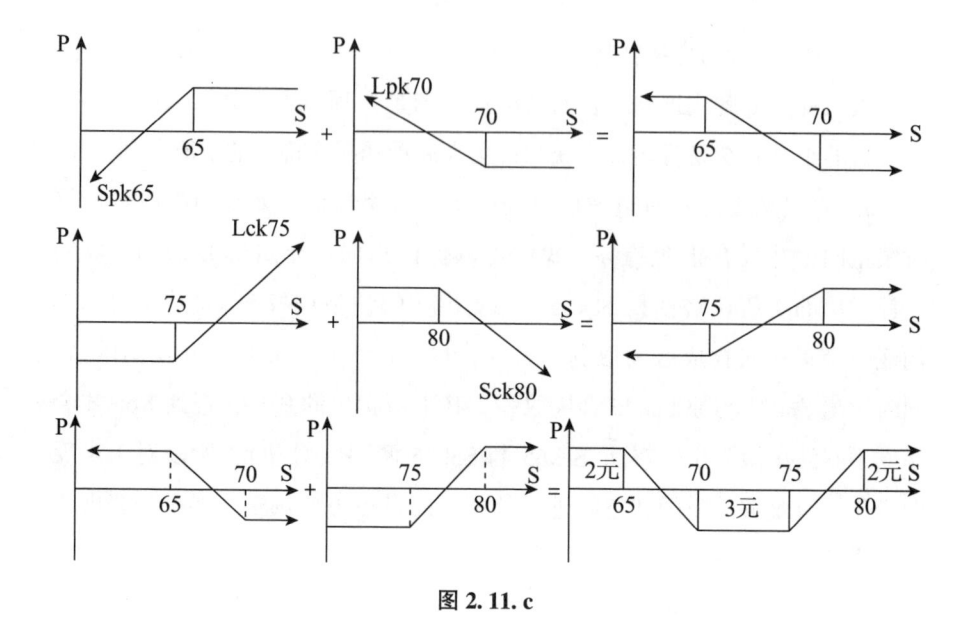

1) 设计方向：市场大波动越过 K1 或 K4 界限之外。
2) 最大收益：2 元。
3) 最大亏损：3 元。
4) 解盘分析：

a. 到期日，如果标的股票价格 S 低于行权价格 K1＝65 元（左上平线位置），买入的认购期权 Lck75 和卖出的认购期权 Sck80 为虚值期权，期权合约的价值为零，卖出的认沽期权 Spk65 和买入的认沽期权 Lpk70 为实值期权会行权，Spk65 合约有价差损失（S−65）元、Lpk70 合约有价差收益（S−70）元，两仓行权后合约有价差收益 5 元，组合的收益为 5−3＝2 元。

b. 到期日，如果股票价格 S 在行权价格 K1 与 K2 左斜线之间，买入的认购期权 Lck75 和卖出的认购期权 Sck80 为虚值期权，卖出的认沽期权 Spk65 也为虚值期权，三个期权的合约价值为零，只有买入的认沽期权 Lpk70 为实值期权可以行权，Lpk70 合约有价差损益（S−70）元，组合有损益为［（S−70）−3］元。

c. 到期日，如果股票价格 S 在行权价格 K2 与 K3 下平线之间，则全部两个认购期权与两个认沽期权均为虚值期权，期权合约的价值均为零，组合的损失为期初构建组合的成本 3 元。

d. 到期日，如果股票价格 S 在行权价格 K3 与 K4 右斜线之间，卖出的认沽期权 Spk65 和买入的认沽期权 Lpk70 为虚值期权，卖出的认购期权 Sck80 也为虚值期权，三个期权合约的价值为零，只有买入的认购期权 Lck75 为实值期权可以行权，Lck75 合约有价差损益（S-75）元，组合有损益为 [（S-75）-3] 元。

e. 到期日，如果股票价格 S 高于行权价格 K4 = 85 元（右上平线位置），卖出的认沽期权 Spk65 和买入的认沽期权 Lpk70 为虚值期权，两个期权合约的价值为零，买入的认购期权 Lck75 和卖出的认购期权 Sck80 为实值期权会行权，Lck75 合约有价差收益（S-75）元、Sck80 合约有价差损失（S-80），两仓行权后合约有价差收益 5 元，组合的收益为 5-3 = 2 元。

5）交易经验与变换技巧

买入铁鹰价差组合的结构逻辑非常清晰，为两组正反向价差互相对冲。

如果期内股票价格持续正向，并且有正向趋势，可以平掉反向价差，保留正向价差 Lck75+Sck80，取正向之利；也可以平掉反权，保留正权 Spk65+Lck75，取正向之利。

如果期内股票价格持续反向，并且有反向趋势，可以平掉正向价差，保留反向价差 Lpk70+Sck65，取反向之利；也可以平掉正权，保留反权 Lpk70+Sck80，取反向之利。

三、关于蝶鹰式价差组合的认识

蝶鹰式价差组合由四个期权构成，构造比较复杂，很难错位布局构建优质组合，而且效率较低，建议中小型机构和散户少用。

但是卖出蝶式或鹰式价差组合也可以作为双向布局设计，等待突破时做单向变换。如蝶鹰价差组合可以分解为正反向两个价差组合，如果市场方向明确，可以变换为有利方向的双价差组合，如原正向价差组合

Lck75+Sck80 不变；保留 Spk65，卖平 Lpk70，再买入一张 Lck70 配对 Spk65 构建一个合成买入股票的正向区间组合。但是如果剩余时间较少，放开一边有利敞口的机会较小，则会成为食之无味的鸡肋。机构可以用蝶鹰式价差组合做波动率回归，买入蝶式或鹰式价差组合是卖出高波动率做空，卖出蝶式或鹰式价差组合是买入低波动率做多。另外，蝶式和鹰式组合是一种风险小、有机会、成本低的有限组合策略，香港证券交易所曾经利用他们作为做市商资源丰富的优势，每月初发售不同成本和机会的"蝶鹰组合"商品，月末结算，受到香港证券市场和公众的广泛好评。内地券商也可以借鉴。

第五节 期权的比率组合

比率组合是以卖出期权（所谓卖出套利）为基准，卖出比率多，有下斜线敞口称为正向比率组合；卖出比率少，有上斜线敞口称为反向比率组合。专业人士大多从方向性概率、波动率变化 Vega 和非线性价值变化 Gamma 的层面研讨比率组合，比较复杂，而且效率不高。作为中小型机构和散户，建议从标的股票价格 S 变化的直观层面研究比率组合的应用问题。

一、反向比率价差组合

反向比率价差组合是预期标的股票价格将会大幅波动，其与卖出蝶式及买入跨式价差组合具有基本相同的特征，但是它一个方向的损益是一定的、另一个方向的收益是无限的，然而如果到期时标的股票价格停留在组合中间的几何洼地，则组合是亏损的，而且在买入行权价格处亏损最大。

反向比率价差组合，是买入期权比卖出的期权更多，而且买入期权比卖出期权的价格便宜，所以通常交易的成本极低，有时还会有一部分净利润。这样，反向比率价差组合在标的价格反向运动时也会盈利。但是反向比率价差组合的设计目标主要还是想从正方向大幅变动的强势行情中获取大幅利益。

反向价差比率组合也有另一种考虑，如果构建认购期权的中浅虚值组合，也适宜于市场停滞或者熊市的行情，或构建认沽期权用于市场停滞或者牛市的行情，这就是期权组合多样性的美妙之处。所以，反向比率价差组合的交易者是预期标的股票价格会大涨大跌，但是更趋向于正向大幅变动。

我们经多次测试后发现，作为具有上平斜线的双向结构，反向比率组合是一个在大波动中有比较优势的布局组合，它可以在双向布局后，有相当的时间和空间进行变换设计。

1. 反向比率价差组合典型示例

（1）牛市反向比率价差组合

如果预期期内标的股票价格会大涨，则可做牛市反向比率价差组合布局。

例如，当前标的股票价格 S 为 50 元，卖出一张 5 月平值认购期权 Sck50 价格为 3.8 元，买入两张 5 月虚值认购期权 Lck55 元价格为 2×1.2＝2.4 元，构建一张牛市反向比率价差组合 Sck50+2×Lck55，组合有收益 1.4 元。如图 2.12.a 所示。

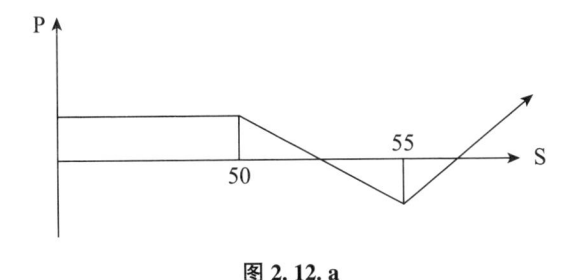

图 2.12.a

1）设计方向：市场有突破，大涨大跌均可。

2）最大收益：收益未知。

3）最大亏损：在行权价格 K2 洼地处损失 3.6 元。

4）解盘分析：

a. 到期日，如果股票价格 S 下跌越过行权价格 K1，则卖出的认购期权 Sck50 和买入的两张认购期权 2Lck55 均为虚值期权，期权的合约价值为零，组合有收益 1.4 元，为期初构建组合的收益。

b. 到期日，如果标的股票价格 S 在行权价格 K1K2 的下斜线区间，则买入的两张认购期权 Lck55 为虚值期权，期权的合约价值为零，卖出的一张认购期权 Sck50 为实值期权会被行权，期权合约有价差损失（S-50）元，组合的损益为 [（S-50）+1.4] 元。

如果股票价格 S 刚好收盘于行权价格 K2 处，则买入的两张虚值认购期权 Lck55 为虚值期权，期权的合约价值为零，卖出的一张认购期权 Sck50 为实值期权会被行权，期权合约有价差损失 5 元，则组合有最大损失（5-1.4）= 3.6 元。

c. 到期日，如果股票价格 S 上涨越过行权价格 K2 但在右侧盈亏平衡点以内的上斜线区间，则卖出的一张认购期权 Sck50 和买入的两张认购期权 Lck55 均为实值期权会行权，卖出的一张认购期权 Sck50 合约有价差损失（S-50）元，买入的两张认购期权 2Lck55 合约有价差收益 2×(S-55) 元，两仓合约的价差对冲后有损益（S-60）元，组合有损失 [1.4-（S-60）] 元。

d. 到期日，如果股票价格 S 上涨越过右侧盈亏平衡点，则卖出的一张认购期权 Sck50 和买入的两张的认购期权 2Lck55 均为实值期权会行权，卖出的一张认购期权 Sck50 合约有价差损失（S-50）元，买入的两张认购期权 2Lck55 合约有价差收益 2×(S-55) 元，两仓合约的价差对冲后有损益（S-60）元，组合有收益 [（S-60-1.4）] 元。而且随着股票价格的持续上涨，组合的收益也持续增加。

5）希腊字母表现

以卖出认购期权 Sck50 为主导的空头区间有希腊字母 $-\Delta$、$-G$、$-V$、$+\theta$，但左侧为平线右侧有两张 Lck55 向上的斜线对冲保护，风险可控；以买入的两张认购期权 Lck55 为主导的多头区间有希腊字母 $+\Delta$、$+G$、$+V$、$-\theta$，无 Δ 风险。

6）交易经验与变换技巧

a. 如果期内标的股票价格 S 一直陷入中间洼地 K2 处小幅波动，则可以卖出平实值认沽期权 Spk2 冲抵损失，三权构成一个合成买入股票的区间组合。此后标的股票价格 S 正向变化、中性不变，或反向变化在 K1 之内（K2K1 之内 Sck1 与 Spk2 两斜线对冲），组合均有利。如图 2.12.b 所示。

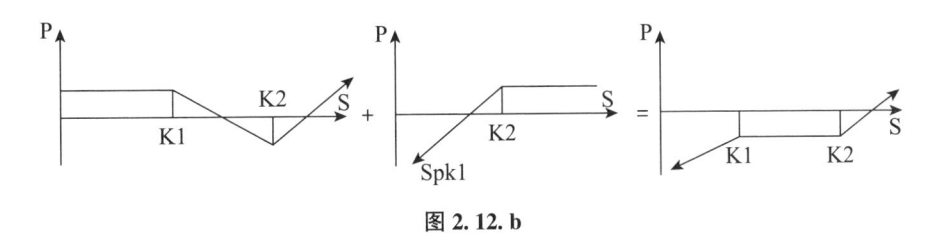

图 2.12.b

根据我们的实践经验，这时可以用 Spk2 当前的隐含波动率和剩余时间，计算当前 S 处波动的标准差。如果其一个标准差长度会覆盖或者接近行权价格 K1，即到期日股票价格 S 有反向越过 K1 的可能，则可以再买入一张认沽期权保护。这样，四权构成一个合成看涨的认购期权 Lck2，可以持仓到底，一切无虑。如图 2.12.c 所示。

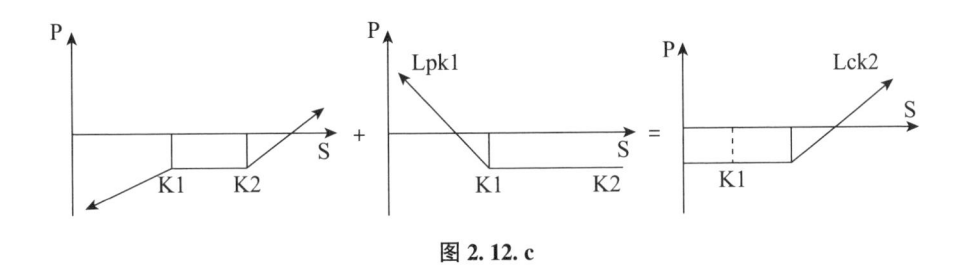

图 2.12.c

b. 在最不利的极端条件下，可以配置正反两仓的 Δ 倍率，构建 Δ 中性的终极组合方案，可以在动态对冲中持仓到底。

（2）熊市反向比率价差组合

如果预期期内标的股票价格 S 大跌，则可做熊市反向比率价差组合布局。

例如，当前标的股票价格 S＝50 元，卖出一张 5 月平值认沽期权 Spk50

价格为 3.8 元，买入两张 5 月虚值认沽期权 Lpk45 价格为 2×1.2=2.4 元，构建一张熊市反向比率价差组合 Spk50+2×Lpk45，组合有收益 1.4 元。如图 2.13.a 所示。

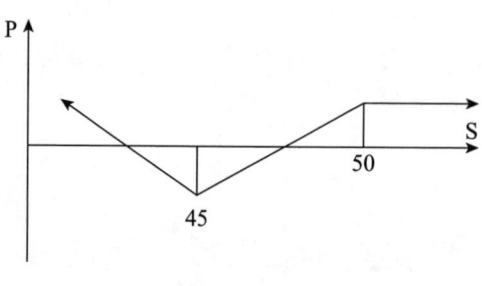

图 2.13.a

1）设计方向：市场有突破，大跌大涨均可。

2）最大收益：收益未知。

3）最大亏损：在行权价格 K2 洼地处损失 3.6 元。

4）解盘分析：

a. 到期日，如果股票价格 S 上涨越过行权价格 K2，则卖出的一张认沽期权 Spk50 和买入的两张认沽期权 2Lpk45 均为虚值期权，期权的合约价值为零，组合有收益 1.4 元，为期初构建组合的收益。

b. 到期日，如果股票价格 S 在行权价格 K1K2 的下斜线区间，则买入的两张认沽期权 Lpk45 为虚值期权，期权的合约价值为零，卖出的一张认沽期权 Spk50 为实值期权会被行权，期权合约有价差损失（50-S）元，组合的损益为 [（50-S）+1.4] 元。

如果股票价格 S 刚好收盘于行权价格 K2 处，则买入的两张虚值认沽期权 Lck55 元为虚值期权，期权的合约价值为零，卖出的一张认沽期权 Spk50 为实值期权会被行权，期权合约有价差损失 5 元，则组合有最大损失（5-1.4）=3.6 元。

c. 到期日，如果股票价格 S 下跌越过行权价格 K1 但在左侧盈亏平衡点以内的上斜线区间，则卖出的一张认沽期权 Spk50 和买入的两张认沽期权 Lpk45 均为实值期权会行权，卖出的一张认沽期权 Spk50 合约有价差损失（50-S）元，买入的两张认沽期权2Lpk45合约有价差收益2×(45-S)元，两仓合约的价差对冲后有损益（40-S）元，组合有损失〔（40-S）+1.4〕元。

d. 到期日，如果股票价格S下跌越过右侧盈亏平衡点，则卖出的一张认沽期权Spk50和买入的两张的认沽期权2Lpk45均为实值期权会行权，卖出的一张认沽期权Spk50合约有价差损失（50-S）元，买入的两张认沽期权2Lpk55合约有价差收益2×(45-S)元，两仓合约的价差对冲后有收益（40-S）元，组合有收益〔（40-S）+1.4〕元。而且随着股票价格的持续下跌，组合的损失也持续增加。

5）希腊字母表现

以卖出认购期权Spk50为主导的空头区间有希腊字母+Δ、-G、-V、+θ，但右侧为平线，左侧有向上的斜线对冲，风险可控；以买入的两张认购期权Lpk45为主导的多头区间有希腊字母-Δ、+G、+V、-θ，无Δ风险。

6）交易经验与变换技巧

a. 如果期内标的股票价格S一直陷入中间洼地K1处小幅波动，则可以卖出平实值认购期权Sck1冲抵损失，三权构成一个合成卖出股票的区间组合。此后标的股票价格S反向变化、中性不变，或正向变化在K2之内（K2K1之内Sck1与Spk2两斜线对冲），组合均有利。如图2.13.b所示。

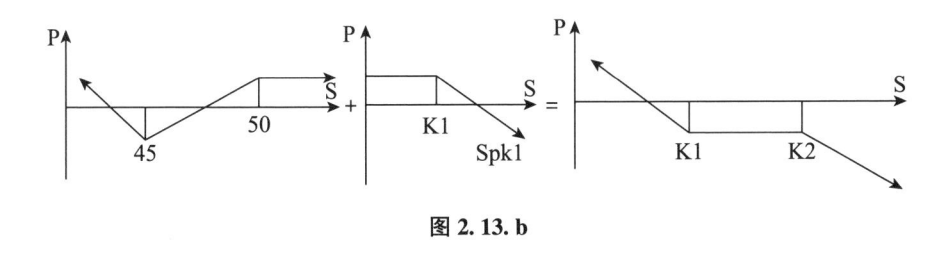

图2.13.b

根据我们的实践经验，这时可以用Sck1当前的隐含波动率和剩余时间，计算当前S处波动的标准差，如果其一个标准差长度会覆盖或者接近行权价格K1，即到期日股票价格S有正向越过K1的可能，则可以再买入一张认购期权保护。这样，四权构成一个合成看跌的认购期权Lpk1，可以持仓到底。一切无虑。

b. 同样，在最不利的极端条件下，也可以配置正反两仓的 Δ 倍率，构建 Δ 中性的终极组合方案，可以在动态对冲中持仓到底。

2. 关于反向比率价差组合的认识

反向比率价差组合是介于卖出蝶式价差组合与买入跨式价差组合之间的一种策略，三种策略都是在市场有大波动的应用场景中的期权组合策略。比较分析三种策略，我们可以看出成本与收益的对等性，卖出蝶式价差组合成本最小，收益也最小；反向比率价差组合成本中等，收益也中等；买入跨式价差组合成本最大，收益也最大。

我们在交易组合的变换中发现，反向比率价差组合大多是在保护性组合 Sck1+Lck2 反向或者价差组合 Lck2+Sck3 反向又正向时再买入期权 Lck2 后演变的衍生品组合，取标的价格 S 又正向变化的价差价值之利。

反向比率价差组合的 Δ 值从左到右从 0~-0.5 左右（洼地）~0~+1 分布，表示只要突破组合的洼地就会有利。

二、正向比率价差组合

从几何分析角度，正向比率价差组合是在正向价差组合涨幅衰竭之后再卖出时间价值的延续。但是从另一个视角来看，它是介于买入蝶式组合与卖出跨式组合之间的一种方案，预期市场涨跌有限、温和变化的一种细腻的风险中性策略。当然，也可以从波动率变化的角度考虑该策略的应用问题。应注意正向比率价差组合裸卖空部分有下斜线敞口，应进行风险管理，必要时须再买入一份期权合约做蝶式价差组合保护，或者干脆做 delta 对冲的中性组合。

正向比率价差组合的特征是卖出期权的数量（空头数量）比买入期权的数量（多头数量）多。正向比率价差组合具有买入蝶式价差与卖出跨式价差的特点，在风险方面，一边被多头期权保护，风险是有限的，类似于买入蝶式组合；但是另一边没有买入期权保护，有下斜线风险，类似于卖出跨式组合。在收益方面，在卖出期权的行权价格处盈利最大。

正向比率价差组合适宜的市场预期是风险中性区间的温和有限涨跌，如果预期未来标的股票价格不会越过某个价格，则可以设计一个正向比率价差组合与这个价格（卖出期权的行权价格）匹配。而且如果标的价格的走势预测有误，如看涨趋势变为反向下跌，组合也无损失甚至还会有很小的盈利。所以，正向比率价差组合只有标的股票价格在卖出期权的行权价格处才有盈利最大化，标的股票价格变动到其他方向，组合也都会有一定风险甚至无限风险，如看涨的正向比率价差组合，当标的股票价格上涨时，会有无限风险；而标的股票价格下跌时，只有有限风险。

正向比率价差组合有两种类型：一种是看涨的正向比率价差组合；另一种是看跌的正向比率价差组合。但是两种类型都可以做涨跌有限的正向比率价差组合策略，关键看布局位置的合理性以及当前认购期权或认沽期权希腊字母的优势。例如当前标的股票价格为53元，预期市场涨有限，期末价格会接近55元，我们可以做看涨有限的正向比率价差Lck50+2Sck55，也可以做看跌有限的正向比率价差Lpk60+2Spk55。但是一般情况下，市场涨有限，我们还是做看涨的正向比率价格差组合，其优势是涨有限、跌有保障。如图2.14.a所示。

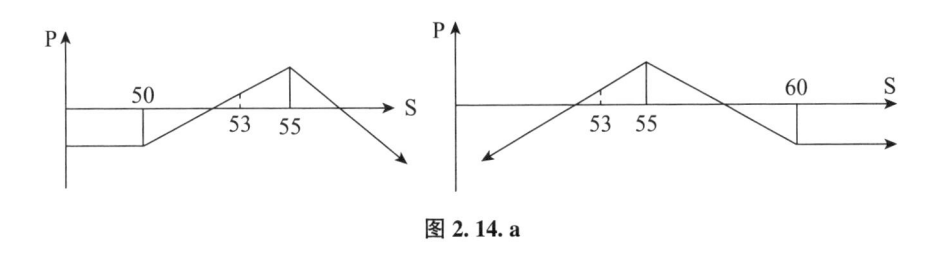

图 2.14. a

1. 正向比率价差组合典型示例

（1）牛市正向比率价差组合

例如，市场看涨有限，当前标的股票价格为70元，买入一张5月行权价格70元的平值认购期权收入5元，同时卖出两张5月行权价格75元的虚值认购期权成本2×2=4元，构建一张5月行权价格70/75元的牛市正向比率价差组合，构建组合有成本 1 元。如图 2.14.b 所示。

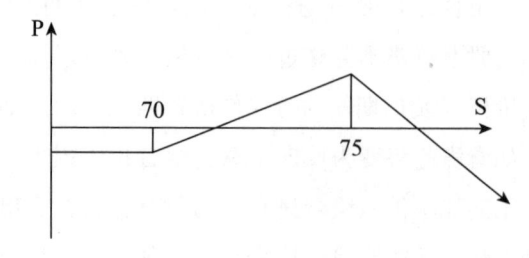

图 2.14.b

1）设计方向：市场涨有限。

2）最大亏损：亏损无限。

3）最大收益：4 元

4）解盘分析：

a. 到期日，如果标的股票价格 S 低于行权价格 K1＝70 元（左下平线位置），买入的一张认购期权 Lck70 和卖出的两张认购期权 2Sck75 均为虚值期权，三个期权的合约价值均为零，组合损失 1 元，即期初构建组合的成本。

b. 到期日，如果股票价格 S 高于左侧盈亏平衡点 71 元与行权价格 K2＝75 元之间（左上斜线位置），卖出的两张认购期权 2Sck75 为虚值期权，期权的合约价值为零，买入的一张认购期权 Lck70 为实值期权可以行权，期权合约有价差收益（S－70）元，减去期初构建组合的成本 1 元，组合有收益（S－71）元。

如果股票价格 S 收盘于 75 元处，则组合有最大收益（75－71）＝4.0 元。

c. 到期日，如果股票价格 S 在行权价格 K2＝75 元与右侧盈亏平衡点 79 元之间（右上斜线位置），买入的一张认购期权 Lck70 和卖出的两张认购期权 2Sck75 均为实值期权会行权，买入的一张认购期权合约有价差收益（S－70）元，卖出的两张认购期权合约有价差损失 2×(S－75) 元，两仓价差对冲后有收益（80－S）元，减去期初构建组合的成本 1 元，组合有收益（79－S）元。

d. 到期日，如果股票价格 S 高于右侧盈亏平衡点 79 元（右下斜线位置），买入的一张认购期权 Lck70 和卖出的两张认购期权 2Sck75 均为实值期权会行权，买入的一张认购期权合约有价差收益（S-70）元，卖出的两张认购期权合约有价差损失 2×(S-75) 元，两仓价差对冲后有损失（S-80）元，减去期初构建组合的成本 1 元，组合有损失（S-79）元。而且随着股票持续上涨，组合的损失也持续增加。

5）希腊字母表现

牛市正向比率价差组合的希腊字母分为两个部分，从左平线到两权合成曲线的凸曲线顶点为多头区段，Δ 风险可控；从凸曲线顶点到右下斜线为空头区段，Δ 风险无限。

6）交易经验与变换技巧

正向比率价差组合根据市场情况，可以做买入正向的价差组合，也可以做卖出跨式的时间组合。并且可以根据市场预期，选择不同的建仓位置。如市场涨有限，可以在 K1 附近开仓做价差，delta 当量比率大；如市场中性，可以在 K2 两边开仓做时间，期权时间价值大。

牛市正向价差比率组合的最大风险就是市场持续正向，这时我们自然就会想到买入一张虚值认购期权保护，变换为两边有保护的蝶式组合。然后再根据市场情况进行方向性的变换调整。当然，也可以平掉一张卖出的认购期权做正向价差组合，甚至可以平掉两张卖出的认购期权，放开正向敞口。

（2）熊市正向比率价差组合

例如，市场看跌有限，当前标的股票价格为 70 元，买入一张 5 月行权价格 70 元的平值认沽期权收入 5 元，同时卖出两张 5 月行权价格 65 元的虚值认沽期权成本 2×2=4 元，构建一张 5 月行权价格 70/65 元的熊市正向比率价差组合，构建组合有成本 1 元。如图 2.14.c 所示。

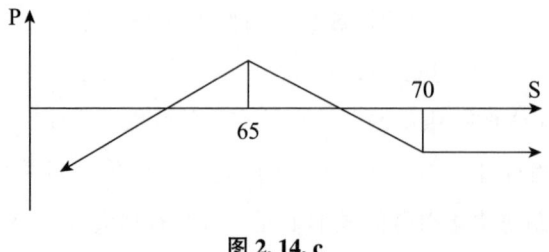

图 2.14.c

1) 设计方向：市场跌有限。
2) 最大亏损：亏损无限。
3) 最大收益：4 元。
4) 解盘分析：

a. 到期日，如果标的股票价格 S 低于左侧盈亏平衡点 61 元（左下斜线位置），买入的一张认沽期权 Lpk70 和卖出的两张认沽期权 2Spk65 均为实值期权会行权，买入的一张认沽期权合约有价差收益（70-S）元，卖出的两张认沽期权合约有价差损失 2×(65-S) 元，两仓价差对冲后有损失 (60-S) 元，减去期初构建组合的成本 1 元，组合有损失 (61-S) 元。而且随着股票价格的持续下跌，组合的损失也持续增加。

b. 到期日，如果股票价格 S 高于左侧盈亏平衡点 61 元与行权价格 65 元之间（左上斜线位置），买入的一张认沽期权 Lpk70 和卖出的两张认沽期权 2Spk65 均为实值期权会行权，买入的一张认沽期权合约有价差收益（70-S）元，卖出的两张认沽期权合约有价差损失 2×(65-S) 元，两仓价差对冲后有损益（60-S）元，减去期初构建组合的成本 1 元，组合有损益 (61-S) 元。

如果股票价格 S 收盘于 65 元处，则组合有最大收益（65-61）= 4.0 元。

c. 到期日，如果股票价格 S 在行权价格 65~70 元（右下斜线位置），卖出的两张认沽期权 2Spk65 为虚值期权。期权的合约价值为零，买入的一张认沽期权 Lpk70 为实值期权会被行权，期权合约有价差损益（70-S）元，减去期初构建组合的成本 1 元，组合有损益 (69-S) 元。

d. 到期日，如果标的股票价格 S 高于行权价格 70 元（右下平线位置），买入的一张认沽期权 Lpk70 和卖出的两张认沽期权 2Spk65 均为虚值期权，三个期权的合约价值均为零，组合损失 1 元，即期初构建组合的成本。

5）希腊字母表现

熊市正向比率价差组合的希腊字母分为两个部分，从右平线到两权合成曲线的凸曲线顶点为多头区段，Δ 风险可控；从凸曲线顶点到左下斜线为空头区段，Δ 风险无限。

6）交易经验与变换技巧

同样，熊市正向价差比率组合的最大风险就是市场持续反向，这时我们可以买入一张虚值认沽期权保护，变换为两边有保护的蝶式组合。然后再根据后市情况进行方向性的变换调整。当然，也可以平掉一张卖出的认沽期权做反向价差组合，甚至可以平掉两张卖出的认沽期权，放开反向敞口。

2. 关于正向比率价差组合的认识

正向比率价差组合是介于买入蝶式价差组合与卖出跨式价差组合之间的一种策略，三种策略都是在风险中性区间涨跌有限的应用场景中的期权组合策略。比较分析三种策略，可以看出风险与收益的对等性，买入蝶式价差组合风险最小收益也最小，正向比率价差组合风险中等收益也中等，卖出跨式价差组合风险最大收益也最大。

另外，因为正向比率价差组合、多头蝶式价差组合与空头跨式价差组合这三种策略都是在风险中性区间涨跌有限的应用场景中的期权组合策略，而且很容易调整为 Δ 中性，所以都可以考虑作为"卖出波动率策略"使用。当然，组合布局位置和希腊字母的选择会有一些差异。

三、关于比率组合的讨论

国外有学者将比率组合设计作为一种市场方向的概率分布考虑，似乎有些牵强或过于学术。我们从多次交易的实践中认为，比率组合可以一种补偿设计在变换中考虑。

从标的价格变化和组合演变的角度来说，反向比率组合是补偿期初买入的成本或者是补偿等待新一轮变化的开始，正向比率组合是变化已近结束的剩余时间价值补偿。而从做波动率或倒买卖希腊字母的角度，还须做进一步研究，但是做波动率还有更好的组合如跨式组合、日历组合、合成组合等。

由于反向比率组合有上平斜线，我们更多地把它作为一种开局组合进行比率设计。

第六节　期权的日历组合

标准的日历组合是分别在大小波动中买入或卖出日历组合，取跨期的卖出期权与买入期权时间价值变化的价值差之利。

在期权 T 型报价表中，期权垂直价差是指上下行权价位之间的期权价格之差，期权水平价差是指同一个行权价格水平时不同月份的期权价格之差。所以，日历组合也称为水平价差组合或水平套利。

日历组合的获利机制是充分利用了希腊字母 θ 与定价参数 T 及 SK 距离的结构关系，买入日历组合是市场中性，较短时间的期权（简称为短权，下同）的 θ 随时间 T 损耗的减值会大于较长时间的期权（简称为长权，下同），从而使组合的时间价值的价差扩大；卖出日历组合是市场大波动，长权的时间价值大，随 SK 距离增加的减值会大于短权，从而使组合的时间价值的价差缩小。

一、买入日历组合

买入日历组合是买入和卖出相同数量相同行权价格和相同类型的期权，但卖出期权为具有较短时间期限的短权，而买入期权为具有较长时间期限的长权。

买入日历组合适宜于风险中性的市场应用场景,如果预期股票价格在未来基本保持不变,可以买卖平值期权构建日历组合;如果预期股票价格未来偏牛市,可以用虚值认购期权或实值认沽期权构建日历组合;如果预期股票价格未来偏熊市,可以用虚值认沽期权或实值认购期权构建日历组合。其目的是争取在短期权到期平仓时,买入价长期权能剩余相对较高的时间价值 P_t 可以卖平获利。

买入日历组合在期内的时间价值的价差较期初会扩大,从而组合会产生价差之利。例如,期初短期权的价值为2元、长期权的价值为4元,价差2元(组合的成本价值为2元);如在期中短期权的价值变为1.3元、长期权的价值变为3.6元,价差2.3元(组合成本价值变为2.3元),如果平仓,买平1.3盈利0.7元、卖平3.6亏损0.4元,组合盈利0.3元。实际上,卖平组合后减去期初组合的成本也是盈利0.3元。

(1) 买入日历组合典型示例之一:关于买入平值日历组合

例如,当前标的股票价格为70元,卖出一张5月行权价格70元的认购期权收入5元(全部为时间价值),同时买入一张6月行权价格70元的认购期权付出成本10元(全部为时间价值),构建一张5月/6月行权价格70元的买入认购期权日历组合,构建组合有成本为5元。如图2.15.a所示。

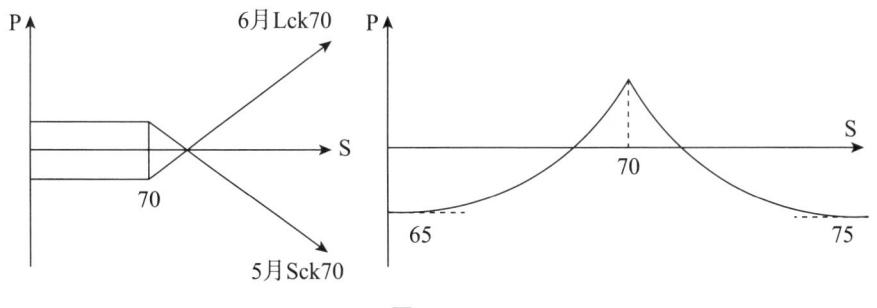

图 2.15. a

1) 设计方向:市场中性。

2) 最大亏损:期初构建组合的成本5元。

3）最大收益：收益未知。

4）解盘分析：

买入认购期权日历组合由买入长期认购期权和卖出同 K 位短期认购期权组成，在短期权到期时，两权价值叠加后（如有内在价值价差则两权的两斜线对冲）只有长期权有剩余时间价值 Pt。因为剩余时间价值 Pt 是非线性函数，所以短期权到期时的结构损益函数图（Pt-5）为曲线形态，左边表现为类似买入认购期权的虚值区间，右边表现为类似买入认沽期权的虚值区间。

如果短期权到期时长期权也平仓，则需要卖平剩余时间价值 Pt，减去期初构建组合的成本 5 元，则全组合的损益为（Pt-5）元。显然，剩余时间价值 Pt 越大越好，适宜于中性的市场环境，短期权到期时 SK 距离越小越好。

短期权到期时，组合的价值曲线（5-Pt）呈钟形分布，S 在中间 K=70 处 Pt 值最大（到期时卖平可获最大收益）；S 向两边 Pt 值趋小；深度实值或深度虚值的极端情况下，Pt 值趋零，组合有最大损失 5 元。

a. 到期日（以短期权到期日计，下同），如果标的股票价格 S 在左侧盈亏平衡点之外（左下平曲线），卖出的 5 月认购期权和买入的 6 月认购期权均为虚值期权，卖出 5 月认购期权的合约价值为零，买入 6 月认购期权的合约价值还有时间价值 Pt（Pt 值小于 5），两权平仓后有收益 Pt 元，减去期初构建组合的成本 5 元，则组合有损失为（5-Pt）元。

b. 到期日，如果股票价格 S 在左侧盈亏平衡点与行权价格 70 元左右（左上斜曲线），卖出的 5 月认购期权和买入的 6 月认购期权均为虚值期权，卖出 5 月认购期权的合约价值为零，买入 6 月认购期权的合约价值还有时间价值 Pt，两权平仓后有收益 Pt 元（Pt 值大于 5 元），减去期初构建组合的成本 5 元，则组合有损失为（Pt-5）元。

c. 到期日，如果股票价格 S 在行权价格 70 元与右侧盈亏平衡点之间（右上斜曲线），卖出的 5 月认购期权和买入的 6 月认购期权均为实值期权，卖出 5 月认购期权合约的时间价值归零、有价差损失（S-70）元；买入 6 月认购期权的合约有时间价值 Pt、有价差收益（S-70）元，两权平仓后有收益 Pt 元（Pt 值大于 5 元），减去期初构建组合的成本 5 元，则组合有损失为（Pt-5）元。

d. 到期日，如果股票价格 S 在右侧盈亏平衡点之外（右下平曲线），卖出的 5 月认购期权和买入的 6 月认购期权均为实值期权，卖出 5 月认购期权合约的时间价值归零、有价差损失（S-70）元；买入 6 月认购期权的合约有时间价值 Pt、有价差收益（S-70）元，两权平仓后有收益 Pt 元（Pt 值小于 5 元），减去期初构建组合的成本 5 元，则组合有损失为（5-Pt）元。

e. 在极端情况下，如果股票价格 S 大跌，则两权均为深虚值期权，两权的 Δ 趋于 0、时间价值趋于零、两权的价值也趋于零，则组合有期初构建的成本损失 5 元；如果股票价格 S 大涨，两权均为深实值期权，两权的 Δ 趋于 1、时间价值趋于零、两权的内在价值完全对冲为零，则组合有期初构建的成本损失 5 元。

5）希腊字母表现

买入日历组合在短期权持续时间内的结构损益图，左边表现为买入认购期权的虚值区间，右边表现为买入认沽期权的虚值区间，所以两边都是多头，风险可控。

另外，日历组合也会受波动率变化的影响，因为波动率对剩余时间的长短比较敏感，长期权的 Vega 值大于短期权，所以买入日历组合是一个净多头 Vega 组合。如果波动率上升，长期权的 Vega 变化值会大于短期权，长期权的价值相对增值，从而扩大了组合的价差，提高了组合的收益。反之，如果波动率下降，长期权的 Vega 变化值大于短期权，长期权的价值相对减值，缩小了组合的价差，降低了组合的收益。所以从另外一个角度来讲，波动率较低时，买入日历组合是一个比较好的选择。

6）交易经验与变换技巧

买入日历组合主要是基于市场有中性预期而构建，但是如果市场发生方向性变化，则可以方便地进行调整。

a. 到期后（以短期权到期计，下同），如果持续正向，卖出的短期权为实值期权被行权后，仍宜保留买入的长期权，或再卖出一个下月短期权，构成价差组合或对角价差组合，以争取正向之利。

b. 到期后，如果持续反向，卖出的短期权与买入的长期权均为虚值期权，卖出的短期权合约价值归零，但买入的长期权仍还有时间价值 P_t，可以卖平以减少损失。

c. 如果期中有明确的正向或反向趋势，则应做单向处理。详见第三章有关变换设计。

（2）买入日历组合典型示例之二：关于买入虚值日历组合。

例如，当前标的股票价格为 73 元，卖出一张 5 月行权价格 70 元的虚值认沽期权收入 4.5 元（全部为时间价值），同时买入一张 6 月行权价格 70 元的虚值认沽期权付出成本 9.5 元（全部为时间价值），构建一张 5 月/6 月行权价格 70 元的买入虚值认沽期权日历组合，构建组合有成本为 5 元。如图 2.15.b 所示。

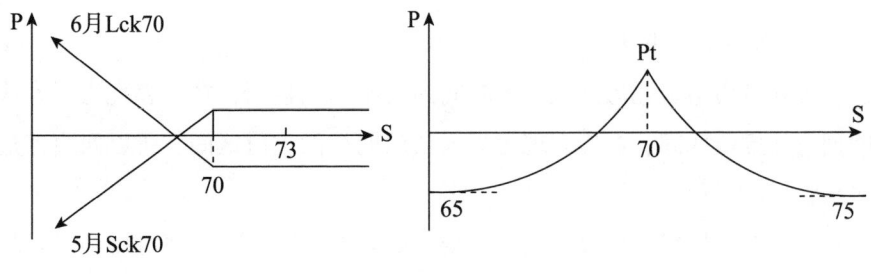

图 2.15.b

1) 设计方向：市场中性偏熊。
2) 最大亏损：期初构建组合的成本 5 元。
3) 最大收益：收益未知。
4) 解盘分析：

市场中性偏熊时买入虚值认沽期权日历组合，是追求在短期权到期时，股票价格 S 能收于日历组合的行权价格位置 70 元附近，长期权剩余的时间价值 P_t 相对较高，卖平有利。

a. 短期权到期日，如果股票价格 S 在左侧盈亏平衡点之外（左下平曲线），卖出的 5 月认沽期权和买入的 6 月认沽期权均为实值期权，卖出 5 月认沽期权合约的时间价值归零、有价差损失（70-S）元；买入 6 月认沽期权的合约有时间价值Pt、有价差收益（70-S）元，两权平仓后有收益Pt元（Pt小于5元），减去期初构建组合的成本5元，则组合有损失为（5-Pt）元。

b. 短期权到期日，如果股票价格S在左侧盈亏平衡点与行权价格70元之间（左上斜曲线），卖出的5月认沽期权和买入的6月认沽期权均为实值期权，卖出5月认沽期权合约的时间价值归零、有价差损失（S-70）元；买入6月认沽期权的合约有时间价值Pt、有价差收益（S-70）元，两权平仓后有收益Pt元（Pt值大于5元），减去期初构建组合的成本5元，则组合有收益为（5-Pt）元。

c. 短期权到期日，如果股票价格S在行权价格70元与右侧盈亏平衡点之间（右上斜曲线），卖出的5月认沽期权和买入的6月认沽期权均为虚值期权，卖出5月认沽期权的合约价值为零，买入6月认沽期权的合约价值还有时间价值Pt（Pt值大于5元），减去期初构建组合的成本5元，则组合有收益为（Pt-5）元。

d. 如果标的股票价格S在右侧盈亏平衡点之外（右下平曲线），卖出的5月认沽期权和买入的6月认沽期权均为虚值期权，卖出5月认沽期权的合约价值为零，买入6月认沽期权的合约价值还有时间价值Pt（Pt值小于5元），减去期初构建组合的成本5元，则组合有损失为（5-Pt）元。

e. 同样，在极端情况下，如果股票价格S大跌，两权均为深实值期权，两权的Δ趋于1、时间价值趋于零、两权的内在价值完全对冲为零，则组合有期初构建的成本损失5元；如果股票价格S大涨，则两权均为深虚值期权，两权的Δ趋于0、时间价值趋于零、两权的价值也趋于零，则组合有期初构建的成本损失5元。

二、卖出日历组合

卖出日历组合适宜于大幅波动涨跌的市场应用场景，卖出日历组合的最大盈利在远离行权价格的两边（左右上平曲线）；最大亏损为建仓时的成本价值，在行权价格处（下曲线底点）。因为日历组合在短期权到期时，长期权仍然有非线性的时间价值，所以日历组合的损益图在短期权到期时仍然为曲线分布（卖出日历组合结构损益图类似于卖出蝶式组合的曲线图）。但是应注意卖出日历组合在短期权到期后，卖出的长期权会有暴露下斜线敞口的风险，应进行配对保护。

卖出日历组合典型示例：

例如，当前标的股票价格为 70 元，卖出一张 6 月行权价格 70 元的认购期权收入 10 元（全部为时间价值），同时买入一张 5 月行权价格 70 元的认购期权付出成本 5 元（全部为时间价值），构建一张 5 月/6 月行权价格 70 元的卖出认购期权日历组合，构建组合有收益为 5 元。如图 2.16 所示。

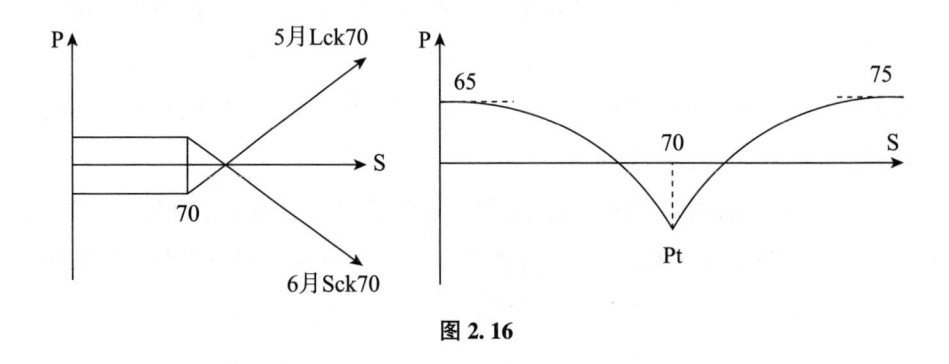

图 2.16

1）设计方向：市场大波动。

2）最大亏损：亏损未知。

3）最大收益：期初构建组合的收益 5 元。

4）解盘分析：

卖出认购期权日历组合由卖出长期认购期权与买入同 K 位短期认购期权组成，在短期权持续期间，两权价值叠加后，因为内在价值价差（如有）会被两权的两斜线完全对冲，故只有剩余的时间价值，所以其结构损益图为曲线形态，因为卖出长期权的剩余时间价值始终高于买入短期权的剩余时间价值，故净价值左边表现为类似卖出认购期权的虚值区间，右边表现为类似卖出认沽期权的虚值区间，随 S 向两边变化减值有利，显然适宜于大波动的市场环境。

短期权到期时，卖出日历组合的价值函数曲线可以表示为（5-Pt），Pt 为组合的剩余时间价值也是卖出长期权的剩余时间价值。但是应注意，如果短期权到期后卖出的长期权不平仓，则会表现为一个卖出价值为 Pt 的裸卖空认购期权，有下斜线敞口的风险。

a. 到期日（以短期权到期日计，下同），如果标的股票价格 S 在左侧盈亏平衡点之外（左上平曲线），卖出的 6 月认购期权和买入的 5 月认购期权均为虚值期权，买入的 5 月认购期权的合约价值为零，卖出的 6 月认购期权的合约价值还有时间价值 Pt 需要买平，但 Pt<5 元，加上期初构建组合的收益 5 元，故这次交易卖出日历组合的收益为（5-Pt）元。

b. 到期日，如果股票价格 S 在左侧盈亏平衡点与行权价格 70 元左右（左下斜曲线），卖出的 6 月认购期权和买入的 5 月认购期权均为虚值期权，买入的 5 月认购期权的合约价值为零，卖出的 6 月认购期权的合约价值还有时间价值 Pt 需要买平，而 Pt>5 元，加上期初构建组合的收益 5 元，故这次交易卖出日历组合有损失（Pt-5）元。

c. 到期日，如果股票价格 S 在行权价格 70 元与右侧盈亏平衡点之间（右下斜曲线），卖出的 6 月认购期权和买入的 5 月认购期权均为实值期权，买入 5 月认购期权合约的时间价值归零、有价差收益（S-70）元；卖出 6 月认购期权的合约有时间价值 Pt 需要买平、有价差损失（S-70）元，两仓平仓后有损失 Pt（Pt>5），故这次交易卖出日历组合有损失（Pt-5）元。

d. 到期日，如果股票价格 S 在右侧盈亏平衡点之外（右上平曲线），卖出的 6 月认购期权和买入的 5 月认购期权均为实值期权，买入 5 月认购期权合约的时间价值归零、有价差收益（S-70）元；卖出 6 月认购期权的合约有时间价值 Pt 需要买平、有价差损失（S-70）元，两仓平仓后有损失 Pt（Pt<5），故这次交易卖出日历组合有收益（5-Pt）元。

e. 在极端情况下，如果股票价格 S 大跌，则两权均为深虚值期权，两权的 Δ 趋于 0、时间价值趋于零、两权的价值也趋于零，组合有期初构建的收益 5 元；如果股票价格 S 大涨，两权均为深实值期权，两权的 Δ 趋于 1、时间价值趋于零、两权的内在价值也对冲为零，组合有期初构建的收益 5 元。

5) 希腊字母表现

卖出日历组合在短期权持续时间内的结构损益图,左边表现为卖出认购期权的虚值区间,右边表现为卖出认沽期权的虚值区间,所以两边都是空头,但因两权对冲,风险可控。但注意如果短期权到期后,仍然保留长期权,则长期权的希腊字母表现为一个裸卖空的认购期权,有下斜线风险。

如果波动率下降,长期权的 Vega 变化值大于短权,长期权的价值相对减值,会提高组合的收益。所以从另外一个角度来讲,波动率较高时,卖出日历组合是一个比较好的选择。

6) 交易经验与变换技巧

卖出日历组合主要是基于市场有大波动预期而构建,但是如果市场中性或只是小波动,则应该进行调整。

可以在同 K 位买入一对认沽期权日历组合(注意,如果买入认购期权日历组合,则当天两对买入与卖出的日历组合会被平仓),在两对组合中,价差价值会在各个日历组合的长短期权变化中对冲,两个日历组合中两个长期权的时间价值可以基本对冲,两个短期权的时间价值也可以基本对冲。这样,只要不发生极端变化,两个日历组合可以基本对冲,少有损失。并且如果后市再有方向性变化,两个双向布局的日历组合可以有很多变换方式。详见第三章有关变换设计。

三、关于日历组合的认识

日历组合主要是发现和追踪不同期限期权的时间价值差异及减值速率差异,是一种水平套利。当然,买入或卖出日历组合也可以做波动率。

我们在交易实践中发现,日历组合在市场不定、方向不明的情况下,作为基础布局方案很有意义,可以先入为手,争取位置。市场方向不明、形态混乱时,日历两权可以自行对冲;方向明确时,可以保留有利肢、调整不利肢,变换布局。详见第三章有关论述。

第七节　期权的对角组合

我们掌握了不同行权价格位置 K 的垂直价差组合和不同时间 T 的水平价差组合的基本原理，自然就会想到在合适的应用场景中，我们可以把它们结合起来，构建所谓对角化的价差组合。

如果价差组合采用不同时间的期权构成，就对角化了原来的价差组合，称之为对角价差组合；同样，日历组合采用有不同行权价格的期权构成，也就对角化了原来的日历交易，也是对角价差组合。

对角组合一般以垂直价差组合为主体，然后再考虑市场的波动持续情况对期权时间价值的减值影响进行对角化配置。如市场有正向预期，可以将日历组合中卖出的短期权前/右移，放开一段价差，构建一个买入正向价差对角组合；如市场有反向预期，可以将日历组合中卖出的短期权后/左移，创造一段价差，构建一个卖出反向价差对角组合。同样，如果将日历组合中买入的长期权前/右移，创造一段价差，也是一个卖出反向价差对角组合形态，但它适用于市场中性状态。所以，我们可以根据市场和配置组合的需要，灵活性设计。

买入正向价差对角组合也是一个 Vega 多头组合，所以隐含波动率上涨会导致组合的价值上涨，隐含波动率下跌会导致组合的价值下跌。在隐含波动率低时宜买入对角组合。而卖出反向价差对角组合则是一个 Vega 空头组合，如果可以选择，在隐含波动率高时宜卖出对角组合。

一、买入正向价差对角组合

买入正向价差对角组合是取正向价差之利，并可以减少组合的构建成本。买入对角组合的结构损益图在短期权到期日类似于买入价差组合的曲线图（左下右上），表现为曲线是因为短期权到期时长期权还有非线性价值。

（1）买入日历组合构建正向价差对角组合

例如，如果我们预期在短期权持续期间，期内会有一个正向价差，我们可以将买入认购期权日历组合 6 月 Lck70+5 月 Sck70 中的卖出期权前移一个价差位置对角化，以争取获得价差价值。如当前标的股票价格为 70 元，买入一张 6 月行权价格 70 元的认购期权 Lck70 成本为 5 元，同时卖出一张 5 月行权价格 75 元的认购期权 Sck75 有收益 2 元，构建一张 6 月 70/5 月 75 元的买入认购期权对角组合，组合的成本为 3 元。如图 2.17 所示。

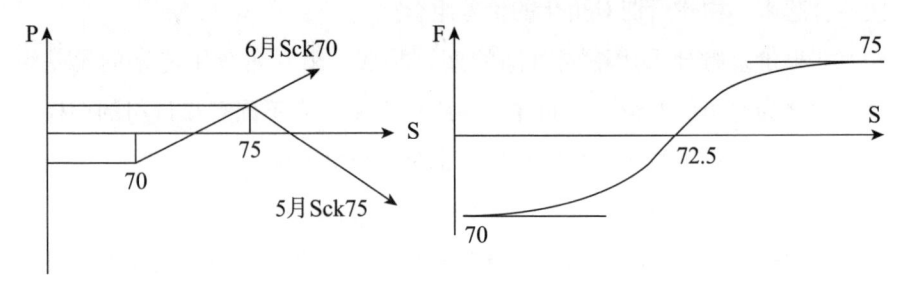

图 2.17

1) 设计方向：市场涨有限。
2) 最大亏损：3 元。
3) 最大收益：2 元。
4) 解盘分析：

a. 到期日（以短期权到期日计，下同），如果标的股票价格 S 小于行权价格 70 元之外（左下平曲线），买入的 6 月近价认购期权和卖出的 5 月远价认购期权均为虚值期权，卖出 5 月期权的合约价值为零，买入 6 月期权的合约价值还有剩余时间价值 Pt。考虑以平全仓计，卖平 Pt 值有现金流收益，两权平仓后有收益 Pt 值（Pt 值小于 3 元），减去期初构建组合的成本 3 元，则组合有损失为（3-Pt）元。

b. 到期日，如果股票价格 S 在行权价格 70 元与行权价格 75 元之间（向上斜曲线），卖出的 5 月远价认购期权为虚值期权，期权的合约价值为零，买入的 6 月近价认购期权为实值期权可以行权，期权合约有价差收益（S-70）元、剩余时间价值 Pt 可以卖平，两权平仓后有损益（S-70+Pt）

元，减去期初构建组合的成本 3 元，则组合的损益为（S-70+Pt-3）元。如 S 为 71、Pt 为 0.8，则组合有损失 1.2 元，如 S 为 75、Pt 为 0.7，则组合有收益 2.7 元。

c. 到期日，如果股票价格 S 在行权价格 75 元之外（右上平曲线），买入的 6 月近价认购期权和卖出的 5 月远价认购期权均为实值期权会行权，买入的近价期权合约有价差收益（S-70）元，卖出的远价期权合约有价差损失（S-75）元，而且买入的近价认购期权仍有时间价值 Pt 可以卖平。求代数和后两权的损益为（5+Pt）元，减去期初构建组合的成本 3 元，则组合有收益（5+Pt-3）元。

d. 在极端情况下，如果股票价格 S 大跌，则两权均为深虚值期权，两权的 Δ 趋于 0、时间价值趋于零、两权的价值也趋于零，组合有期初构建的成本损失 3 元；如果股票价格 S 大涨，两权均为深实值期权，两权的 Δ 趋于 1、时间价值趋于零、两权的内在价值对冲后有 5 元收益（买入期权多 5 元价差），减去组合期初构建成本 3 元，组合有收益 2 元。

5）希腊字母表现

买入对角组合在短期权持续时间内的结构损益图，类似于曲线形态的买入价差组合，希腊字母表现为净多头特征，风险可控。

（2）卖出日历组合构建正向价差对角组合

我们现在比较在相同市况下、相同股票价格位置，如果用卖出认购期权日历组合对角化，与上述买入认购日历组合对角化的差异。

如果在短期权持续期间，期内会有一个正向价差，拟将卖出认购期权日历组合 6 月 Sck70+5 月 Lck70 对角化，构建对角组合 5 月 Lck70+6 月 Sck75。

例如，当前标的股票价格为 70 元，买入一张 5 月行权价格 70 元的认购期权 Lck70 成本为 5 元，同时卖出一张 6 月行权价格 75 元的认购期权 Sck75 有收益 3 元，构建一张 5 月 70/6 月 75 元的买入认购期权对角组合，组合的成本为 2 元。如图 2.18 所示。

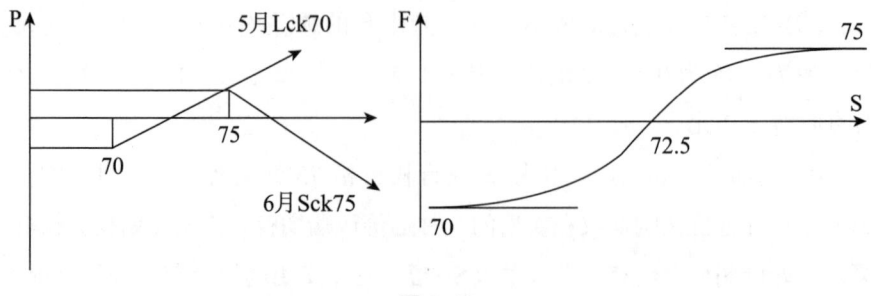

图 2.18

1) 设计方向：市场涨有限。
2) 最大亏损：3元。
3) 最大收益：2元。
4) 解盘分析：

a. 到期日（以短期权到期日计，下同），如果标的股票价格 S 小于行权价格 70 元（左下平曲线），买入的 5 月近价认购期权和卖出的 6 月远价认购期权均为虚值期权，买入 5 月期权的合约价值为零，卖出 6 月期权的合约价值还有剩余时间价值 Pt。考虑以平全仓计，买平 Pt 值有现金流支出，两权平仓后有损失 Pt，加上期初构建组合的成本 2 元，则组合有损失为（Pt+2）元。

与买入日历组合相比，卖出长期权的剩余价值 Pt 需要买平（即损失 Pt 值），而且在价差实现过程中，越接近长期权的行权价格 K2=75 元时 Pt 的价值也越大，似乎并没有优势。但关键还是要看长期权的损耗价值（期初卖出价值与平仓时剩余价值之差）有多大，要进行测试。

b. 到期日，如果股票价格 S 在行权价格 70 元与行权价格 75 元之间（向上斜曲线），卖出的 6 月远价认购期权为虚值期权，但期权合约有时间价值 Pt 需要买平，买入的 5 月近价认购期权为实值期权可以行权，期权合约有价差收益（S-70）元，两权平仓后有损益[（S-70）-Pt]元，则组合的总损益为[（S-70）-Pt-2]元。其中 S 大于（70+Pt+2）元才有收益。

c. 到期日，如果股票价格 S 大于行权价格 75 元（右上平曲线），买入的 5 月近价认购期权和卖出的 6 月远价认购期权均为实值期权会行权，买入的近价期权合约有价差收益（S-70）元，卖出的远价期权合约有价差损失（S-75）元，而且卖出的近价认购期权仍有时间价值 Pt 需要买平，两权平仓后有损益（5-Pt）元，减去期初构建组合的成本 2 元，组合的损益为（5-Pt-2）=（3-Pt）元，Pt 值小于 3 元则有收益。

d. 在极端情况下，如果股票价格 S 大跌，则两权均为深虚值期权，两权的 Δ 趋于 0、时间价值趋于零、两权的价值也趋于零，组合有期初构建的成本损失 3 元；如果股票价格 S 大涨，两权均为深实值期权，两权的 Δ 趋于 1、时间价值趋于零、两权的内在价值对冲后有 5 元收益（买入期权多 5 元价差），减去组合期初构建成本 2 元，组合有收益 3 元。

二、卖出反向价差对角组合

（1）买入日历组合构建反向价差对角组合

卖出反向价差对角组合是市场中性或有反向预期，买入长期权前移一个价差成为虚值，追求的目的是买入虚值长期权的时间价值相对较小、减值也少。卖出对角组合的结构损益图在短期权到期日类似于卖出价差组合的曲线图（左上右下），表现为曲线是因为短期权到期时长期权还有非线性价值。

这里我们要注意应用场景对比，都是在平值处的买入日历组合 6 月 Lck70+5 月 Sck70，买入正向价差对角是将卖出期权 Sck50 前移一个位置，争取买入的长期权有一段价差；卖出反向价差对角是将买入期权 Lck50 前移一个位置，争取买入的长期权价值小、少减值。而且从日历组合的角度来讲，都是买入日历组合前移一个价差的对角化问题。

如果在短期权持续期间，市场中性或有反向预期，拟将买入认购期权日历组合 6 月 Lck70+5 月 Sck70 中买入期权前移一个价差位置对角化，以降低买入期权的时间价值及减值。例如，当前标的股票价格为 70 元，买入一张 6 月行权价格 75 元的认购期权 Lck75 成本为 3 元，同时卖出一张 5 月行权价格 70 元的认购期权 Sck70 有收益 5 元，构建一张 5 月 70 元/6 月 75 元反向价差对角组合，组合的收益为 2 元。如图 2.19 所示。

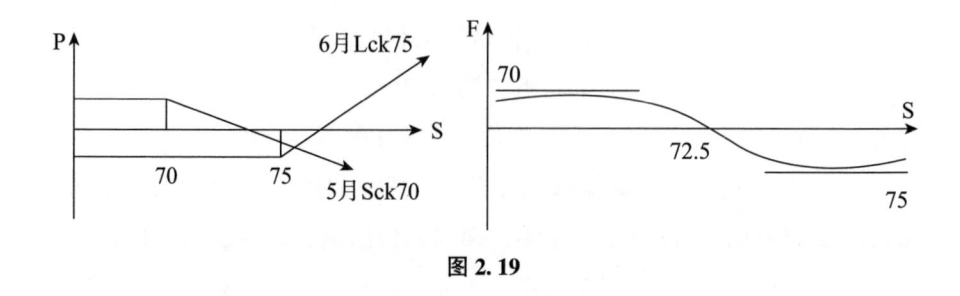

期权设计与应用场景——交易者解构期权设计

图 2.19

1) 设计方向：市场中性。
2) 最大亏损：3元。
3) 最大收益：2元。
4) 解盘分析：

a. 到期日（以短期权到期日计，下同），如果标的股票价格 S 小于行权价格 70 元（左上平曲线），卖出的 5 月 70 认购期权和买入的 6 月 75 认购期权均为虚值期权，卖出 5 月期权的合约价值为零，买入 6 月期权的合约价值还有剩余时间价值 Pt。考虑以平全仓计，卖平 Pt 值有现金流收入，两权平仓后有收益 Pt，加上期初构建组合的收益 2 元，则组合有收益（Pt+2）元。

b. 到期日，如果股票价格 S 在行权价格 70 元与行权价格 75 元之间（向下斜曲线），卖出的 5 月 70 认购期权为实值期权会被行权，期权合约有价差损失（S−70）元，买入的 6 月 75 认购期权为虚值期权，期权的合约价值为零，但有剩余时间价值 Pt 可以卖平，两权平仓后有损益［Pt−(S−70)］元，加上期初构建组合的收益 2 元，则组合的损益为［Pt+2−(S−70)］=（72+Pt−S）元。其中 S 大于（72+Pt）元就会有损失，S 小于（72+Pt）元就会有收益。

c. 到期日，如果股票价格 S 大于行权价格 75 元（右下平曲线），卖出的 5 月 70 认购期权和买入的 6 月 75 认购期权均为实值期权会行权，卖出的 5 月 70 期权合约有价差损失（S−70）元，买入的 6 月 75 期权合约有价差收益（S−75）元，而且仍有剩余的时间价值 Pt 可以卖平，两权平仓后有损失（5−Pt）元，加上期初构建组合的收益 2 元，则组合有损失有（3−Pt）元。

d. 在极端情况下，如果股票价格 S 大跌，则两权均为深虚值期权，两权的 Δ 趋于 0、时间价值趋于零、两权的价值也趋于零，组合有期初构建的收益 2 元；如果股票价格 S 大涨，两权均为深实值期权，两权的 Δ 趋于 1、时间价值趋于零、两权的内在价值对冲后有 5 元损失（卖出期权多 5 元价差），减去组合期初构建的收益 2 元，组合有损失 3 元。

5）希腊字母表现

卖出对角组合在短期权持续时间内的结构损益图，类似于曲线形态的卖出价差组合，希腊字母表现为净空头特征，但风险可控。

（2）卖出日历组合构建反向价差对角组合

我们现在比较在相同市况下、相同股票价格位置，如果用卖出认购期权日历组合对角化，与上述买入认购日历组合对角化的差异。

如果在短期权持续期间，市场中性或有反向预期，我们拟将卖出认购期权日历组合 6 月 Sck70+5 月 Lck70 中的买入期权前移一个价差位置对角化，以降低买入期权的时间价值及减值，构建反向价差对角组合 6 月 Sck70+5 月 Lck75。

例如，当前标的股票价格为 70 元，卖出一张 6 月行权价格 70 元的认购期权 Sck70 有收益 5 元，同时买入一张 5 月行权价格 75 元的认购期权 Lck75 成本为 2 元，构建一张 6 月 70/5 月 75 元的反向价差对角组合，组合的收益为 3 元。如图 2.20.a 所示。

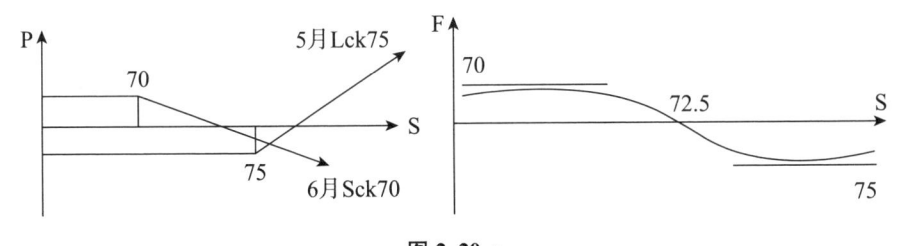

图 2.20.a

1）设计方向：市场中性。
2）最大亏损：2 元。
3）最大收益：3 元。

4）解盘分析：

a. 到期日（以短期权到期日计，下同），如果标的股票价格 S 在行权价格 70 元之外（左上平曲线），卖出的 6 月 70 认购期权和买入的 5 月 75 认购期权均为虚值期权，卖出 6 月期权的合约还有剩余时间价值 Pt，买入 5 月期权为虚值期权，期权的合约价值为零。考虑以平全仓计，买平 Pt 值有现金流支出，两权平仓后有损失 Pt（Pt 值小于 3 元），加上期初构建组合的收益 3 元，则组合有收益（3-Pt）元。

b. 到期日，如果股票价格 S 在行权价格 70 元与行权价格 75 元之间（向下斜曲线），卖出的 6 月 70 认购期权为实值期权会被行权，期权合约有价差损失（S-70）元，还有剩余时间价值 Pt 需要买平，买入的 5 月 75 认购期权为虚值期权，期权的合约价值为零，两权平仓后有损失 [（S-70）+Pt] 元，加上期初构建组合的收益 3 元，则组合的损益为 [（S-70）+Pt+3] = [（S-67）+Pt] 元。其中 S 大于（67-Pt）元就有损失，S 小于（67-Pt）元就有收益。

c. 到期日，如果股票价格 S 大于行权价格 75 元（右下平曲线），卖出的 6 月 70 认购期权和买入的 5 月 75 认购期权均为实值期权会行权，卖出的 6 月 70 期权合约有价差损失（S-70）元，还有剩余时间价值 Pt 需要买平，买入的 5 月 75 期权合约有价差收益（S-75）元，两权平仓后有损失（5+Pt）元，加上期初构建组合的收益 3 元，则组合有损失（2+Pt）元。

d. 在极端情况下，如果股票价格 S 大跌，则两权均为深虚值期权，两权的 Δ 趋于 0、时间价值趋于零、两权的价值也趋于零，组合有期初构建的收益 3 元；如果股票价格 S 大涨，两权均为深实值期权，两权的 Δ 趋于 1、时间价值趋于零、两权的内在价值对冲后有 5 元损失（卖出期权多 5 元价差），减去组合期初构建的收益 3 元，组合有损失 2 元。

（3）卖出期权左移构建反向价差对角组合

如果市场有反向预期，我们可以在平值处买入的日历组合中，将短期权左移为卖出实值认购期权，创造一个反向价差，取卖出反向价差减值之利。

例如，当前标的股票价格为 70 元，市场有明确的反向预期，卖出一张 5 月行权价格 65 元的实值认购期权 Sck65 收入 9.5 元，同时买入一张 6 月行权价格70元的平值认购期权Lck70付出成本6.5元（全部为时间价值），构建一张卖出价差对角组合5月Sck65+6月Lck70，构建组合有收益为3元。如图2.20.b所示。

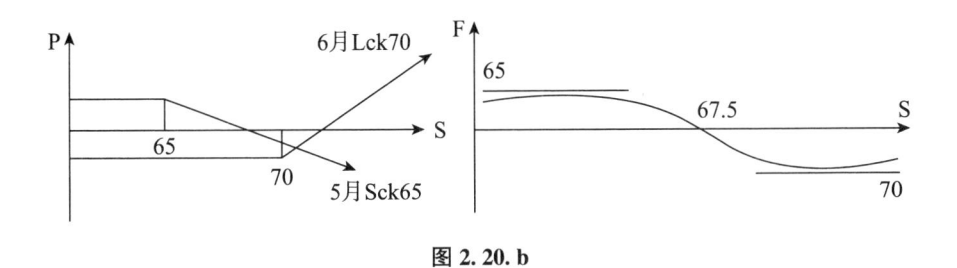

图2.20.b

1) 设计方向：市场看跌。
2) 最大亏损：(2-Pt)元。
3) 最大收益：(3+Pt)元。
4) 解盘分析：

a. 短期权到期日，如果标的股票价格S小于行权价格65元（左上曲线），卖出的5月认购期权和买入的6月认购期权均为虚值期权，卖出5月认购期权合约的时间价值为零，买入6月认购期权的合约有时间价值Pt，两权平仓后有收益Pt元，加上期初构建组合的收益3元，则组合有收益(Pt+3)元。

b. 短期权到期日，如果股票价格S在行权价格65~70元之间（中间斜曲线），卖出的5月认购期权为实值期权会被行权，期权合约有价差损失(S-65)元，买入的6月认购期权为虚值期权，有剩余时间价值Pt可以卖平，两权平仓后有损益[Pt-(S-65)]元，加上期初构建组合的收益3元，则组合有损益[(Pt+3)-(S-65)]元。

c. 短期权到期日，如果股票价格S大于在行权价格70元（右下曲线），卖出的5月认购期权和买入的6月认购期权均为实值期权，卖出5月认沽期权合约的时间价值为零、但有价差损失(S-65)元，买入6月认购期权的合约有时间价值Pt、有价差收益(S-70)元，两权平仓后有损失(5-Pt)元，加上期初构建组合的收益3元，则组合有损失(2-Pt)元。

综上分析，由于买入期权为长期权，有剩余时间价值 Pt 可以卖平（价差被对冲锁定），所以收益会增加一个 Pt 值、损失会减少一个 Pt 值，买入日历组合对角化似乎比普通卖出价差组合有一定优势。但是关键还是要看长期权的损耗价值（期初卖出价值与平仓时剩余价值之差）有多大。

第八节　期权的合成组合

期权的一个重大优势是可以通过合成组合实现认购期权、认沽期权以及标的股票的相互转换，我们可以根据市场情况或组合的需要，采用不同的合成替代工具，有时候利用合成工具可以构建一些优质策略。

根据期权的定价公式，$c=S\times N(d1)-K\times e^{\wedge}(-RT)\times N(d2)$；$p=K\times e^{\wedge}(-RT)\times N(-d2)-S\times N(-d1)$，其中，$N(-d1)=1-N(d1)$、$N(-d2)=1-N(d2)$，并为书写方便暂忽略折现系数 $e^{\wedge}(-RT)$，则 $c=S\times N(d1)-K\times N(d2)$；$p=K\times N(-d2)-S\times N(-d1)=K-K\times N(d2)-[S-S\times N(d1)]=K-K\times N(d2)-S+S\times N(d1)$。则有 $c-p=S\times N(d1)-K\times N(d2)-K+K\times N(d2)+S-S\times N(d1)=S-K$。

$c-p=S-K$ 方程就是期权的平价关系方程，即当前认沽期权的价格将取决于对应的认购期权的价格，反之认购期权的价格也取决于对应的认沽期权的价格。如果这两种期权的价格偏离上述平价关系就存在套利机会。

更有价值的是，我们可以利用平价关系方程，用认购期权、认沽期权和标的股票中的任意两个工具复制出第三个工具（包括标的股票），使我们可以选择符合当前市场情况的优势期权工具，这就是期权合成组合的市场意义和交易价值。

一、合成组合的构成

认购期权、认沽期权与标的资产三个工具可以两两组合成为另一个的合成工具。六类标准合成组合关系如下，如图2.21所示。

买入认购期权+卖出认沽期权=合成买入标的资产；

卖出认购期权+买入认沽期权=合成卖出标的资产；

买入标的资产+买入认沽期权=合成买入认购期权；

卖出标的资产+卖出认沽期权=合成卖出认购期权；

买入认购期权+卖出标的资产=合成买入认沽期权；

卖出认购期权+买入标的资产=合成卖出认沽期权。

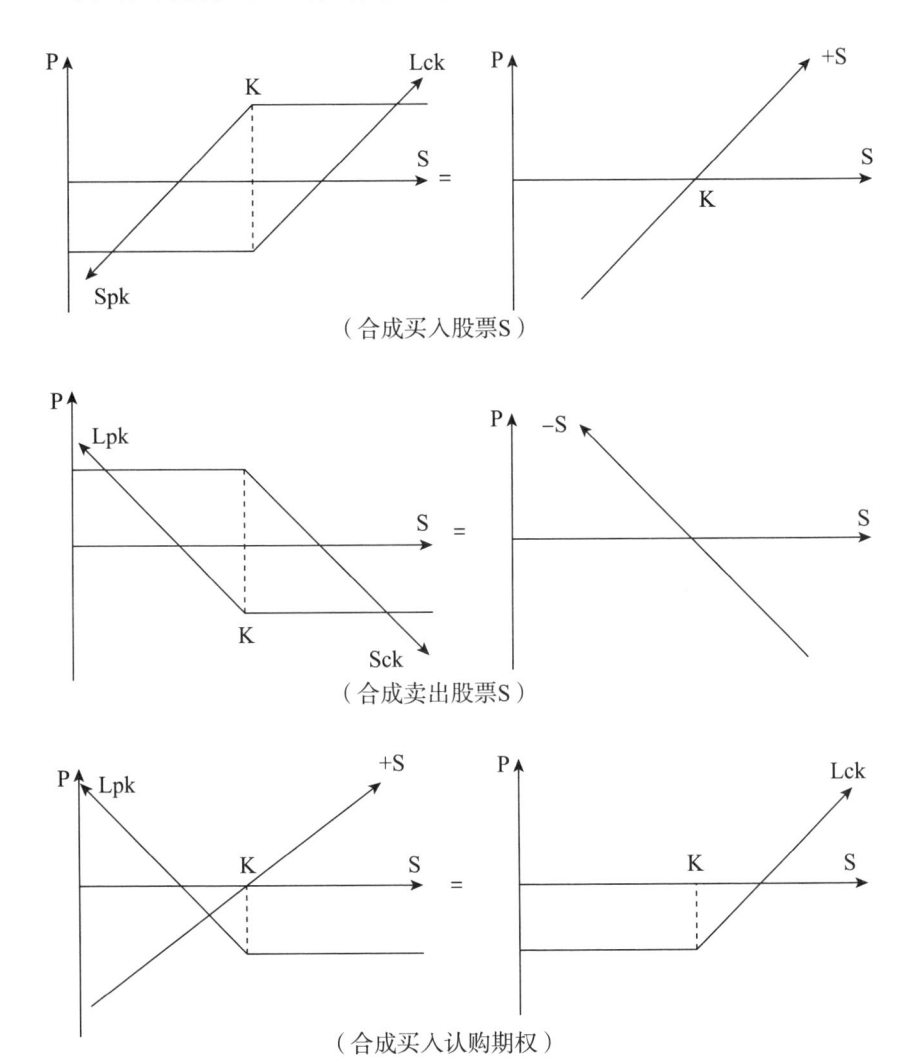

（合成买入股票S）

（合成卖出股票S）

（合成买入认购期权）

（合成卖出认购期权）

（合成买入认沽期权）

（合成卖出认沽期权）

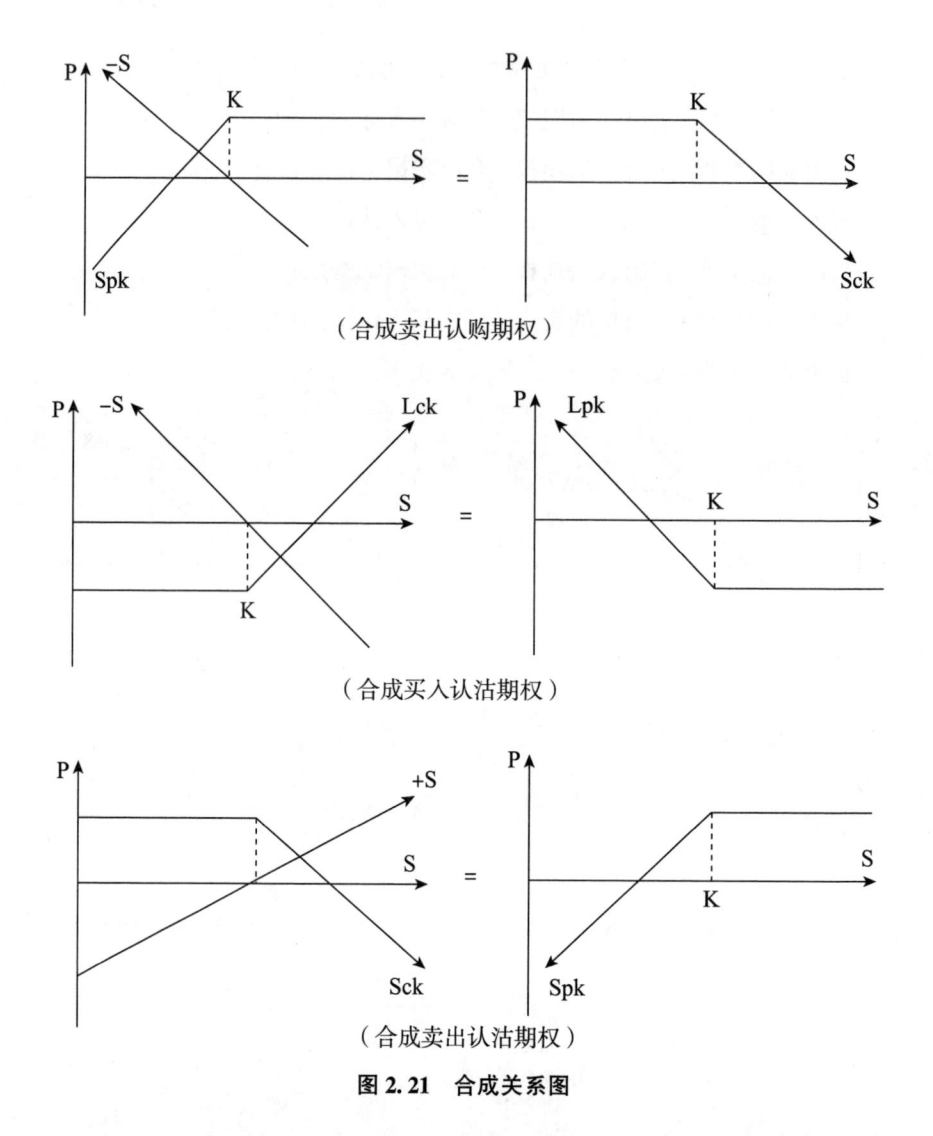

图 2.21 合成关系图

这里需要说明的是，实值认购期权的价值 c 等于虚值认沽期权的价值 p+SK 距离，即实值期权有内在价值 S 到 K 的价差长度，实值认沽期权与虚值认购期权的关系类同。这样，如果合成期权为虚值期权，要加上 SK 距离才能等价于原始期权的价值；如果合成期权为实值期权，要减去 SK 距离（内在价值）才能等价于原始期权的价值。

二、关于合成组合的应用及认识

1. 合成组合可以构建铁价差组合

认购期权的价差组合可以根据合成关系由认沽期权构建，如牛市正向认购期权价差组合 Lck50+Sck55 可以由相同行权价格处的相同买入认沽期权 Lpk50 与相同卖出认沽期权 Spk55 构建。同样，熊市反向认沽期权价差组合 Lpk50+Spk45 可以由相同行权价格处的相同买入认购期权 Lck50 与相同卖出认购期权 Sck45 构建。

以牛市正向价差组合构建为例：

（1）买入认购期权构建正向普通价差组合 Lck50+Sck55

假设股票价格为 50 元，买入平值认购期权 Lck50 的价格为 3 元（全部为时间价值），卖出虚值认购期权 Sck55 的价格为 1 元（全部为时间价值），构建组合的成本为 2 元。如图 2.22.a 所示。

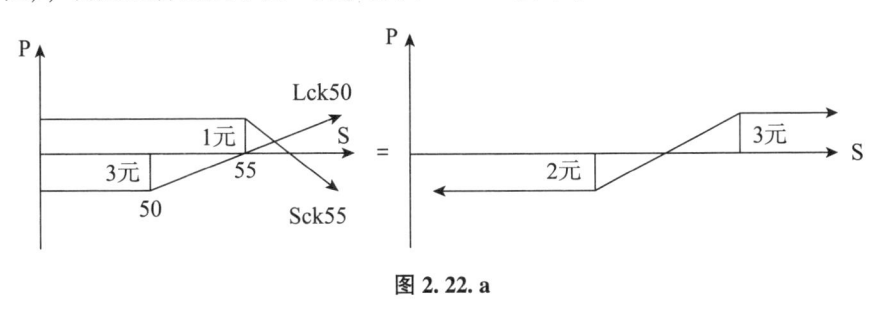

图 2.22.a

a. 到期时，如果股票价格 S 收盘于 50 元及以下，买入的认购期权 Lck50 与卖出的认购期权 Sck55 均为虚值期权，期权的合约价值均为零，组合有期初构建组合的成本损失 2 元。

b. 到期时，如果股票价格 S 收盘于 55 元及以上，买入的认购期权 Lck50 为实值期权可以行权，期权合约有收益（S-50）元，卖出的认购期权 Sck55 为实值期权会被行权，期权合约有损失（S-55）元，两仓合约对冲后有收益 5 元，减去期初构建组合的成本 2 元，组合有收益 3 元。

（2）卖出认沽期权构建正向铁价差组合 Lpk50+Spk55

合成买入认沽期权 Lpk50=Lck50−S，在股票价格 S 为 50 元处，买入认购期权 Lck50 的价格为 3 元（前已知），卖空标的股票 S 在 S50 元处的损益为零，则合成买入认沽期权 Lpk50 的价格为（3+0）=3 元；合成卖出认沽期权 Spk55=Sck55+S，卖出认购期权 Sck55 价格为 1 元（前已知），买入标的股票在 S55 处有收益 5 元，则合成卖出认沽期权 Spk55 的价格为（1+5）=6 元（其中内在价值 5 元、时间价值 1 元），构建组合有收益 3 元。如图 2.22.b 所示。

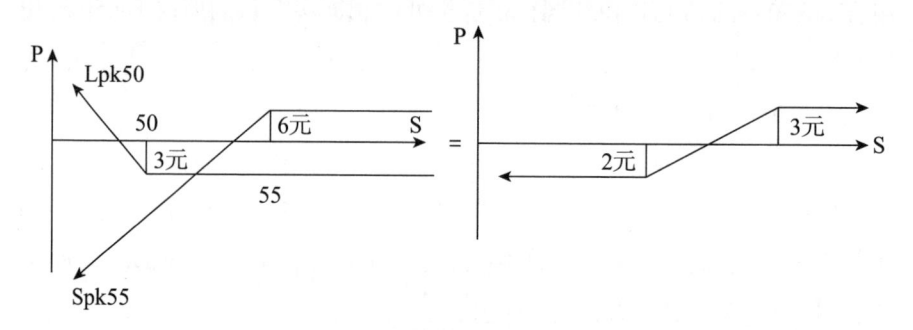

图 2.22.b

a. 到期时，如果股票价格 S 收盘于 50 元及以下，合成买入的认购期权 Lpk50 为实值期权可以行权，期权合约有收益（50−S）元，合成卖出的认购期权 Sck55 为实值期权会被行权，期权合约有损失（55−S）元，两仓合约对冲后有损失 5 元，减去期初构建组合的收益 3 元，组合有损失 2 元，与牛市正向认购期权价差组合 Lck50+Sck55 的损益一致。

b. 到期时，如果股票价格 S 收盘于 55 元及以上，合成买入的认购期权 Lck50 与合成卖出的认购期权 Sck55 均为虚值期权，期权的合约价值均为零，组合有期初构建组合的收益 3 元，与牛市正向认购期权价差组合 Lck50+Sck55 的损益一致。

2. 合成组合可以构建转换套购与反转套购无风险套利

根据合成关系，卖出认购期权+买入认沽期权=合成卖出标的资产，则有转换套购公式 Sck+Lpk+S=0；买入认购期权+卖出认沽期权=合成买入标的资产,则有反转套购公式 Lck+Spk-S=0。如果期权的平价关系背离,则可以无风险套利。

(1)转换套购应用示例

根据合成平价关系方程 Sck+Lpk+S=0,如果认购期权 Ck 的价值高估,则可以卖出高估值的认购期权 Sck,买入相同行权价格位置处正常估值的认沽期权 Lpk、买入等量标的股票头寸构建转换套购组合,无风险套利。

例如,市场当前标的股票价格 S 为 50 元,平值认购期权 Ck50 的价格为 6 元、平值认沽期权 Pk50 的价格为 5 元,平价关系偏离 1 元可以套利。我们可以卖出一张认购期权 Sck50 收入 6 元,买入一张认沽期权 Lpk50 付出 5 元,买入 10000 股股票 S50,构建一个转换套购组合,组合有收益 1 元。如图 2.23.a 所示。

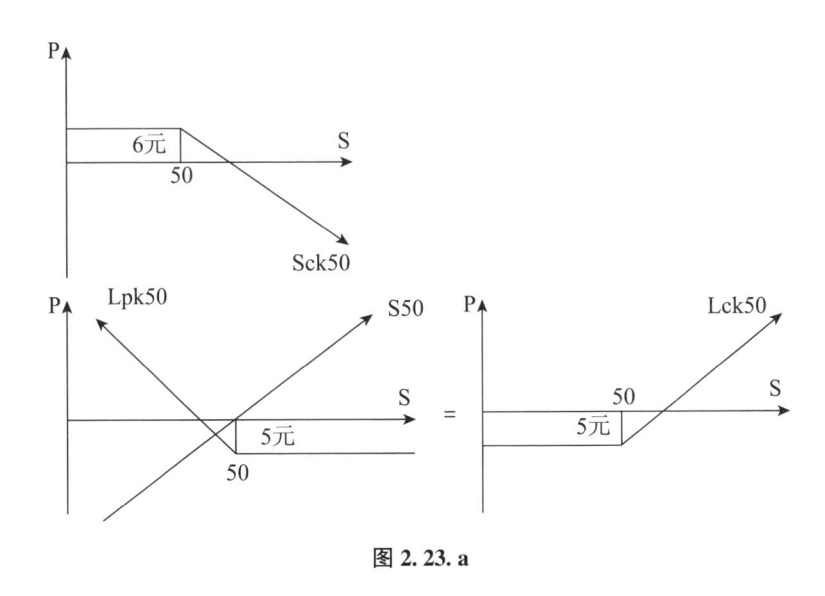

图 2.23.a

a. 到期时,如果股票价格 S 收盘低于 50 元及以下,卖出的认购期权 Sck50 为虚值期权,期权的合约价值为零,买入的认沽期权 Lpk50 为实值期权可以行权,期权合约有价差收益(50-S)元,卖入的标的股票 S50 有损失(50-S)元,三仓损益叠加的代数和为零,这个转换套购组合有期初构建时的收益 1 元。

b. 到期时,如果股票价格 S 收盘高于 50 元以上,卖出的认购期权

Sck50 为实值期权会被行权，期权合约有价差损失（S-50）元；买入的认沽期权 Lpk50 为虚值期权，期权的合约价值为零，买入的标的股票 S50 有收益（S-50）元，三仓损益叠加的代数和为零，这个转换套购组合的收益也是期初构建时的收益 1 元。

c. 如果从合成组合角度来看，在股票价格 S 为 50 元处，已知买入一张平值认沽期权 Lpk50 的价格为 5 元，买入一份 10000 股股票的损益为零，合成为一张买入认购期权 Lck50 的价格为 5 元。卖出一张认购期权 Sck50 价格 6 元与买入一张合成认购期权 Lck50 价格 5 元构建一个对冲组合，组合有收益 1 元。到期日，无论股票价格 S 大于或小于 50 元，两个期权合约都完全对冲，组合都有期初的收益 1 元。

（2）反转套购应用示例

根据合成平价关系方程 Lck+Spk-S=0，如果认沽期权 Pk 的价值高估，则可以卖出高估值的认沽期权 Spk，买入相同行权价格位置处正常估值的认购期权 Lck，卖出等量标的股票头寸，构建反转套购组合，无风险套利。

假如市场当前标的股票价格 S 为 50 元时，平值认购期权 Ck50 的价格为 5 元、平值认沽期权 Pk50 的价格为 6 元，平价关系偏离 1 元可以套利。我们可以卖出一张认沽期权 Spk50 收入 6 元；买入一张认购期权 Lck50 付出 5 元，卖空 10000 股股票 S50，构建一个反转套购组合，组合有收益 1 元。如图 2.23.b 所示。

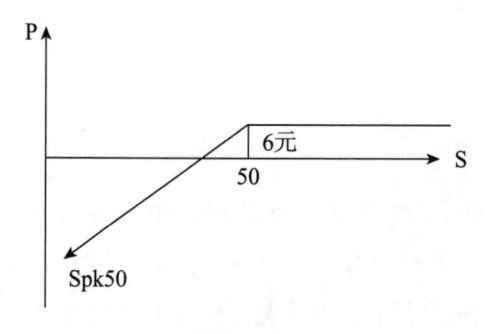

图 2.23.b

图 2.23.b

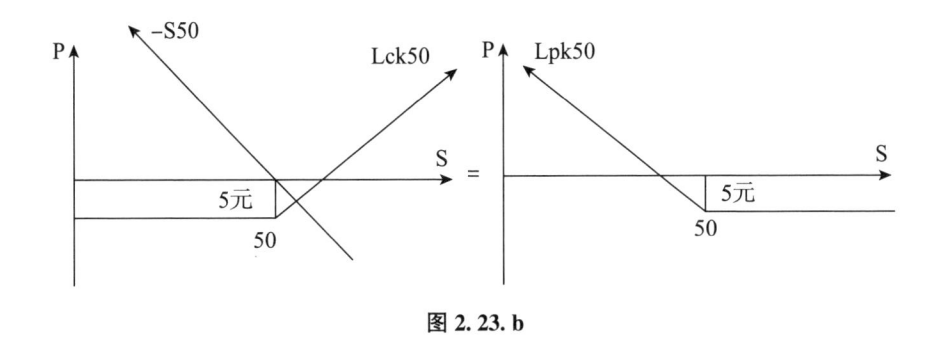

a. 到期时，如果股票价格 S 收盘低于 50 元及以下，卖出的认沽期权 Spk50 为实值期权会被行权，期权合约有价差损失（50-S）元，买入的认购期权 Lck50 为虚值期权，期权合约的价值为零，卖空的标的股票 S50 有价差收益（50-S）元，三仓损益叠加的代数和为零，这个反转套购组合有期初构建时的收益 1 元。

b. 到期时，如果股票价格 S 收盘高于 50 元，卖出的认沽期权 Spk50 为虚值期权，期权合约的价值为零，买入的认购期权 Lck50 为实值期权可以行权，期权合约有价差收益（S-50）元，卖空的标的股票 S50 有价差损失（S-50）元，三仓损益叠加的代数和为零，这个反转套购组合的收益也是期初构建时的收益 1 元。

c. 如果从合成组合角度来看，在股票价格 S 为 50 元处，已知买入一张平值认购期权 Lck50 的价格为 5 元，卖空一份 10000 股股票的损益为零，合成为一张买入认沽期权 Lpk50 的价格为 5 元。卖出一张认沽期权 Spk50 价格 6 元与买入一张合成认沽期权 Lpk50 价格 5 元构建一个对冲组合，组合有收益 1 元。到期日，无论股票价格 S 大于或小于 50 元，两个期权合约都完全对冲，组合都有期初的收益 1 元。

3. 关于合成关系在组合变化中的运用。

（1）用合成组合的锁利锁损

例如，在第三节买入跨式组合的示例中，在股票价格 S 为 50 元时买入一张跨式组合 Lpk50+Lck50 后，当股票价格 S 下跌为 45 元时，如果买入同等数量的一份标的股票（股票买入价位为 45 元）进行数量对冲，则可以锁住买入认沽期权 Lpk50 在 S45 元处的价差收益，并同时对冲了认沽期权 Lpk50 在 S45 前后的价差损益。这时，一份买入股票 S 与一张买入的认沽期权 Lpk50，合成为一张买入的认购期权 Lck50 和一条有 5 元收益的上平线。这样，合成组合 Lck50 可以享受股票价格 S 无限上涨的收益，而如果股票价格 S 下跌，则从 S45 元处组合会完全对冲。如图 2.24 所示。

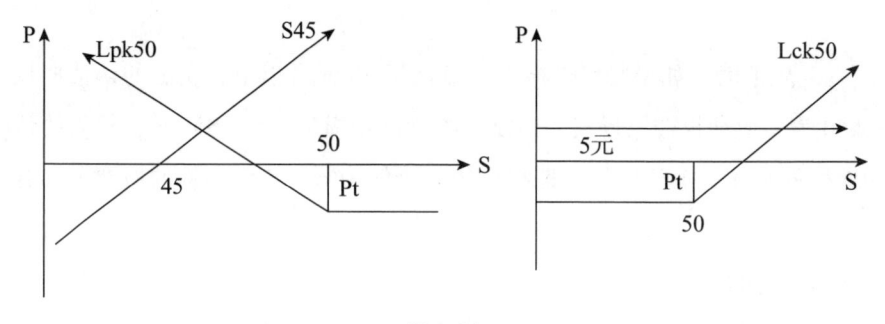

图 2.24

a. 到期时，如果股票价格 S 下跌超过 45 元，买入的认沽期权 Lpk50 为实值期权可以行权，期权合约有价差收益（50-S）元，而买入的股票 S45 有价差损失（45-S）元，两仓对冲后有收益 5 元。如果从合成买入认购期权 Lck50 角度考虑，股票价格 S 小于 50 元时，买入的认购期权 Lck50 为虚值期权，期权的合约价值为零，但上平线有收益 5 元，效果完全相同。

b. 到期时，如果股票价格 S 在 45~50 元，买入的认沽期权 Lpk50 为实值期权可以行权，期权合约有价差损益（50-S）元，而买入的股票 S45 有价差收益（S-45）元，两仓对冲后仍然只有收益 5 元。如果从合成买入认购期权 Lck50 角度考虑，股票价格 S 在 45~50 元时，买入的认购期权 Lck50 为虚值期权，期权的合约价值为零，但上平线有收益 5 元，效果完全相同。

c. 到期时，如果股票价格 S 上涨超过 50 元，买入的认沽期权 Lpk50 为虚值期权，期权的合约价值为零，而买入的股票 S45 有价差收益（S-45）元。并且随着股票价格 S 的持续上涨，买入股票 S 的收益也持续增加，这也是买入认沽期权 Lpk 与买入股票 S 对冲组合的优势。如果从合成买入认购期权 Lck50 角度考虑，股票价格 S 上涨超过 50 元时，买入的认购期权 Lck50 为实值期权可以行权，期权的合约有价差收益（S-50）元，同时还有上平线收益 5 元。并且随着股票价格 S 的持续上涨，买入的认购期权 Lck50 的收益也持续增加。效果完全相同。

（2）关于合成区间组合

我们可以利用合成关系，合成一个标的股票区间，正向可以提高效率，反向可以建立一个缓冲区间。

例如，市场预期期内会有一波正向行情，可以构建一个买入标的股票的正向区间取高效之利。当前标的股票价格为 50 元，买入一张平值认购期权 Lck50 价格为 5 元，卖出一张虚值认沽期权 Spk45 价格为 2 元，合成一张在 45~50 元买入标的股票的正向区间组合 Lck50+Spk45，组合的成本为 3 元。如图 2.25.a 所示。

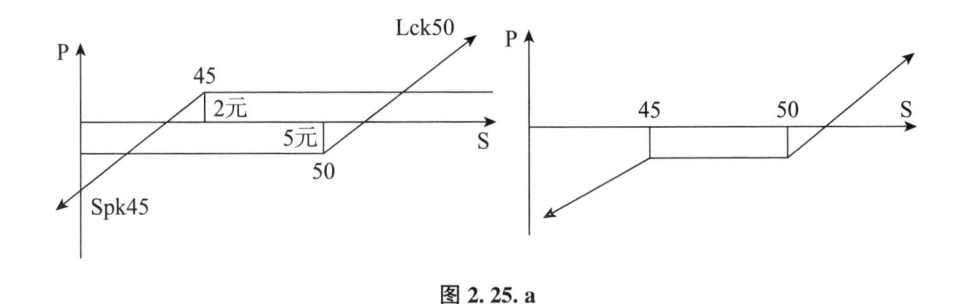

图 2.25.a

1）设计方向：市场上涨。
2）最大收益：收益无限。
3）最大亏损：亏损无限。
4）解盘分析：

a. 到期日，如果标的股票价格 S 小于行权价格 45 元（左下斜线），买入的一张认购期权 Lck50 为虚值期权，期权合约的价值为零，卖出的一张认沽期权 Spk45 为实值期权会被行权，期权合约有损失（45-S）元，加上期初构建组合的成本 3 元，则组合有损失为 [3+（45-S）] 元。而且随着股票价格的持续下跌，组合的亏损也会持续增加，需要对冲保护。

b. 到期日，如果标的股票价格 S 在两个行权价格 45~50 元之间（下平线），买入的一张认购期权 Lck50 和卖出的一张认沽期权 Spk45 均为虚值期权，两个期权合约的价值均为零，组合的损失为期初构建组合的成本 3 元。

c. 到期日，如果标的股票价格 S 大于行权价格 50 元（右上斜线），卖出的一张认沽期权 Spk45 为虚值期权，期权合约的价值为零，买入的一张认购期权 Lck50 为实值期权可以行权，期权合约有收益（S-50）元，减去期初构建组合的成本 3 元，则组合有收益为 [（S-50）-3] 元。而且随着股票价格的无限上涨，组合的收益也无限增加。

5）希腊字母表现

合成组合区间从下斜线到两权曲线的拐点区段，为卖出认沽期权的空头区间，希腊字母有+Δ、-G、-V、+θ，如果反向则 Δ 风险无限；从两权曲线的拐点到上斜线区段，为买入认购期权的多头区间，希腊字母有+Δ、+G、+V、-θ，如果持续正向则 Δ 趋于+1，等价于标的股票。

6）交易经验与变换技巧

a. 根据我们的交易经验，如果市场中性，最佳的对策策略是卖出一张实值认购期权 Sck45 对冲期初构建的成本，并且可以为反向准备合成工具。而且如果又正向越过 50 元的行权价格时，其会被认购期权 Lck50 对冲，少有损失。如图 2.25.b 所示。

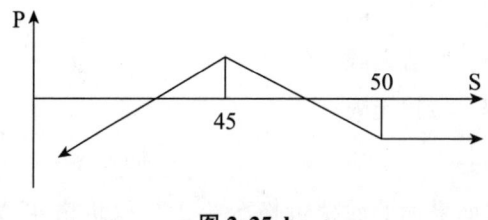

图 2.25.b

b. 如果反向并持续波动，则可以平掉买入的认购期权 Lck50，买入两张认沽期权 2Lpk40 进行对冲保护，与之前卖出的一张认沽期权 Spk45 构成一个买入认沽期权的反比率价差组合 2Lpk40+Spk45 组合，再等待后市机会。如图 2.25.c 所示。

图 2.25.c

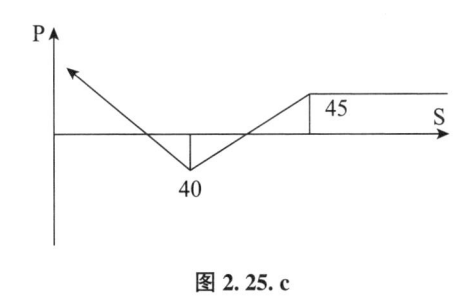

4. 关于合成股票与实际股票价格的差异分析

合成股票与实际标的股票的差异是具体交易中的一个细节性技术问题，但非常重要。根据合成关系，我们可以用买入认购期权与卖出认沽期权合成为同等数量的买入合成标的股票。但是由于行权价格位置与当前股票价格的位置不同，以及买卖期权的价格差异，会导致合成股票与标的股票的价格位置有一定差距，需要特别注意。

例如，在股票价格为 101.32 元时，买入行权价格 100 元的一张认购期权价格为 3.83 元，同时卖出一张行权价格 100 元的认沽期权价格为 1.62 元，则可以合成为一张有成本 2.21 元（3.83-1.62）、买入股票价位为 100 元的合成标的股票。但计入买入合成标的股票的成本 2.21 元，则合成标的股票的实际价格位置为 102.21 元，与当前股票的价格位置差距为（2.21-1.32）= 0.89 元，即当前股票价格上涨 1 元，合成标的股票的收益仅为 0.11 元（举例不考虑时间价值变化），似乎不合理。但是如果我们从机会成本与收益角度分析，我们是用 2.21 元的成本投资了 100 元的股票，这个差距 0.89 元实际是 100 元机会成本的利息（无风险收益）。另外，如果股票价格上涨超过了 SK 距离及合成股票的成本，则会有 1∶1 的收益。

5. 合成组合可以解构各种组合

利用合成组合关系可分解和构建各种组合，分析判断各种复杂组合的损益关系和风险敞口及位置，典型如（约定）持仓个股并卖出看涨期权的"雪球结构"，经合成分析，实际上是盈利有限、风险无限地卖出认沽期权，绝对不能介入。

第九节 期权的备兑组合

期权备兑组合是包括股票在组合内的一种约定，广义的备兑组合可以分为四类，备兑标的卖出认购期权（简称备兑卖出认购期权）、担保约定卖出认沽期权（简称担保卖出认沽期权）、配对买入认沽期权、领口区间组合。

一、备兑标的卖出认购期权

备兑标的卖出认购期权，是持有标的股票卖出等量的认购期权，适宜于标的股票已在高位、想再溢价卖出的应用场景。备兑卖出认购期权约定：如果股票价格 S 越过卖出认购期权 Sck 的行权价格 K，需要以这个行权价格卖出等量标的股票（会有再上涨的机会损失）；如果股票价格 S 不越过卖出认购期权的 Sck 的行权价格，则可以获得卖出认购期权的期权金之利；但是如果股票价格 S 持续下行，则持仓股票持续有下斜线损失。

注意，备兑卖出认购期权与持仓（买入）股票的合成组合是一个裸卖出认沽期权，有下斜线风险敞口。

备兑卖出认购期权是中小型机构和有较大投资潜力的散户，在具有股票交易实践经验，了解和掌握了一定的期权技术之后，非常喜欢和经常使用的一种股票与期权组合的应用策略，甚至有时候会过度使用。本节从各个角度做一些分析和说明。

（1）备兑卖出认购期权组合策略，如果标的股票价格已在高位，已接近投资者卖出的心理价位，想以一个合理的溢价位置卖出，可以在这个价位附近备兑卖出认购期权 Sck，如果股票价格越过行权价格 K，则卖出股票并获取溢价收入。如果判断期内股票价格处于横盘波动，上下限区间基本可控，可以备兑卖出认购期权，期望到期日期权的合约价值归零，投资者可以保留股票，并可以套取期内的期权金价值之利，然后再重新开始卖出下一个轮有备兑的认购期权套期取利。但是，如果股票价格走高，越过卖出认购期权的行权价格则会被行权，投资者则必须以行权价格卖出等量的标的股票。而另一方面，如果股票价格下跌，卖出的认购期权并不能保护标的股票的损失。

使用备兑卖出认购期权策略，总体来看非常有吸引力，也是合理可行的。但是如果标的股票的表现与备兑卖出认购期权的设计预期不一致，如备兑卖出认购期权被行权卖出股票后，股票价格持续上涨，则投资者会有较大的机会损失和沮丧心理，说明这个备兑投资组合的分析判断和设计布局是不合理的。另外，我们知道，备兑卖出认购期权与买入（持仓）股票的合成组合是一个没有保护的裸卖出认沽期权，在股票价格下跌时，则会有无限风险。唯一的区别是股票不会过期，但它会持续增加组合的损失和投资者的恐惧。

（2）如果我们把备兑卖出认购期权组合策略作为一种长线投资的方法，很多人都会这么做，有些投资者甚至会构建一个不断滚动买入/卖出标的股票与备兑卖出/买入认购期权的长期投资组合。但是长期下来，可能会出现一个表现十分糟糕的股票投资组合。因为投资者买入多种股票构建投资组合后，为了套期保值他们会再备兑卖出认购期权合约获取期利，但是在持续一段时间以后，他们会发现，随着一些股票的价格上涨、一些股票的价格下跌、一些股票的价格起伏波动，一些上涨的优质股票可能会被提前卖出，而已经下跌的劣质股票可能会以远低于当初买入的初始价格仍然在持仓。这样，剩下投资组合的价值会远低于初期构建投资组合的价值，而长期投资组合追求的目标是以股票为主体的上涨利益，卖出认购期权的收益只是在股票持仓期间的利息。所以，如果简单地看待备兑卖出认购期权组合，或者不在设计组合或在执行组合中进行必要的分析判断与技术处理，这类长期投资组合的方法可能是失败的，会有较大损失。

所以，如果我们把备兑卖出认购期权组合中的股票作为长期投资组合中的标的股票，一定要分析这只股票的基本面与技术面，如果对这只股票在持续期内的业绩表现和潜在价值有一定的预期和信心，我们可以使用备兑卖出认购期权的行权价格设计来实现自己的价值预期，如果标的股票价格上涨超过了我们为预期的内在价值设置的行权价格，可以以合理价格卖出股票；如果标的股票比设计预期要花费更长的时间才能达到设计的卖出价位，那么这个期间会以备兑卖出认购期权时间价值的方式获取持续持仓期间的利息。

如果标的是 ETF 基金，因为是一篮子大盘股票的组合，价格稳定、缓慢波动，备兑卖出认购期权组合策略，只需要把握标的 ETF 的合理波段位置考虑设置认购期权的行权价格，并可以在波段中卖出再买进，来回套利。

（3）关于标的股票选择

如果投资者对于某一只股票（包括某只 ETF 指数基金）的基本面非常熟悉或有研究，可以持续地备兑卖出这只股票的认购期权，在高位溢价卖出、在低位或平位折价买入；如果他对这只股票有足够的信心，在市场横盘震荡或者下跌时波动率较大、卖出期权的价值较高，也会不考虑股票价格的回调，仍然备兑卖出这只股票的认购期权，然后有信心等待其反弹，甚至会持续转仓备兑卖出认购期权等待其返回；有时我们也可以对业绩不佳、波动率较大的股票保护性持有（即卖出/控制一个价差区间），以此来卖出大波动率的认购期权。

（4）关于行权价格选择

选择实值认购期权，是防止标的股票下跌亏损的一个有限策略，特别是在市场波动不定、有下行风险的时候，卖出的较高的价值可以给标的股票提供更多的下跌保护空间。而且当市场有下跌风险和恐惧情绪时，买入虚值认沽期权对冲保护的需求量较多，虚值认沽期权的隐含波动率较高，根据平价关系，对应的实值认购期权的隐含波动率也高（当然因流动性关系也可能会折减），卖出实值认购期权可能还会有较高的时间价值费用。但另一方面，卖出实值认购期权会降低标的股票的上涨潜力（卖出认购期权与持仓标的股票的上下斜线会相应对冲，实际上卖出实值认购期权有对价差对冲保护的价值），而且持有期权的对手方也可能会行权而要买入这只股票。所以，这是一种博弈，要用平衡的方法来看待这个问题，取决于你是采用较大的下跌保护，还是想从较大的上涨中获利。另外，如果是欧式期权，博弈在波动中认购期权减值再转仓（买平再卖开）也是一种方案。

选择平值期权可以获取最高的时间价值，实际上也可以认为是做空波动率。但是它也有类似于实值期权的风险和问题，只是相对中性一点、弱化一些。

如果你确信自己持有的是一只优质股票，或者当前股票是在一个持续上升的区间，那么选择虚值认购期权是最好的策略。卖出虚值认购期权将会为标的股票上涨预留一个价差空间，对于虚值认购期权也是两个权衡，一是考虑会有多大的下跌可能，二是考虑需要预留多大的上涨空间。

（5）关于组合管理

如果市场回调的时间较长，可以买平原来卖出的认购期权（已有减值之利），再卖出价位更低的认购期权进行抽换，不断补偿下跌的损失。另外我们也可以什么都不做，持仓等待标的股票反弹到原来卖出的认购期权位置，保持原来的盈利空间。

当然，如果是欧式期权，我们还可以配置 delta 倍率进行 delta 对冲套利，详见第三章有关论述。

（6）备兑卖出认购期权典型示例

如果你持有标的股票，市场小幅波动，你可以在合理的卖出价位，或者控制期内小于一个标准差的长度，备兑卖出相应数量的认购期权套取期利。

例如，预期期内持续小幅波动，当前标的股票价格为 70 元，卖出一张行权价格 75 元的虚值认购期权 Sck75 收益为 2 元。这也相当于在股票价格 70 元位置处，持仓股票 S 与一张卖出认购期权 Sck75 合成为一张卖出实值认沽期权 Spk75。根据平价关系，c-p=S-K，2-p=-5，这张卖出认沽期权 Spk75 的价值为 7 元。如图 2.26 所示。

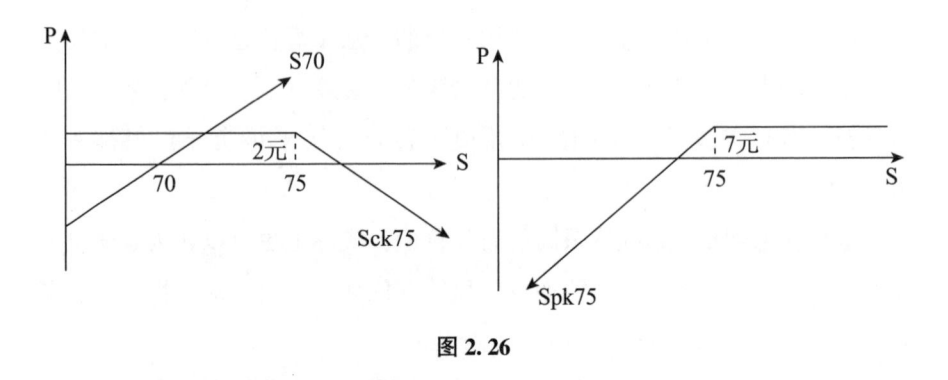

期权设计与应用场景——交易者解构期权设计

图 2.26

1) 设计方向：市场小幅波动。

2) 最大亏损：亏损无限。

3) 最大收益：7元。

4) 解盘分析：

a. 到期时，如果股票价格 S 下跌，S 在行权价格 75 元以下的位置，卖出的认购期权 Sck75 为虚值期权，期权的合约价值为零，持仓股票有损失（70-S）元（70 元为标的股票参与组合时的计价位置），加上期初卖出认购期权的收益 2 元，组合的损益为 [（70-S）-2] =（68-S）元。如果股票价格 S 大于 68 元，则组合有收益；如果股票价格 S 小于 68 元，则组合有损失。而且如果股票价格持续下跌，则组合的亏损也持续增加。如果从合成期权的角度结算，股票价格 S 在行权价格 75 元以下位置，合成卖出的认沽期权 Spk75 为实值期权会被行权，期权合约有价差损失（75-S）元，加上合成卖出认沽期权的收益 7 元，组合的总损益也为（68-S）元。同样，如果股票价格持续下跌，则合成卖出认沽期权的亏损也持续增加，损益完全一致。

b. 如果到期时股票价格 S 收盘于 75 元，卖出的认购期权 Sck75 为平值期权，期权的合约价值为零，持仓股票有收益 5 元，加上期初卖出认购期权 Sck75 收益 2 元，组合有收益 7 元。如果从合成期权的角度结算，股票价格 S 在行权价格 75 元处时，合成卖出的认沽期权 Spk75 为平值期权，期权的合约价值为零，但可以获得合成卖出认购期权的收益 7 元，损益完全一致。

c. 到期时，如果标的股票价格 S 在行权价格 75 元以上的 S 位置，卖出的认购期权 Sck75 为实值期权会被行权，需要履行以行权价格 75 元卖出股票的义务，则期权合约有价差损失（S-75）元，持仓股票有收益（S-70）元，两仓对冲后有收益（S-70）-（S-75）= 5 元，加上期初卖出认购期权的收益 2 元，则组合有收益 7 元，此后持仓股票大于 75 元的价差收益被卖出认购期权的价差损失完全对冲，有机会损失。

如果从合成期权的角度结算，股票价格 S 在行权价格 75 元以上 S 位置时，合成卖出的认沽期权 Spk75 为虚值期权，期权的合约价值为零，只有期初合成认沽期权的收益 7 元，即组合的收益也为 7 元，损益完全一致。

5）希腊字母表现

备兑卖出认购期权的希腊字母表现与其合成的卖出认沽期权一致，为裸卖出认沽期权 Spk 的空头区间，希腊字母有 $+\Delta$、$-G$、$-V$、$+\theta$，如果 S 反向则 Δ 风险无限。

6）交易经验与变换技巧

a. 关于移仓，通过以上示例可以看出，卖出的认购期权会在行权价格 K 处锁住持仓股票 S 的上升空间，如果股票价格 S 上涨越过卖出认购期权的行权价格 K，持仓股票的上斜线获利价差会被卖出认购期权的下斜线损失完全对冲。如果股票价格持续上涨，则持仓股票会有机会损失。这时应买平原来卖出的认购期权，再移仓卖出前方相邻行权价格处的认购期权如 Sck80，再开放一个价差空间。并且移仓可以循环下去。

b. 关于保护，通过以上示例还可以看出，如果股票价格下跌，则备兑组合并无保护的功能，会有无限风险，所以当股票价格有明确的下跌趋势时，需要配对买入认沽期权进行保护。

配对买入认沽期权与配对持仓股票和备兑卖出认购期权，三权合成为一个类似于买入正向价差组合的损益结构图，称为领口区间组合，该组合保护了持仓股票下行的风险，但是也降低了卖出认购期权的收益，并且还需要履行，如果股票价格涨过卖出认购期权行权价格时，以该行权价格卖出股票的义务。有关"领口区间组合"的问题详见后述。

二、担保约定卖出认沽期权

担保约定卖出认沽期权，是在经纪公司寄存一定数量的现金作为担保，约定卖出等量认沽期权，适宜于标的股票已在低位、想再折价买入标的股票的应用场景。担保卖出认沽期权，如果股票价格 S 下跌越过卖出认沽期权的 Spk 的行权价格 K，需要以这个行权价格买入等量标的股票（会有再下跌的机会损失）；如果股票价格 S 不越过卖出认沽期权的 Sck 的行权价格，则可以获得卖出认沽期权的期权金之利。

注意，担保卖出认沽期权中，现金只是买入股票的担保，期权仍为裸卖出认沽期权，有下斜线风险敞口。

担保卖出认沽期权是一个裸卖空认沽期权，有下斜线风险，担保卖出认沽期权的投资者最终有以行权价格买入标的股票的义务。但是如果你看中某一只股票，并且想在一个合理的价位买入这只股票，那么使用担保卖出认沽期权的风险，并不会高于你直接买入这只股票的风险，这时我们甚至可以把担保卖出认沽期权看作是买入股票的限价指令。这时，担保卖出认沽期权会有两个机会损失：一是在卖出认沽期权后如果标的股票价格上涨你没有买入股票，你则会失去没有持有股票而没有获利价差的机会损失；二是在行使卖出认沽期权买入股票后如果标的股票价格持续下跌，你则会承担持有股票再下跌的机会损失。

在这个问题上，担保卖出虚值认沽期权与买入认沽期权在本质上是一样的，你选择了同一个行权价格 K 担保卖出，如果标的股票走低，你就愿意在这个价位买入这只股票，而这也是买入认沽期权的交易思路，但是卖出这个价位的认沽期权没有成本，还有一定的期权金收益。而在标的股票价格波动中，或当隐含波动率处于较高的水平时，担保卖出认沽期权可以起到捕捉高波动率回归常值的收益作用，特别是欧式期权，但前提是一旦你被行权持有这只股票，你并不会有什么心理障碍问题。

（1）关于行权价格，如果你经过长期观察和研究已经决定投资某一只股票，你可以担保卖出这只股票的虚值认沽期权，因为以百分比的形式

（期权费/担保金）比较，虚值认沽期权的费用比平值认沽期权要高。当然，如果隐含波动率有倾斜或微笑则更好，你可以捕捉到有偏度的高回报收益。从风险回报和统计角度来看，担保卖出虚值认沽期权，也可以认为是一种中等概率较低收益的策略设计。

（2）担保约定卖出认沽期权典型示例

如果你想买入心仪的股票，但是当前股票的价位不尽合理，或者预期市场中性或判断不会跌过某一位置，则可以担保卖出认沽期权，在合理价位上买入股票，或者买不上可以套取期利。注意，如果不是合理价位仅仅是为了套利，宜开虚值小仓，因为移仓冲抵原仓损失时仓位会越来越大。

例如，当前标的股票价格为70元，预期市场中性，选择一个合理价位，或者控制期内大于一个标准差的长度设计行权价格，担保卖出一张行权价格65元的虚值认沽期权Spk65收益为2元。如图2.27.a所示。

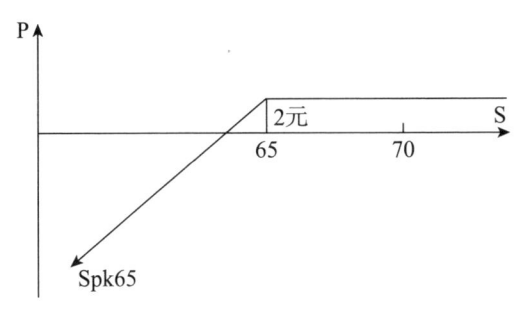

图 2.27.a

1) 设计方向：市场小幅波动。
2) 最大亏损：亏损无限。
3) 最大收益：2元。
4) 解盘分析：

a. 到期时，如果标的股票价格在行权价格65元以上的S位置（右上平线），卖出的认沽期权Spk65为虚值期权，期权的合约价值为零，可以获得期初卖出认沽期权的收益2元。

b. 到期时，如果标的股票价格在行权价格65元以下的S位置（左下斜线），卖出的认沽期权Spk65为实值期权会被行权，需要履行以行权价格65元买入股票的义务,则期权合约有价差损失(65-S)元,加上期初卖出期权的收益2元,卖出认沽期权会有价差损失(67-S)元。而且如果股票价格持续下跌,则组合的亏损也持续增加。

5) 希腊字母表现

担保卖出认沽期权为卖权的空头区间,希腊字母有+Δ、-G、-V、+θ,如果S反向则Δ风险无限。

6) 交易经验与变换技巧

a. 关于移仓,通过以上示例可以看出,卖出认沽期权会锁住买入股票的价位K,相当于以一个折扣的价位买入股票,如果股票价格跌过这个折扣价位,需要以这个价位买入股票。如果股票价格持续下跌,则以这个价位买入的股票会有机会损失,这时应买平原来卖出的认沽期权,再移仓卖出前方相邻行权价格处的认沽期权如Spk60,再开放一个价差空间。并且移仓可以循环下去,直到达到一个合理的买入价位。

b. 关于保护,通过以上示例还可以看出,担保卖出认沽期权,实际上仍然是一个裸卖出认沽期权,如果股票价格下跌,裸卖出认沽期权并无保护的功能,会有无限风险,所以当股票价格有明确的下跌趋势时,需要Spk65平仓止损,并且买入一个虚值认沽期权如Lpk60对持仓股票S进行保护,构建一个合成买入的认购期权Lck60,等待后市变化再进行调整。如图2.27.b所示。

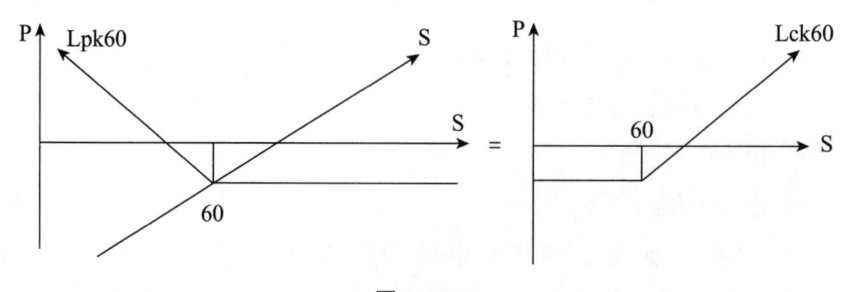

图 2.27. b

三、配对买入认沽期权

配对买入认沽期权，是持有标的股票配对等量买入认沽期权，适宜于标的股票有下行风险或大波动的应用场景。如果标的股票价格 S 下行，则会与配对买入认沽期权的上斜线对冲，如果股票价格 S 上行，并突破买入认沽期权的下平线高度，则标的股票仍然具有上涨的收益。

注意，配对买入认沽期权的合成组合是一个买入认购期权，股票价格上涨，有平斜线收益。

如果你持有标的股票，或者持有标的股票并备兑卖出认购期权的长期组合，当标的股票有下行风险时，能不能保障持仓股票或投资组合的安全是你面临的一个主要问题。这时你可以配对买入认沽期权进行保护这个策略也称为保护性看跌期权。配对买入认沽期权的投资者保留了标的股票持有者的所有好处，在认沽期权的存续时间（如保护一个月或三个月的时间周期），它能保障持有的标的股票不受下跌的影响。但注意它有成本，它的成本就是买入认沽期权所支付的期权金费用，而且有时需要在市场下跌、恐惧心理增加的高波动率环境中高价买入认沽期权。但是如果你的投资组合想长期生存下去，用适当的杠杆率配对买入认沽期权进行保护可能是明智的。买入期权有战术上的成本，但是从战略上看，对长期投资组合管理是有利的，有时甚至是必需的，这就是投资者损益交织的宿命。

如果股票价格持续下跌，配对买入认沽期权就会在买入的价位上与其对冲；如果股票价格转而上涨，则股票上涨的价差只要扣除买入认沽期权支出的成本仍可以获得价差收益。配对买入认沽期权的另一个好处是买入股票和买入期权都是权利仓，投资者可以完全控制股票和期权的进出，如在下行结束或者结算时，他可以只卖出认沽期权对冲标的股票的损失，而仍然保留股票持仓。当然，前提是这只股票在市场上是优质的，这个上市公司是可以信赖的。

（1）配对买入认沽期权的交易动机是保障标的股票下行的损失，如果你长期持有一只心仪的股票，或者在你的长期投资组合中有几只表现稳健的优质股票，甚至会有派息收益，你想长期持有，而当前这些股票有波动因素，如有一些不利信息或公告等，或者当前市场有下行趋势可能会同步影响这些股票的表现，你可以配对买入认沽期权；如果你持有的股票已经有一段浮盈利润，并且表现稳定，但市场有下行趋势可能会影响这只股票波动，你也可以配对买入认沽期权锁定这段浮盈利益，并继续持有这只股票；如果你的股票已经有一部分亏损，而你仍然认为这只股票是稳健的，还会有上行反弹的预期，你也可以配对买入认沽期权锁价止损，对冲继发性的大跌损失。

（2）应特别指出，这里配对买入认沽期权的所谓配对，是指买入认沽期权的头寸与被保护的标的股票的头寸保持相同数量，在买入认购期权到期日，如果股票价格下跌，实值认沽期权的上斜线会与持仓股票的下斜线完全对冲，但是期中会有差异，如有必要需要进行 delta 对冲，详见以下典型示例。

（3）同样，配对买入认沽期权会有多种选择，不同的行权价格和不同的时间期限，会提供不同的保护价位和不同的保护期限，取决于你对这只标的股票未来价位和反弹时间的判断，以及配对买入认沽期权后新的投资组合的风险与价值，甚至包括你对风险的容忍度和心理的舒适度。

（4）配对买入认沽期权典型示例

如果你持有标的股票，市场已经有明确的下行预期，则应配对买入认沽期权进行保护。期权有杠杆放大作用，可以选择虚平实值认沽期权，而且虚值期权的杠杆率更大（以投入成本计），但是其中间未保护的开放空间也大。买入认沽期的最大优势是，它不影响标的股票再次上升的机会，只要股票价格突破认沽期权的下平线高度，仍然可以获取股票上涨之利。

例如，预期市场已经有明确的下行预期，当前标的股票价格为 70 元，买入一张行权价格 65 元的虚值认沽期权 Lpk65 成本为 2 元。这也相当于在股票价格 70 元位置处，持仓股票 S 与一张买入认沽期权 Lpk65 合成为一张买入实值认购期权 Lck65。根据平价关系，$c-p=S-K$，$c-2=5$，这张买入认购期权 Lck65 的成本价值为 7 元。如图 2.28 所示。

第二章 期权策略与技术逻辑

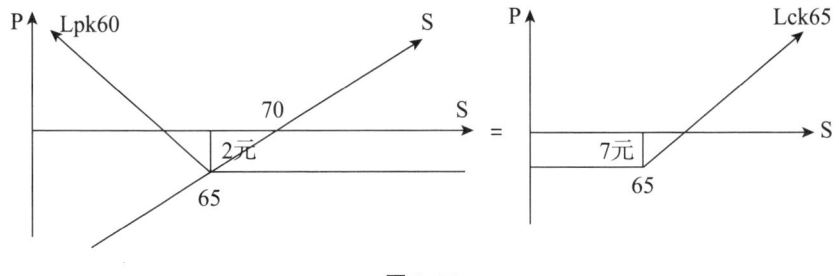

图 2.28

1) 设计方向：市场下跌。
2) 最大亏损：7元。
3) 最大收益：收益无限。
4) 解盘分析：

a. 到期时，如果标的股票价格在行权价格65元以下的S位置（左上斜线），买入的认沽期权Lpk65为实值期权可以行权，期权合约有价差收益（65-S）元，但持仓股票有损失（70-S）元（70元为标的股票参与组合时的计价位置），加上期初买入认沽期权的成本2元，则组合的总损失为7元。而且如果股票价格持续下跌，则组合的最大损失也只有7元。

如果从合成期权的角度结算，标的股票价格在行权价格65元以下S位置，合成买入的认购期权Lck65为虚值期权，期权的合约价值为零，只有期初合成买入认购期权的成本价值7元，合成买入认购期权的损失也是7元。损益效果一致。

b. 到期时，如果标的股票价格在行权价格65元以上的S位置（右下平线），买入的认沽期权Lpk65为虚值期权，期权的合约价值为零，但持仓股票有价差收益（S-70）元，减去期初买入认沽期权的成本2元，则组合的总损益为［（S-70）-2］=（S-72）元。而且如果股票价格无限上涨，则组合的收益也无限增加。

如果从合成期权的角度结算，标的股票价格在行权价格65元以上的S位置，合成买入的认购期权Lck65为实值期权可以行权，期权合约有价差收益（S-65）元，减去期初合成买入认购期权的成本价值7元，则合成买入认购期权的收益也为［（S-65）-7］=（S-72）元。损益效果一致。

· 151 ·

5) 希腊字母表现

配对买入认沽期权保护性组合的希腊字母表现与其合成的买入认购期权一致，为买入认购期权的多头区间，希腊字母有+Δ、+G、+V、-θ，Δ风险可控。

6) 交易经验与变换技巧

a. 关于 delta 对冲问题，如果配对买入认沽期权后持仓到底，股票价格下跌后成为实值的认沽期权有上斜线会与持仓股票的下斜线完全对冲，则可以配对对冲标的股票的数量，买入等量的认沽期权进行数量对冲，如对冲1万股股票可以买入一张认沽期权。但是如果期中大跌，或市场处于极端状态，则一张期权可能不够对冲1万股股票，会大量暴露标的股票的不利敞口。所以一般情况下，应根据当前期权持仓的 Δ 位置配置 Δ 倍率进行 delta 对冲，但是 Δ 对冲需要不断地动态对冲，不断调整合约数量，以保持配对组合的 delta 中性。

如果当前标的股票价格为 70 元，买入一张行权价格 65 元的虚值认沽期权 Lpk65 的 Δ 值为 0.25，则一张期权当量于 2500 股股票，即当前一张期权只能对冲 2500 股股票，如果股票价格下跌 1 元，买入一张认沽期权 Lpk65 的合约有价差收益 0.25×1 元×10000 股＝2500 元，而持仓股票则会损失 1 元×10000 股＝10000 元，故需要买入四张认沽期权才能对冲 1 万股股票。当然，随着股票价格的下跌，认沽期权的持仓 Δ 会增大，而股票的 Δ 值不变，所需对冲的期权头寸也会减少。如随着股票价格的下跌，认沽期权的持仓 Δ 变为 0.35，则一张期权当量于 3500 股股票，这时只需要 100/35＝2.86 张买入认沽期权对冲 1 万股股票，则可以卖平 1.14 张认沽期权 Lpk65 获利，并再次保持组合的 Δ 中性。

反之，如果期中股票价格上涨，认沽期权的持仓 Δ 变为 0.15，则一张期权仅当量于 1500 股股票，这时需要 100/15＝6.67 张买入认沽期权对冲 1 万股股票，需要再买入 2.67 张认沽期权 Lpk65 才能保持组合的 Δ 中性。当然，这只是一个示例，股票价格上涨对组合有利，可以不用再买入认沽期权对冲股票上涨的有利价值。

b. 关于冲抵成本问题，买入认沽期权配对对冲有对冲成本，有时对冲成本很大不尽合理，尤其是在市场中性或波动时更不合理。所以在市场中性或横盘波动时，可以用卖出认购期权的价值冲抵买入认沽期权的部分成本，而且如果用持仓股票备兑卖出可以不用缴纳保证金。

如市场中性，当前标的股票价格为 70 元，买入一张行权价格 65 元的虚值认沽期权 Lpk65 的成本为 2 元，备兑卖出一张行权价格 75 元的虚值认购期权 Sck75 的收益为 1.5 元，则买入认沽期权 Lpk65、卖出认购期权 Sck75 和持仓（买入）同等数量的股票 S 组合为一张买入有正向价差的组合，也称为领口区间组合，构建组合的成本为 0.5 元，与单纯买入一张认沽期权 Lpk65 相比，可降低费用 3/4。但是卖出认购期权 Sck75 之后，则封闭了股票价格上涨超过 75 元以上的无限空间，而且还需要履行义务以行权价格 75 元卖出股票的义务，持仓股票有机会损失，所以还是要权衡，并慎重考虑。有关"领口区间组合"的问题详见后述。

四、领口区间组合

领口区间组合是备兑标的股票卖出认购期权与配对买入认沽期权的组合，配对买入认沽期权 Lpk1，与持仓（买入）股票 S 合成为一个买入认购期权 Lck1，合成买入的认购期权 Lck1，又与备兑卖出认购期权 Sck2 组合为一个买入正向价差区间的组合 Lck1+Sck2，称为领口区间组合。也可以看作是持仓（买入）股票 S，与备兑卖出认购期权 Sck2 合成为一个卖出认沽期权 Spk2，合成卖出的认沽期权 Sck2，又与配对买入认沽期权 Lpk1 组合为一个卖出反向价差区间的组合 Spk2+Lpk1。如图 2.29.a 所示。

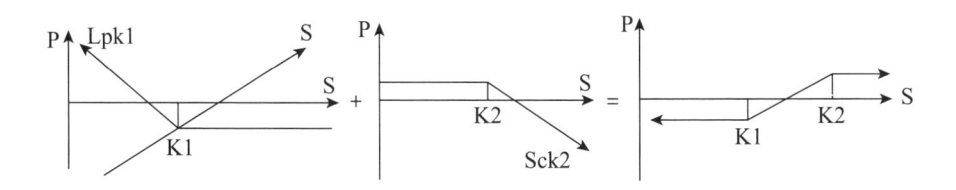

图 2.29.a

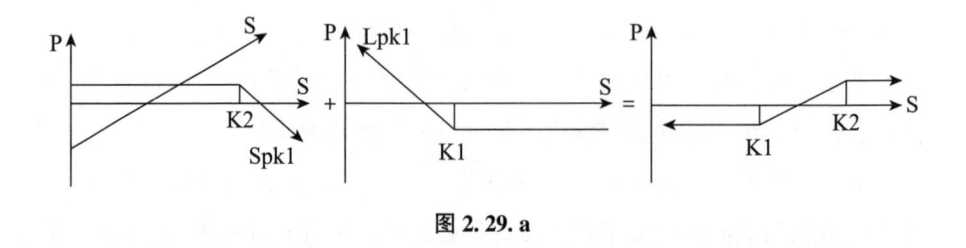

领口区间组合适宜于标的股票有下行风险或市场有不稳定波动的应用场景。设计领口区间组合的主要目的是保护标的股票在下行中的安全，卖出上限位置处的认购期权 Sck2 价值是为了冲抵买入下限位置处买入认沽期权 Lpk1 的成本。但是在实际操作中，因为标的股票价格 S 越过 Sck2 的行权价格时就有可能被行权，需要以行权价格卖出等量标的股票，而如果我们持有的是我们认为的优质股票，所以在领口区间的组合设计中，我们还是要评估卖出标的股票的可能性以及卖出位置的合理性。

如果我们持有以股票为主体的长期投资组合，而当前市场处于方向不定、波动震荡阶段，我们自然就会想到使用卖出有正向套利收益的认购期权补偿买入认沽期权反向保护但有成本的双方向策略加入投资组合。我们希望有一个设计平衡的投资组合能够在这种情况不明、波动不定的市场环境中生存并可持续发展。

可以看出，领口区间组合是一个买入正向价差的区间组合，一般情况下，都是买入虚值的认沽期权和卖出虚值的认购期权，通过卖出一定上行空间的 Δ 率补偿买入一定下行空间的 Δ 率，控制一个 Δ 率很小的区间（这个价差区间的成本很小，有时甚至成本为零），股票价格在这个区间内波动时，只有有限损益。

（1）关于行权价格设计

领口区间组合为标的股票预留了一定的上涨空间和下跌空间，保护了标的股票的绝对安全。但是我们又面临一个矛盾的问题：如果股票价格 S 越过卖出认购期权 Sck2 的行权价格，就需要履行以行权价格 K2 卖出这只股票的义务，而在大多数情况下，我们并不希望卖出这只股票。因此，卖出认购期权的行权价格位置、期权金价值和配对买入认沽期权的期权金价值、行权价格位置就需要均衡考虑。

如果你是持有心仪股票的长线投资者，你想长期持有这些股票，并且在当前的市场环境中有一个预期的价格波动区间，而且你愿意为控制这个区间付出一定的成本代价，这就是一件很容易的事情，例如都选择较远距离的行权价格买入和卖出。但是一般情况下还是要根据不同的需求有一个设计的目标和原则：

1）如果你不愿意卖出所持有的心仪的股票，你可以买入中虚值的配对认沽期权、卖出中虚值的备兑认购期权，构建一个上下限较宽的领口区间，甚至是上限比下限还远一些的不对称区间组合。

2）如果你持有的股票已经有一段浮盈利润，你的目标是配对买入认沽期权，锁定这段浮盈利益，并且还想继续持有这只股票，可以买入浅虚值的配对认沽期权保护浮盈利益、卖出中虚值的备兑认购期权，构建一个下限较近的区间组合。

3）如果你的股票已经有一部分亏损，而你仍然认为这只股票是稳健的，还想持有这只股票，你可以买入中虚值的配对认沽期权对冲股票价格继续下行的风险、卖出中虚值的备兑认购期权，构建一个上下限基本对称的领口区间。

另外，标的股票的保护期限，即认购期权与认沽期权的存续时间，也需要根据市场波动情况合理确定。并且还可以根据未来市场的波动情况进行上下限价差区间位置和存续时间的转仓调整。

（2）关于隐含波动率的影响及考虑

1）如果标的股票价格有下行风险，市场上需要对冲风险的认沽期权的需求量增加，根据供需关系，认沽期权特别是虚值认沽期权的隐含波动率及期权价值就会虚高。这样，构建领口区间组合时买入认沽期权的价格会高于相同 SK 距离的卖出认购期权，领口区间组合的构建成本较大，投资组合的收益率就会相应降低，但是你要坚持，如果股票价格极端大跌，你就减少了机会损失。所以，所谓的在高价时买入（认沽）期权的愚蠢行为，实际上也是一种无奈中的理智。

2）有些交易者还提出，如果波动率水平较高，可以在设计位置买入较长期限的认沽期权配对保护，在远位再卖出更虚值的中短期限认沽期权，以冲抵补偿领口区间组合的成本，并且在中短期限期权到期时再重新配置。但是这时的组合会合成为远位裸卖出的对角化认沽期权，比较复杂，而且在标的股票大跌的时候有下斜线风险，一般情况下不建议使用。

实际上，还有一种对角化的领口区间价差设计在高水平隐含波动率环境时值得考虑，在你对波动预期的设计下限位置买入期限较短的认沽期权（价格相对便宜）配对保护时，可以在设计上限位置卖出期限较长的认购期权（价格相对昂贵）配对冲抵，在短期限期权到期时，再以当时的隐含波动率重新配置买入认沽期权。但是这种情况适宜于市场中性或者看淡于后市。

（3）关于领口区间组合管理

因为长期投资组合的投资规模一般较大，故应随着标的股票价格位置的变化和市场波动率水平的变化，不断滚动重置领口区间，进行积极的领口区间组合管理。

（4）领口区间组合的典型示例

例如，当前市场处于方向不定、波动震荡阶段，在持仓的标的股票价格为 70 元时，买入一张行权价格 65 元的虚值认沽期权 Lpk65 成本为 3 元，同时备兑卖出一张认购期权 Sck75 收益为 2 元。构建一个在 70 元处合成买入的一张认购期权 Lck65，与备兑卖出的一张认购期权 Sck75 组成的 Lck65+Sck75 领口区间组合，构建组合的成本为 1 元。如图 2.29.b 所示。

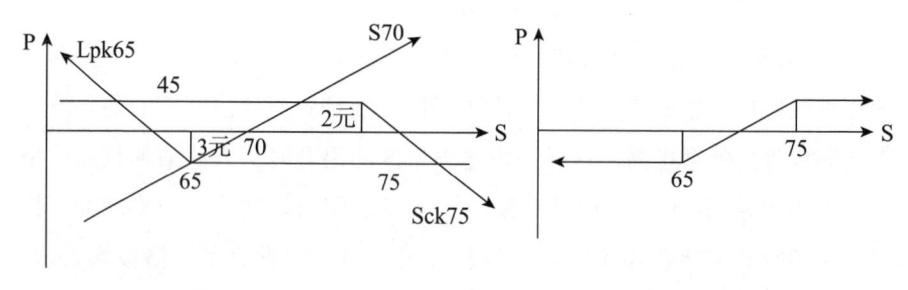

图 2.29.b

1）设计方向：市场波动。

2）最大亏损：6元。

3）最大收益：4元。

4）解盘分析：

a. 到期时，如果标的股票价格S在行权价格65元以下的S位置（左下平线），备兑卖出的认购期权Sck75为虚值期权，期权的合约价值为零；买入的认沽期权Lpk65为实值期权可以行权，期权合约有价差收益（65-S）元，而持仓股票有价差损失（70-S）元（70元为标的股票参与组合时的计价位置），加上期初构建组合的成本1元，则组合的总损失为6元。而且如果股票价格持续下跌，组合的最大损失也只有6元。如果从合成期权的角度结算，在股票价格为70元处，合成买入的认购期权Lck65的成本价值为8元，股票价格在行权价格65元以下S位置时，合成买入的认购期权Lck65和备兑卖出的认购期权均为虚值期权，期权的合约价值为零，合成买入的认购期权有成本价值8元，减去备兑卖出认购期权的收益2元，则组合的总损失也是6元。损益效果完全一致。

b. 到期时，如果标的股票价格S在行权价格65~75元的S位置（向上斜线），买入的认沽期权Lpk65和备兑卖出的认购期权Sck75均为虚值期权，两个期权的合约价值均为零，而持仓股票则有价差损益（S-70）元，减去期初构建组合的成本1元，则组合的总损益为［（S-70）-1］=（S-71）元。如果S小于71如收盘于65元，则组合的总损失为6元；如果S大于71如收盘于75元，则组合的总收益为4元。

如果从合成期权的角度结算，股票价格在行权价格65~75元的S位置时，备兑卖出的认购期权为虚值期权，期权的合约价值为零；合成买入的认购期权Lck65为实值期权可以行权，期权合约有价差收益（S-65）元，与合成买入认购期权的成本价值8元和备兑卖出认购期权的收益2元求代数和，则组合的总损益也是（S-71）元。损益效果完全一致。

c. 到期时，如果标的股票价格S在行权价格75元以上的S位置（右上平线），买入的认沽期权Lpk65为虚值期权，期权的合约价值为零；持仓股票则有价差收益（S-70）元；备兑卖出的认购期权Sck75为实值期权会被行权，期权合约有价差损失（S-75）元，减去期初构建组合的成本

1元，则组合的总收益为4元。

如果从合成期权的角度结算，股票价格在行权价格75元以上的S位置时，合成买入的认购期权Lck65和备兑卖出的认购期权Sck75均为实值期权会行权，买入的认购期权Lck65合约有价差收益（S-65元），卖出的认购期权Sck75合约有价差损失（S-75元），两权价差对冲后有收益10元，减去合成买入的认购期权Lck65的成本价值8元、加上备兑卖出的认购期权Sck75的收益2元，则组合的总收益也是4元。损益效果完全一致。

5）希腊字母表现

领口区间组合的希腊字母表现与买入正向价差组合一致，从下平线到两权曲线的拐点为多头区间，希腊字母有+Δ、+G、+V、-θ；从两权曲线的拐点到上平线为空头区间，希腊字母有-Δ、-G、-V、+θ，股票价格S正反向Δ风险均可控。

五、关于备兑组合的应用及认识

投资者在掌握了一定的股票知识和期权技术之后，都会梦想建立一个长期的投资组合，构建一个类似于对冲基金的盈利模式，而备兑组合就是一个比较好的选择，或者说是一个长期投资组合方案的基础布局。

我们在股票市场建立股票仓位的标的资产池以后，除了根据股票的基本面和技术面表现进行必要的调仓以外，还可以利用有关期权技术套取期利和配对保护，构建一个有股票头寸和期权头寸的长期投资组合，并且可以在合理的价格位置减持或者增持标的股票，以及重置认购、认沽期权的组合位置，争取在当前的市场环境和波动率水平中实现一个优势、稳健的投资组合。

综上所述，与备兑组合相关的组合策略有四种类型：一是备兑卖出认购期权、二是担保卖出认沽期权、三是配对买入认沽期权、四是买入或卖出一个区间组合。

备兑卖出认购期权是想在合理高价位卖出标的股票的前提下，在波动中套取期利，所以应特别注意这个前提。这时我们已经有心理准备想卖出这只股票，股票卖出后即使再有上涨的机会损失我们也不遗憾，并且可以在今后的波动调整中再利用担保卖出认沽期权的策略买入这只股票。但是千万不能为了一点点期权金小利，而在不利价位下卖出标的股票，削弱长期投资组合的价值，所以一定要充分评估卖出价位的合理性。

担保卖出认沽期权是想在合理的低价位买入标的股票的前提下，在波动中套取期利。同样，这时我们已经有充分的心理准备想买入这只股票，股票买入后再有下行的机会损失也并不会沮丧，并且可以在今后的波动反弹中再备兑卖出这只股票。同样也不能为了一点点期权金小利，而在不利的价位下买入标的股票，影响长期投资组合的质量，所以也要充分评估买入价位的合理性。

配对买入认沽期权的唯一目的就是配对保护投资组合中的标的股票，由于买入认沽期权有买入成本，特别是在高隐含波动率水平下，买入的成本较高，因此需要选择合理的行权保护价格、保护期限，是否需要分期滚动配置，以及配合冲抵买入成本的其他策略等。而且我们还要注意，配对买入认沽期权不适合频繁进出的短线交易。

买入卖出领口区间组合是标的股票、认购期权和认沽期权的合成组合，虽然风险可控，但是收益的敞口也已封闭，而且有时组合的成本较高，投资组合长期保持这个区间也不合适，应进行积极管理。领口区间组合应根据未来的市场预期、隐含波动率水平，以及你持有的长期投资组合的位置状况进行平衡设计，如果采用积极进取的进攻态度，或者判断未来市场会有上行趋势，可以设置较远的区间上限位置，争取标的股票有一个上涨的空间；如果采用消极保守的防御态度，或者判断未来市场会有下行趋势，可以设置较近的区间下限位置，争取标的股票可以就近保护。另外，还要考虑构建区间组合的成本和其他补偿措施，以及抽换和滚动重置区间组合的问题。

所以，维护一个长期投资组合：一是要配置优质的标的股票，或者当前某个优质板块或题材的 ETF 指数基金，并且要随时根据市场轮动情况和股票/基金的市场表现进行调仓；二是要利用备兑期权和担保期权的优势，利用期权设置合理的价位增持和减持标的股票，并可以在波动中套利；三是市场下行时，一定要配对保护标的股票，或者滚动设计一个区间组合，在波动中保护与套利。另外，delta 对冲与对冲套利也是一个必备的辅助性方法或工具。

第三章　期权设计与应用场景

根据市场应用分析，期权市场可以分为三大交易类型：一个是套利，一个是对冲，一个是投机。

"套利"可以分为无风险套利（过程中无风险不再对冲）、有风险套利（过程中有风险需要对冲风险）；定价差异套利、波动对冲套利（过程中均有风险需要对冲）。"期权套利"大多是无风险套利或者确定性较高的对冲套利交易，需要规模效益和大型计算机交易软件，中小型机构和散户很难做到，大多是大型机构和专业公司在操作交易。而且随着大家对期权理论和技术的认识深入与交易实践，套利技术日臻完善，成熟的资本市场也基本趋于理性波动。当前，西方对冲基金利用期权的非线性价值在波动中套利越来越火，并且已经成为对冲基金长期主要的盈利模式。另外，交易所也可以利用期现对冲套利不断迭代修正定价，辅助优化设计定价系统，使得期权市场的价值定价和标的股票市场的波动更加公平合理。

"对冲"的应用市场发展迅速，随着个股期权、商品期权的推广应用，期权工具因为有多维度，运用更加灵活，较融券和期货的优势及价值越来越明显，典型如配对买入认沽期权，反向可两斜线完全对冲、正向平斜线可无限取利。期权作为小成本、大杠杆对冲工具，在"对冲"的应用领域与市场参与者越来越多，包括场内、场外期权和各类商品期货期权的头寸规模控制与风险敞口管理。而且要稳定市场、健康发展，必须要能够场内交易，应大力发展大众都能够参与的个股期权（大众都能使用个股期权工具），才能抑制个股大涨大跌及市场波动，而场外交易只是机构的对赌协议，对资本市场的有利影响并不大。所以，如果能倡导一些作为市场大盘基础的"权重股""蓝筹股"发行个股期权,并规定在一定价格区间进行备兑或担保对冲,如市场下跌,大股东卖出看跌期权,散户可以买入看跌期权保护,不用杀跌抛售股票,可以稳定股价;如市场上涨,大股东卖出看涨期权,散户可以买入看涨期权投机,不用追高买入股票,可以稳定股价。这样,期权市场与股票市场分担波动、互动互补,股票市场可能就会理性波动,能够保障资本市场基本盘的稳定运行。

"投机"具有很大的不确定性与风险,大型机构及专业公司一般都不敢参与,有些市场监管的法律法规还规定,公私募基金公司不得投资参与投机性强、风险较大的投资组合方案。中小型机构及散户比较灵活,投资规模较小,系统风险总体可控时,可以做一些敞口区间可控的风险性投机。现在一些优秀的中小型机构利用期权的半定向优势开发研制出一些可以控制设计区间、不用判断方向的策略和技术,加之量化模型和 AI 技术的应用,可以预见不远的将来,以中小型机构和散户为主体的使用期权工具的投机市场从质和量上都会飞速发展。

中小型机构和散户应该在期权市场中明确定位,我们只是参与者,不是定价者,只能按照人家的规矩,利用自己的技术和能力赚钱。我们不必考虑市场定价合不合理、市场规则合不合适,只要你的技术比别人强,能发现盈利机会,能构建优质策略,就能够赚钱。如果你觉得市场不合理、机会不平等,不要抱怨,你可以不参与;而且如果你有技术能力,你还可以利用这种机会逆向交易。需要特别强调的是,我们学习和研究期权理论及交易技术,是提倡一种有底线、可量化的技术性投机博弈。

综观世界资本市场的发展格局,西方金融市场交易者和经济学家大多认为,期权在这个不稳定的金融时代具有重要意义和价值,它有量化的价格发现机制,可以抑制市场波动。我们知道,期权有助于以高杠杆比例构建套期保值头寸,有很多具体表达套利避险和市场均衡的方法与技术,可以防止二级市场的下跌。而且期权是一个独立市场,是一个以二级市场为标的的衍生品市场,可以内循环交易,不会严重干扰和影响二级市场的波动起伏(就如同一二级市场的关系),而且有抑制二级市场的不正常波动作用。建议国家尽快扩大第三战场(交易期权的三级市场),三个市场可以独立运作、互为补充、互相保护，完善和健全我国资本市场的发展格局和交易机制，保证我国资本市场的健康和安全。

我们认为，我国当前存在的最大问题是期权市场太过于小众化，很多人对期权并不了解，却认为期权是大杠杆、高风险的衍生品工具，避之而不及，实际上，只要不裸卖空，期权只有有限成本和损失。现在国内市场除偶尔有所谓专业人士把期权作为简单的直接对冲工具之外，很少有人利用期权工具进行投机或套利。从期权的知识层面上来看，期权对数学和经济学的要求非常有限，关键是因为其几何及数学上的对称性，并可以变化多端，反而导致其太过烦琐而复杂，如果不清楚其中的逻辑关系会很难理解期权交易的价值，比如一个简单的价差空间，就会有正向价差组合、反向价差组合、正向铁价差组合、反向铁价差组合、正反向比率价差组合、蝶鹰式价差组合等看似非常复杂的组合方式，而如果掌握了期权价差的基本逻辑，比如期权的价差交易就是买入一个空间或者卖出一个空间，有封闭的买入或者有保护的卖出等，实际上就非常简单，而且很容易驾驭。所以，建议国家有关资本市场监管部门尽快开展对期权知识和交易技术的普及化教育，培养一些期权工作者和一些期权交易者，提高普通投资者的基本交易素质。

期权理论自1973年布莱克和斯科尔斯的B-S期权定价模型获得诺贝尔奖，并得到全世界金融市场的广泛认同和采纳之后就已经成熟，迄今为止再没有发现所谓新的理论创新，也很难创新。所以本书认为，成熟的期权理论与经典的工程技术一样，没有必要长篇累牍地摘录和转载有关期权的理论及公式的论证过程，只需要叙述涉及策略设计和交易技术的有关条件和结论。作为中小型机构和散户交易者，他或她只需要了解每一个期权策略或技术的数学关系、经济学意义和交易逻辑就可以了。关键还是应用创新，包括策略研发、技术迭代，如设计布局、策略变换、量化控制、自动交易等。

笔者自2015年4月通过上海证券交易所期权交易知识考试123级水平之后，开始频繁参与期权市场交易。近10年来学习和研究了国内外大量关于期权理论、组合策略和交易技术的书籍及参考资料，深深感到有关期权的市场应用策略和设计布局技术研究较少、深度有限。大多数书籍都只是罗列了期权的各种标准策略或标准组合,而少有从市场应用场景来探讨期权的技术策略、设计布局,特别是在交易过程中的变换布局问题,更没有涉及关于期权的灵活性设计技术,也许是出于商业机密的考虑,也许是还在研究开发之中。而且在我国,关于期权的技术应用和市场推广也太过于小众和弱势。

根据近年来参与期权市场交易的经验与教训,我们就有关期权市场的技术策略和设计布局进行一些实践性探讨,供大家参考与批评,但不作为市场交易的建议。

根据期权市场的应用场景和期权的四维功能及斜平线半定向特征,我们通过多种策略交易测试后发现,利用期权的多博弈角度,如博正向、博波动、博方向(作双向组合博任一方向),在有些市场条件下,我们似乎可以重新定义问题,重新构建策略布局,以及根据不同的市场应用场景进行期权及组合的灵活性设计。

如果重新定义问题,利用期权有斜平线半定向特征和四维双向组合优势,有些市场应用场景或者有些策略组合布局就可以"不做判断"。不做判断的价值是,可以不做市场方向和位置的判断,无论正向反向,或者波动不波动,在布局后略做一两次调整,就可以取利,至少少有损失。在交易实践中,我们经常不用做方向判断(而且绝大多数情况下也判断不准,除非是股神),只要控制好区间,合理组合,量化布局,等待突破(涨跌均可)或中性不变(守株待兔),也可以获利。这样,我们就可以根据不同的市场形态和需求,设计一个布局,控制一个空间,配置一个组合,并且可以量化和 AI 化这些布局、空间、组合,实现自动控制与交易。

本章我们利用期权的比较优势和交易经验,对市场的应用场景进行了解构和分类,试图重新定义问题、重构策略组合以及重建期权设计布局方案,并采用了以市场为导向的总体设计思维方法构建设计的逻辑。

第一节　关于总体设计思路

如果从总体设计的视角看待和解构期权设计，首先要做好总体布局，在"不做判断"的情况下，总体布局的目标设计更为重要。首先应根据当前市场环境，选择明确的设计主题，如是拦截行情、卖出价值，或是追踪波动，还是做双向布局等待未来一个方向的突破。然后进行期权策略的组合设计，如设计一个布局，控制一个空间，或者配置一个组合。而且一个目标可以有多种策略组合和设计布局方案，应根据市场形态多方案比选与优化布局，应分析当前及未来的波段位置及波动强度，根据市场的边界条件控制预期的位置状态、论证设计方案，优化组合布局。例如拦截行情，如果波幅较长，可以买入合成标的股票；如果波幅有限，则宜采用价差组合布局。例如追踪波动，如果波动较大，可以采用买入跨式组合追踪波动来回获利；如果波动较小，则可以控制一个波动区间，利用中介工具在波动中来回进出来回取利。

总体协调是以问题为导向，策略组合和设计布局方案建仓落地后，要根据市场的形态变化进行协调性设计和动态调整，甚至要变换设计布局。如正向设计的买入认购期权，市场涨有限，则应变换为价差组合，之后市场中性，则可变换为正比率价差组合，之后市场又正向，则应变换为买入蝶式价差组合……

总体配合是根据目标与条件以结果为导向，合理配置当前持仓的设计参数及希腊字母，构建一个有具体设计参数和希腊字母的期权设计技术指标，量化表达期权策略组合的持仓位置、持仓规模和未来的风险敞口及损益价值。如设计一个虚平实值 SK 距离区间、用行权价格 K1K2 控制的一个虚平实值区间、配置一个比率或 Δ 倍率组合等，进行期权的灵活性设计，以获取最合理的损益率预期。

一个优秀的设计方案必须是在总体设计的框架中进行灵活性设计。期权的灵活性设计：一是要考虑当前及未来的波动形态空间，如果市场中期权的隐含波动率大于预期的未来波动率，则宜以卖出肢为主，并且需要做极端情况下的对冲保护，如果隐含波动率小于预期的未来波动率，则宜以买入肢为主，并且可以做价差组合进行有限冲抵；二是要进行位置状态的区间设计，如果市场偏强，可以采用希腊字母较大的平值区间，以争取较大的收益，如果市场偏弱，可以采用希腊字母较小的虚值区间，以降低成本；三是要考虑市场流动性和波动率差异，选择不同的设计工具，如组合布局可以只采用认购期权或者认沽期权的单一期权布局，也可以采用认购期权与认沽期权的混合期权布局，甚至可以采用铁价差组合布局等。这样，通过长期交易和多策略组合的变换拆解及合成实践，我们就可以进入理想的"自由王国"，可以把任意组合分解为一个个标准组合单元的斜平线敞口，逻辑简单清晰；也可以把一个标准组合单元的斜平线敞口变换为适应于任何市场形态的期权最优化组合设计，紧扣市场主题。

第二节 市场应用场景与期权设计

根据多年的市场分析和交易经验，我们把市场应用场景分为以下几种类型，包括拦截行情、追踪波动、设计布局、卖出价值、变换布局、对冲组合等，并根据交易实践和经验进行了相应的方案比选论证和期权组合设计。以下是从我们的"市场应用场景及系列布局设计策略测试研究方案"中撷取一些典型案例进行简单化示范，但不构成任何交易建议。

一、拦截行情等待位移

市场是不确定的，但是在不确定中也会有确定性事件或大概率事件发生，这时可以拦截行情，如买入半定向单一期权，或为冲抵买入成本，买入区间合成做多或者合成做空组合、买入价差组合、买入反向比率组合等策略组合的设计方案。

这个应用场景的总体布局目标比较明确，应单向、及时、大效率。但还是要重视总体协调与配合设计，要分析波动强度及范围，根据类似图形和应用场景的历史波动率数据（专业机构或专业人士都会有典型历史图形的波动率数据库）以及市场认同的隐含波动率进行波动分析，如剩余时间的波动率 σT 多大，当前价格 S 和剩余时间 T 内的一个标准差范围 SxσT 有多长等，以控制设计策略的价差空间，降低成本。另外，还应根据期权市场的隐含波动率赋值差异，如波动率有倾斜或在微笑，选择虚值状态，或配合其他期权工具，如买入类期权的波动率偏高，可以选择铁价差组合布局等。

买入半定向单一期权、买入价差组合、买入反向比率组合等均属于标准化策略，前已叙及。现举例说明几种特殊而有效的拦截行情组合设计。

(1) 买入合成区间组合

如果市场有正向预期，为提高效率，并降低买入成本，我们可以买入一个合成做多的区间组合，两权的设计区间和布局位置应考虑总体协调与配合问题。

如当前标的股票价格 S 为 53 元，买入一张虚值认购期权 Lck55 价格为 2.6 元，同时为了提高效率、降低成本，再卖出一张虚值认沽期权 Spk50 价格为 1.9 元，构建一个买入合成股票区间组合 Spk50～Lck55 元，组合有成本 0.7 元。如图 3.1.a 所示。

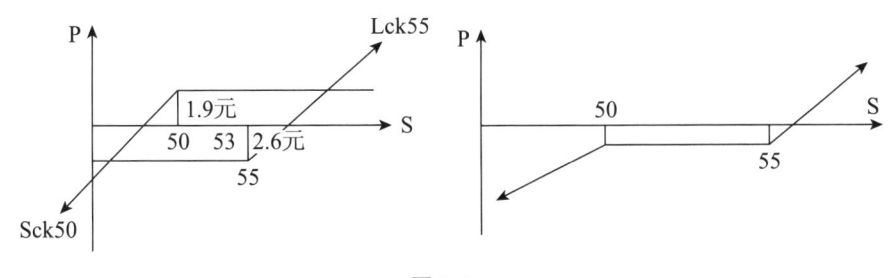

图 3.1.a

1) 设计方向：市场看涨。

2）最大收益：收益无限。

3）最大亏损：50.7元。

4）解盘分析：

a. 到期日，如果标的股票价格 S 在行权价格 50 元以下，买入的认购期权 Lck55 为虚值期权，期权合约的价值为零，卖出的认沽期权 Spk50 为实值期权会被行权，期权合约有价差损失（50-S）元，加上期初构建组合的成本 0.7 元，组合有损失 [（50-S）+0.7] 元。而且随着股票价格下跌至零，组合有最大损失 50.7 元，应进行对冲保护。

b. 到期日，如果股票价格 S 在行权价格 50~55 元，买入的认购期权 Lck55 和卖出的认沽期权 Spk50 均为虚值期权，期权合约的价值均为零，组合只有期初构建组合的成本损失 0.7 元。

c. 到期日，如果股票价格 S 在行权价格 55 元以上，卖出的认沽期权 Spk50 为虚值期权，期权合约的价值为零，买入的认购期权 Lck55 为实值期权可以行权，期权合约有价差收益（S-55）元，加上期初构建组合的成本 0.7 元，组合有收益 [（S-55）-0.7] 元。而且随着股票价格无限增长，组合的收益也无限增加。

5）希腊字母表现

下斜线经 K50 至 Spk50 与 Lck55 两曲线拐点区段为空头区间，有希腊字母 $+\Delta$、$-G$、$-V$、$+\theta$；Spk50 与 Lck55 两曲线拐点经 K55 至上斜线区段为多头区间，有希腊字母 $+\Delta$、$+G$、$+V$、$-\theta$。应注意空头区间希腊字母 Δ 风险无限。

6）交易经验与变换技巧

a. 如果开仓以后就拦截上一波行情，预期再无一至两个标准差长度的波动，则可以平仓了结获利。如果这一波行情较小，预期还会有一两个标准差大的峰值行情，也可以再卖出 S 前向权位的认购期权 Sck60 或 Sck65。这时，三权会组合成为一个有两个正向阶梯的结构损益图，希腊字母从左到右会经历无限空头、多头、空头有限区间。如图 3.1.b 所示。

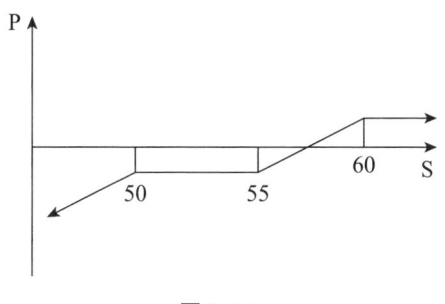

图 3.1. b

b. 如果开仓后股票价格 S 持续在 50~55 元中性波动，可以卖出两份更虚值的认购期权 Sck60，构建一个正向比率价差组合。如图 3.1. c 所示。

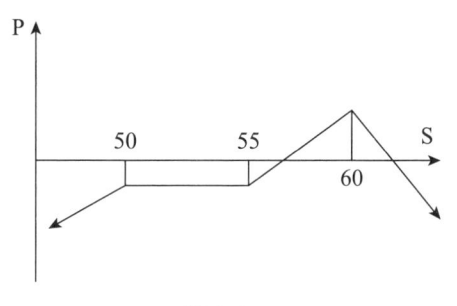

图 3.1. c

如到期日 S 仍在 50~55 元，全部期权均为虚值，期权合约的价值为零，则组合的损益为构建组合的全部期权的成本与收益的代数和。

c. 如果开仓持续一段时期后，因利空消息影响市场突然反转并持续震荡，可以买入一张认沽期权长期权 Lpk50，同时卖出一张认购期权长期权 Sck55，四个期权合成为一个在 K50 处买入的认沽期权日历组合（买入认沽期权长期权 Lpk50+卖出认沽期权短期权 Spk50）和一个在 K55 处卖出的认购期权日历组合（卖出认购期权长期权 Sck55+买入认购期权短期权 Lck55）；或合成为一个买入认沽期权长期权 Lpk50+卖出认购期权长期权 Sck55 的反向区间组合和一个买入认购期权 Lck55+卖出认沽期权长期权 Spk50 的正向区间组合。短期权到期日，无论标的股票价格 S 在何处，四权价差全部对冲，组合的损益为构建组合的全部期权的成本与收益的代数和。如图 3.1. d 所示。

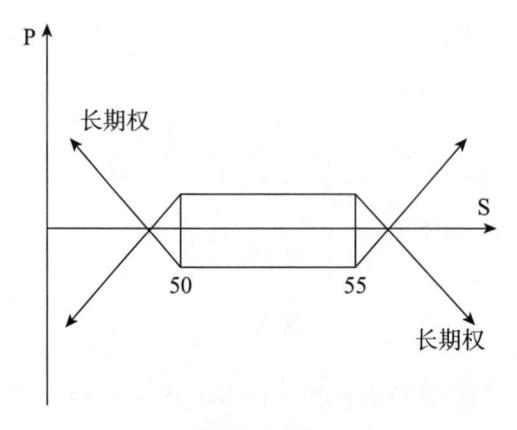

图 3.1.d

而如果反向已成趋势，并且会持续一个波段，则应在四权合成对冲价差的基础上，再买入一个认沽期权 Lpk50 拦截下跌行情，也可以为了提高效率，再卖出一个同 K 位的认购期权 Sck50，合成为一张卖空股票 S50，取高效的反向之利。

从以上例子可以看出，我们当然是希望组合布局建仓以后就按照我们的预期进行发展，但遗憾的是总会有一些挫折和差错，迫使我们不得不在原来的基础上重新构建更加适合的组合设计。如果重复多次，对消极的交易者来说，这似乎就是宿命。但值得庆幸的是，期权的特点和优势，让我们可以应对各种复杂的市场变化，把每一次危机变成机遇，并且在应对过程中还充满了设计的乐趣。这也是协调设计、变换设计的魅力。

期权有平线区间有时间价值，所以让我们有时间和空间调整设计，重新定义问题，重新变换设计布局，比如我们可以利用已有期权的方向、位置和价值，用它来对冲新加入期权的风险，或冲抵新的期权的成本等。

如果一开始比较顺利的话，我们还可以加仓，或者是用另外的期权进行组合设计。通过交易实践我们认为，用另外期权进行组合设计在今后变化中比单一期权加仓有更多优势，如持续正向，我们不是对原区间组合加仓，而是重新再开一张新的看涨期权，重新设计构建一个标准价差单元。因为原区间组合已接近中实值，期权的非线性价值已经较小，而这张新认购期权的非线性价值较大，可以在其他定价参数的变化中获得优势，并且我们也可以以这张期权为基础，再做一个组合，原来的区间组合获利退出。

如果开仓后持续中性，我们首先想到的就是冲抵原组合的成本损失，然后再重新布局。实际上，如果中性持续，我们有很多期权工具可以用来冲抵这些损失，甚至还可以卖出多比率进行套利。中性市场对冲冲抵有很多种方案，卖出日历组合、卖出价差组合，甚至可以对角化配置组合。当然，我们也要考虑中性对冲等待一段时间，在趋势明朗之后我们再做正向或者反转的预期方案。

如果已形成反向趋势（正向也如此），平掉对冲仓放开主仓敞口是一种选择，另开一张或一组期权也是一个方案。鉴于前已叙及的期权优势，我们还是倾向于另开一组期权的方案。

在实际交易中，我们还要从希腊字母的平衡上更细腻地处理一些问题，如多空组合变换中希腊字母的量化控制、中性过渡、敞口转换，如 Δ 从正到零再到负，或者反之，以保证组合安全、风险可控。

在最极端情况下，我们会配置两仓的 Δ 倍率使之完全对冲，只要市场有流动性，我们就有可能配置完全对冲的中性组合。

从这个例子中，我们可以看出期权变换的多样性、灵活性及趣味性，从开始的一个期权，可以变换到两个三个四个五个六个期权，甚至更多期权的组合，以不断适应各种不同的市场情况变化。从这个意义上来讲，我们是在不断地重新定义问题、重新调整设计、重新优化布局。所以，所谓重新定义问题，就是不一定非要准确地预测准方向、位置，而且也不可能准确预测，除非你是一个神。

因为期权变化无穷、组合无尽，而且有一定的变换空间与时间、价值与保险，可以有足够的反应时间和调整空间，有足够的策略和组合，我们可以兵来将挡、水来土掩，先中性对峙，再东山再起。

（2）卖出认沽期权的正向铁价差组合

如果当前期权市场隐含波动率有显著的倾斜或微笑现象，虚值认沽期权的隐含波动率水平较高，可以卖出一个认沽期权的正向铁价差组合，然后再根据市场变化进行设计变换。

例如，当前市场的隐含波动率有微笑形态，标的股票价格 S 为 50 元，卖出一张实值认沽期权 Spk55 价格为 6.9 元（隐含波动率赋值较高），同时买入一张平值认沽期权 Lpk50 价格为 2.6 元，构建一个卖出认沽期权的正向铁价差组合 Spk55+Lpk50，组合有收益 4.3 元。如图 3.2.a 所示。

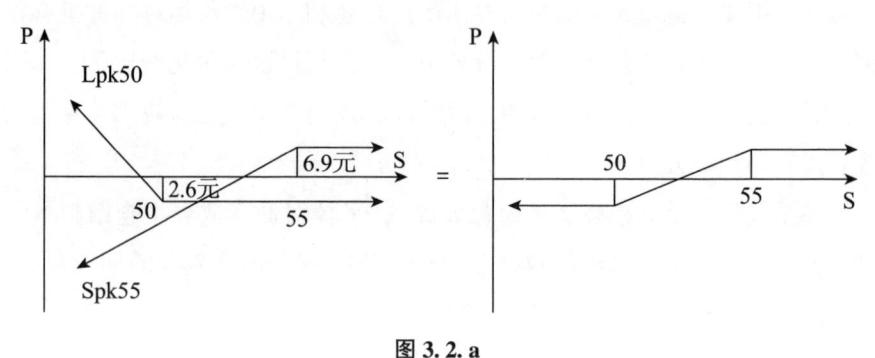

图 3.2.a

1) 设计方向：市场看涨。

2) 最大收益：4.3 元，或随设计变换而定。

3) 最大亏损：0.7 元，或随设计变换而定。

4) 解盘分析：

a. 到期时，如果标的股票价格 S 下跌越过行权价格 K50，则卖出的认沽期权 Spk55 与买入的认沽期权 Lpk50 均为实值期权要行权，Spk55 合约有价差损失 (55-S) 元，Lpk50 合约有价差收益 (50-S) 元，两仓对冲后有损失 5 元，加上期初构建组合的收益 4.3 元，组合有损失 0.7 元。

b. 到期时，如果股票价格 S 在行权价格 50~55 元，则买入的认沽期权 Lpk50 为虚值期权，期权合约的价值为零，卖出的认沽期权 Spk55 为实值期权会被行权，Spk55 合约有价差损失 (S-55) 元，加上期初构建组合的收益 4.3 元，组合有损益 [(S-55)+4.3] 元。

c. 到期时，如果股票价格 S 上涨越过行权价格 55 元，则买入的认沽期权 Lpk50 与卖出的认沽期权 Spk55 均为虚值期权，期权合约的价值为零，组合有期初构建组合的收益 4.3 元。

5) 希腊字母表现

卖出认沽期权的正向铁价差组合的希腊字母与普通正向价差组合完全

一致，希腊字母的风险可控。

6）交易经验与变换技巧

a. 卖出正向铁价差组合构建之后。如果市场如预期上涨甚至大涨，则市场的隐含波动率水平会明显下降，组合有波动率变化的收益，可再买入一张认购期权Lck55，三权合成为一张左移一个价差的买入实值认购期权Lck50，取上涨的高效率之利。如图3.2.b所示。

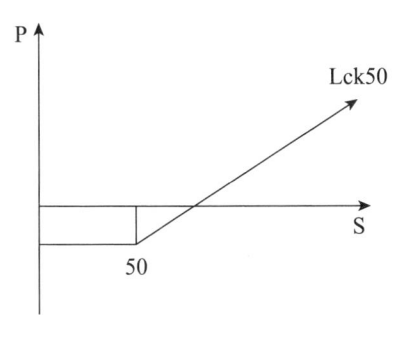

图3.2.b

b. 卖出正向铁价差组合构建之后。如果市场下跌甚至形成反向趋势，应在K50处卖出一张认购期权Sck50，与原Lpk50构建一个卖空的合成股票组合Sck50+Lpk50，并可以在K1K2之间对冲Spk55的损益。实际上三权合成为一张右移一个价差的卖出实值认购期权Sck55，可取反向减值之利。如图3.2.c所示。

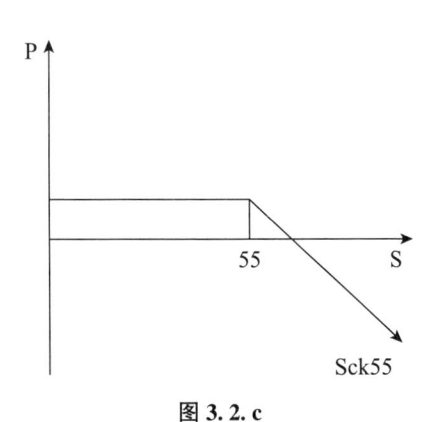

图3.2.c

(3) 关于价差组合对角化策略设计

1) 买入日历组合对角化

如果大家有较强的看跌预期，市场情绪波动，本月认沽期权的价值较高，可以买入认沽期权的价差组合并对角化处理，构建一个买入认沽期权的对角组合，拦截这一波下跌行情及恐慌情绪。

当前标的股票价格为53元，买入一张6月实值认沽期权Lpk55价格为6.6元（其中内在价值2元、时间价值4.6元），卖出一张5月虚值认沽期权Spk50价格为3.3元（全部都是时间价值），构建一个5月Spk50/6月Lpk55的对角价差组合，构建组合的成本为3.3元。如图3.3.a所示。

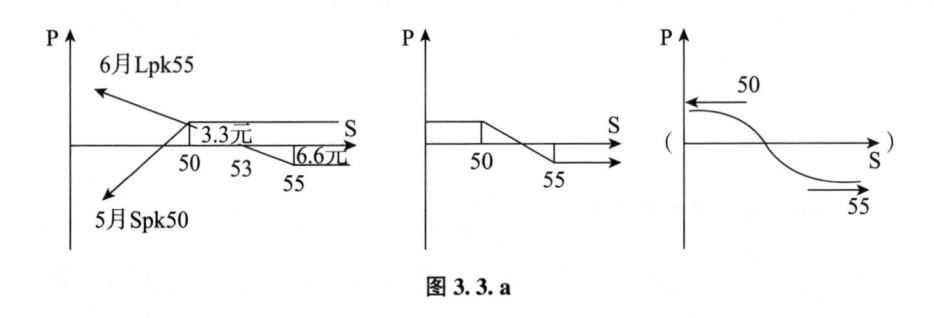

图3.3.a

a. 到期时，如果标的股票价格为50元以下，卖出的5月认沽期权Spk50与买入的6月认沽期权Lpk55均为实值期权需要行权，Spk50合约有价差损失（50-S）元、时间价值为零，Lpk55合约有价差收益（55-S）元、剩余时间价值为Pt（可以卖平为收益），两仓损益对冲后，组合有收益 [（55-S）-（50-S）+Pt] =（5+Pt）元，减去期初构建组合的成本3.3元，组合的总收益为（1.6+Pt）元。由此可见，长期权的剩余价值Pt越大，组合的收益越大。

b. 到期时，如果股票价格在行权价格50~55元，卖出的5月认沽期权Spk50为虚值期权，期权合约的价值为零，买入的6月认沽期权Lpk55为实值期权可以行权，Lpk55合约有价差收益（55-S）元、剩余时间价值为Pt（可以卖平），组合有损益（55+Pt-S）元，减去期初构建组合的成本3.3元，组合的总损益为（51.6+Pt-S）元，如果股票价格S大于（51.6+Pt）；则组合有亏损，如果股票价格S小于（51.6+Pt），则组合有收益。同样，长期权的剩余价值 Pt 越大，组合的收益越大。

c. 到期时，如果标的股票价格为 55 元以上，卖出的 5 月认沽期权 Spk50 与买入的 6 月认沽期权 Lpk55 均为虚值期权，卖出的 5 月认沽期权 Spk50 的合约价值为零，买入的 6 月认沽期权 Lpk55 的合约有剩余时间价值 Pt，减去期初构建组合的成本 3.3 元，组合有损失为 (3.3-Pt) 元。

通过以上示例可以看出，组合在短期权到期时，买入的长期权的剩余价值 Pt 值大小是买入日历组合和买入对角组合获利的主要因素之一，而长期权时间价值减值的主要因素是 SK 距离。所以，在设计对角组合时，应分析长期权与短期权的时间价值差异，以及未来长期权在短期权持续期内会移动的距离。

2）卖出日历组合对角化

现在我们用卖出日历组合构建相同位置的对角价差组合，进行比较分析。

当前标的股票价格为 53 元，买入一张 5 月实值认沽期权 Lpk55 价格为 4.3 元，卖出一张 6 月虚值认沽期权 Spk50 价格为 6.3 元，构建一个 6 月 Spk50/5 月 Lpk55 的对角价差组合，构建组合有收益为 2 元。如图 3.3.b 所示。

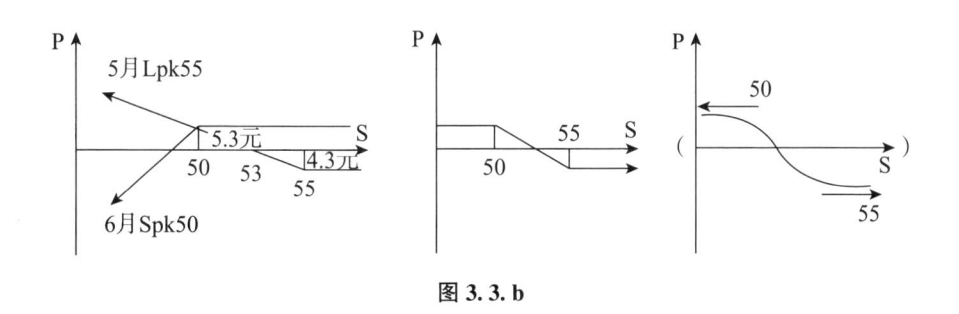

图 3.3.b

a. 到期时，如果标的股票价格为 50 元以下，卖出的 6 月认沽期权 Spk50 与买入的 5 月认沽期权 Lpk55 均为实值期权需要行权，Lpk55 合约有价差收益 (55-S) 元、时间价值为零，Spk50 合约有价差损失 (50-S) 元、剩余时间价值为 Pt（需要买平为损失），两仓损益对冲后，组合有收益 (55-S) - (50-S) -Pt= (5-Pt) 元，加上期初构建组合的收益 2 元，组合有收益（7-Pt）元。

通过以上示例可以看出，买入日历组合是买入长期权，短期权到期时，长期权有剩余价值 Pt 需要卖平，视为收益。卖出日历组合是卖出长期权，短期权到期时，长期权有剩余价值 Pt 需要买平，视为损失，另外还有两权的定价赋值差异等，可能会有一些个案问题。

b. 到期时，如果股票价格在行权价格 50~55 元，卖出的 6 月认沽期权 Spk50 为虚值期权，但期权合约有剩余时间价值为 Pt，买入的 5 月认沽期权 Lpk55 为实值期权可以行权，Lpk55 合约有价差收益（55-S）元，两仓损益对冲后，组合有损益〔(55-S)-Pt〕元，加上期初构建组合的收益 2 元，组合有损益〔(55-S)-Pt+2〕元。

c. 到期时，如果标的股票价格为 55 元以上，卖出的 6 月认沽期权 Spk50 与买入的 5 月认沽期权 Lpk55 均为虚值期权，卖出的 6 月认沽期权 Spk50 的合约有剩余价值 Pt，加上期初构建组合的收益 2 元，组合有损失（Pt-2）元。同样，长期权的剩余价值 Pt 越大，组合的损失也越大。

二、追踪波动等待来回

市场波动是资本市场的极常见形态，而期权是波动的工具，可以利用期权的斜平线特征设计控制一个波动区间，追踪来回波动。

追踪波动等待来回的总体设计思路是控制一个波动区间，可以不用判断方向和位置，来回追踪标的股票价格 S 在区间内的波动取利。利用期权的半定向功能在波动区间设计布局，区间内敞开、区间外对冲。并通过 Δ 值来回变化的量化数值信息引入反向中介工具来回进出、倒买倒卖 Δ 值取利，典型如控制当前标的股票的支阻线位置区间，买入一个两虚值宽跨式 U 型组合，利用卖出期权 Sck/Spk 作为中介工具，追踪股票价格 S 在区间内来回波动取利。现举例如下：

例如，当前标的股票价格 S 为 50 元，市场在大波动，经观察分析，波动区间的支撑线位置在 45 元左右、阻力线位置在 55 元左右。买入一张虚值认购期权 Lck55 价格为 1.3 元、买入一张虚值认沽期权 Lpk45 价格为

1.9元，构建一个买入跨式区间 Lpk45+Lck55，组合有成本 3.2 元。如图 3.4.a 所示。

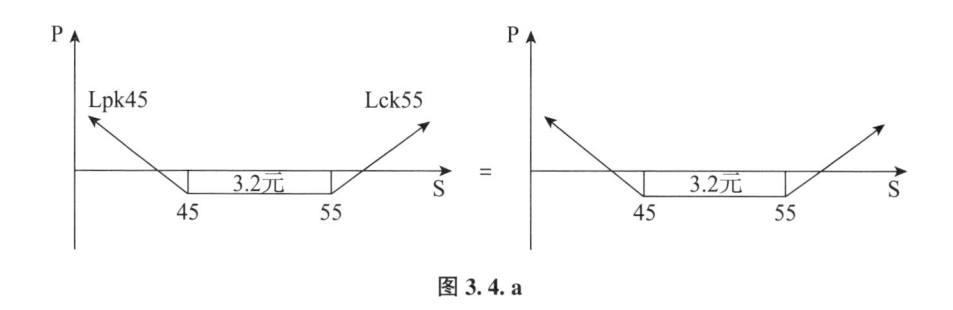

图 3.4.a

1）设计方向：市场双向波动、有限涨跌。

2）最大收益：根据中介工具进出收益计。

3）最大亏损：期初构建组合的成本 3.2 元。

4）解盘分析：

期初对称买入认购和认沽期权的宽跨式组合是一个基本保持 Δ 为零的中性组合，开仓后，随着股票价格 S 的波动，以持仓组合的 Δ 率变化控制中介工具如买入股票或卖出期权进出，进行 Δ 对冲，并可以在 S 的来回波动中不断地进出进行 Δ 对冲套利，是这个策略的设计思路。中介工具可以选择 Δ 倍率的当量股票 S 进行 delta 对冲，可以选择与买入期权同类的卖出同 K 位期权如 Sck55 或 Spk45 进行数量对冲，也可以选择与买入期权同类的卖出同 K 位较长期限的长期权如下月 Sck55 或下月 Spk45 进行数量对冲。

采用 Δ 倍率的当量股票 S 进行 delta 对冲，需要在每一个波动中计算当量股票进出的 Δ 倍率，稍微烦琐一些；卖出同类同 K 位同数量期权比较简单，而且因为买入与卖出期权是配对期权，SK 距离一致，Δ 倍率也相同，数量对冲实际上也是 delta 对冲。但是因为两个期权是配对期权，当日会被交易平台自动平仓，所以只能局限于日内交易；卖出同类同 K 位同数量的长期期权，可以避免当日被自动平仓，所以可持续交易，但因长短期期权的 Δ 倍率不一致，delta 对冲也比较麻烦，宜进行数量对冲。

a. 如果开仓后标的股票正向波动，股票价格 S 接近 K55，组合的 $\Delta>0$，则可以融券卖空当量比率的标的股票，使组合的 Δ 回归中性，例如股票价格 S 正向移动，使组合的 Δ 变为+0.3，即组合有正向浮盈 0.3×10000 股＝3000 股股票头寸（一张期权合约为 1 万股股票，1 股股票的 Δ 为+-1），则可以卖出 3000 股股票（卖空 3000 股股票的每股 Δ 为-0.3）与之覆盖对冲并锁利，使组合的 Δ 又变为 0 回归 delta 中性。

等待股票价格 S 触及阻力线后，又波回中间 50 元位置附近，买入两个期权的 Δ 代数和为零，但卖空股票的 Δ 仍为-0.3（股票的 Δ 为 1 始终不变），则全组合的 Δ 为-0.3，我们可以买平这 3000 股股票，使组合的 Δ 又变为 0 回归 delta 中性，完成半个循环，同时可以获得买平 3000 股股票之利：3000 股×S 元/股，其中 ΔS 为卖空股票处到买平股票处的距离。

如果采用卖出期权作为中介工具进出，当股票价格 S 接近 K55，组合的 Δ>0 时，则可以等量卖出认购期权 Sck55 与买入的认购期权 Lck55 配对对冲，这时卖出 Sck55 的 Δ 与买入 Lck55 的 Δ 完全对冲，但是组合的 Δ，实际上是 Lpk45 的 Δ 并没有对冲，但没有 Δ 风险。如图 3.4.b 所示。

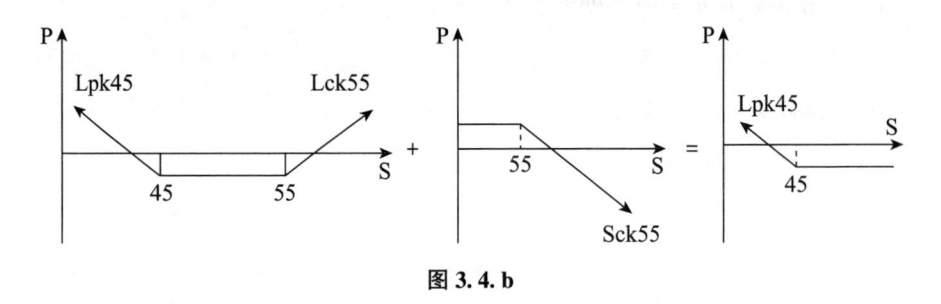

图 3.4.b

例如，股票价格 S 正向移动，使组合的 Δ 变为+0.3，但注意这时 Lck55 的 Δ 可能是+0.5、Lpk45 的 Δ 可能是-0.2，即组合中 Lck55 可能产生了 0.5 的正向 Δ 头寸、Lpk45 可能产生了 0.2 的反向 Δ 头寸。因为买入期权损失有限，还可能在波动中波回，所以我们可以分别考虑单边对冲。假如这时 Lck55 产生了 0.5 的正向 Δ 头寸，我们可以卖出 Sck55（Δ 为-0.5）与 Lck55 对冲并锁利，使 Sck55 与 Lck55 组合的 Δ 对冲为 0，并且因为两权互为对手盘，两权的 Δ 会一直对冲为零。

等待股票价格 S 触及阻力线后，又波回中间 50 元位置附近，两个期权的 Δ 会同步减少，这时可买平 Sck55 出局（基于交易程序设计的规则），使原买入跨式组合的 Δ 为 0 回归中性。完成半个循环，同时可以获得买平 Sck55 的期权之利（卖高买低之利）。

如果使用长期权工具，如卖出长期权 Sck55，与同期期权一样，只是进出时的价值不同，卖高买低的收益不同而已。

b. 如果之后股票价格反向波动接近 K45，组合的 Δ<0，则可以买入当量比率的标的股票，使组合的 Δ 回归中性，例如之后股票价格 S 反向波回，使组合的 Δ 变为 -0.3，即组合有反向浮盈 3000 股股票头寸，则可以买入 3000 股股票（买入 3000 股股票每股的 Δ 为 +0.3）与之对冲并锁利，使组合的 Δ 又变为 0 回归中性。

等待股票价格 S 触及支撑线后，又波回中间 50 元位置附近，买入两个期权的 Δ 代数和为零，但买入股票的 Δ 仍为 +0.3，则全组合的 Δ 为 +0.3，我们可以卖平这 3000 股股票，使组合的 Δ 又变为 0 回归中性，完成一个循环，同时可以获得卖平 3000 股股票之利：3000 股×ΔS 元/股，其中 ΔS 为买入股票处到卖平股票处的距离。

同样，如果采用卖出期权作为中介工具进出，当股票价格 S 接近 K45，组合的 Δ<0 时，则可以等量卖出认购期权 Spk45 与买入的认购期权 Lpk45 配对对冲，这时卖出 Spk45 的 Δ 与买入 Lpk45 的 Δ 完全对冲，但是组合的 Δ，实际上是 Lck55 的 Δ 并没有对冲，但没有 Δ 风险。例如股票价格 S 反向移动，使组合的 Δ 变为 -0.3，但注意这时 Lpk45 的 Δ 可能是 -0.5、Lck55 的 Δ 可能是 +0.2，即组合中 Lpk45 可能产生了 0.5 的反向 Δ 头寸、Lck55 可能产生了 0.2 的正向 Δ 头寸。我们考虑单边对冲，假如这时 Lpk45 产生了 0.5 的反向 Δ 头寸，我们可以卖出 Spk45（Δ 为 +0.5）与 Lpk45 对冲并锁利，使 Spk45 与 Lpk45 组合的 Δ 对冲为 0，并且因为两权互为对手盘，两权的 Δ 会一直对冲为零。

等待股票价格 S 触及支撑线后，又波回中间 50 元位置附近，两个期权的 Δ 会同步减少，这时可买平 Spk45 出局，使原买入跨式组合的 Δ 为 0 回归中性。完成一个循环，同时可以获得买平 Spk45 的期权之利（卖高买低之利）。

如果使用长期权工具，如卖出长期权 Spk45，与同期期权一样，只是进出时的价值不同，卖高买低的收益不同。

c. 随着股票价格 S 在控制区间内来回波动，我们就可以利用中介工具来回进出，组合的 Δ 从 0 到 +Δ 再回到 0，完成一个波段，再从 0 到 -Δ 再回到 0，完成一个循环。这样，就可以在市场的波动期间和期权的存续期间，来回波动，来回进出，来回取利。

5）希腊字母表现

a. 期初构建买入虚值跨式组合的希腊字母分为两个区段，上斜线经 K45 至 Lpk45 与 Lck55 两曲线底点区段为 Lpk 多头区间，有希腊字母 -Δ、+G、+V、-θ；Lpk45 与 Lck55 两曲线底点经 K55 至上斜线为 Lck 多头区间，有希腊字母 +Δ、+G、+V、-θ。

b. 中介工具 Sck55 进入后，两区段仍为多头，Lpk45 主导区段的希腊字母基本不变，Lck55 主导区段仍是净多头，但希腊字母数值略有下降；同样，中介工具 Spk45 进入后，两区段仍为多头，Lck55 主导区段的希腊字母基本不变，Lpk45 主导区段仍是净多头，但希腊字母数值略有下降。

6）交易经验与变换技巧

a. 如果标的股票价格 S 在开仓后或在期中中性不变或者只有小幅波动，没有交易价值，则可在标的价格 S 移动到右侧最大位置时卖出一张认购期权 Sck55 冲抵买入的认购期权 Lck55 的成本；标的价格 S 移动到左侧最大位置时卖出一张认沽期权 Spk45 冲抵买入的认沽期权 Lpk45 成本，组合几乎没有损失。

b. 如果标的股票价格 S 在开仓后或在期中持续单向如持续正向，则可在 K55 附近卖出一张认购期权 Sck55 锁住买入的认购期权 Lck55 的价差之利，然后再买入一张或多张虚值认购期权 Lck60，取持续正向之利。

从以上例子可以看出，期权作为波动性工具具有非常重要的市场意义和应用价值。因为期权可以配对买入与卖出，一对错位买入、卖出的配对认购期权与认沽期权，可以在波动中预留一段潜在的盈利空间后进行对冲保护。

配对期权预留空间配对保护的意义非常重要，有很多应用场景，不仅可以控制一个波动区间，还可以控制一个价差区间，甚至可以控制对角化的价差区间及期间。如买入一张认购期权 Lck55，市场上涨有价差后，可以卖出两张平值认购期权 Sck55 锁利，再买入一张远位虚值的认购期权 Lck60 对冲保护，随着标的股票价格 S 变化，可以平掉获利仓，并保护有利敞口再维持一段空间。最不利情况下还可以配置正反仓的 Δ 倍率构建中性组合完全对冲。

配对买入卖出期权不仅可以在波动中增值时取利，还可以在波动中减值时取利。如市场中性并偏熊，可以卖出认购期权构建反向价差组合 Sck50 与 Lck55，到期时标的股票价格 S 不变或略有下跌，卖出的大值期权 Sck50 的减值比买入小值期权 Lck55 的减值多，有减值的利差之利。而如果预测不准确，市场偏牛市则配对期权可以对冲保护，只会略有损失。

总之，我们可以利用期权在波动中增减值特征、可配对保护的关系，应用于各种场合和各种组合，充分发挥期权是波动性工具的优势。

三、设计布局等待突破

如果市场不定，方向不明，情绪不稳，会有重大事件发生，这时就应该做双向布局、等待突破，如买入跨式布局、卖出蝶式鹰式布局、反向比率价差组合、设计双向日历组合布局，以及其他两边有上平斜线结构的特殊布局方案等，等待突破。

根据我们的交易实践经验，市场情况不明时，最好是选择一些组合成本较低，有一定时间与空间方便变换的设计布局方案。

本节举两个典型示例，一是双向日历组合布局，二是反向比率价差布局。

（1）双向日历组合布局典型示例

市场混乱，情况不明，我们可以设计一组双向日历组合布局等待突破。从总体设计思维考虑，双向日历组合布局的优势：一是可以不用判断方向和位置，利用双向布局对赌方向，而且期初布局保持双向均势（当然，也可以根据市态情况，设计选择略偏于期望方向的期权状态和位置），任一方向突破均可；二是没有突破，日历组合可以自行对冲，几乎无损失

(而且买入日历组合的短期权减值快,还略有收益);三是如果有突破,可以有时间空间和各肢斜平线储备,很方便地调整为高效率的合成标的股票区间组合,取突破方向的合成价差之利。

例如,当前标的股票价格 S 为 50 元,买入一张认购期权的正向日历组合 Lck55/Sck55,其中买入一张虚值认购期权长权 Lck55 价格为 3.6 元、卖出一张虚值认购期权 Lck55 价格为 2.3 元;买入一张认沽期权反向日历组合 Lpk45/Spk45,其中买入一张虚值认沽期权长期权 Lpk45 价格为 3.9 元、卖出一张虚值认沽期权 Lck55 价格为 2.5 元,构建双向日历组合区间 Lpk45/Spk45+Lck55/Sck55,构建组合的成本为 2.7 元。如图 3.5.a 所示。

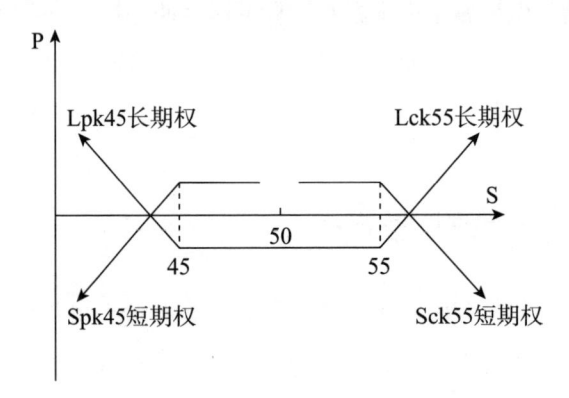

图 3.5.a

1) 设计方向:市场有突破,大涨大跌均可。

2) 最大收益:收益未知。

3) 最大亏损:期初构建组合的成本 2.7 元。

4) 解盘分析:

如果标的股票价格 S 正向突破,可以平掉买入认沽期权 Lpk45、平掉卖出认购期权 Sck55,剩余仓为卖出认沽期权 Spk45 与买入认购期权 Lck55 构成的一个合成看涨的标的股票区间组合,如图 3.5.b 所示。

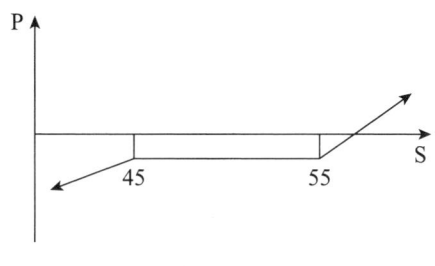

图 3.5.b

随着股票价格 S 正向移动，买入的认购期权 Lck55 获增值的价差之利，卖出的认沽期权 Spk45 获减值的价差之利。应特别注意两个日历组合平两仓余两仓后，如果从平仓 S1 处开始计列未来价差，则之前的四仓价差完全冲抵，无损无利（希腊字母级的微小差异不计，如 Δ、V、θ 差异）。这样，合成看涨的区间组合 Spk45+Lck55 从 S1 处计列未来的价差损益。

如果标的股票价格 S 反向突破，可以平掉买入认购期权 Lck55、平掉卖出认沽期权 Spk45，剩余仓为卖出认购期权 Sck55 与买入认沽期权 Lpk45 构成的一个合成看跌的标的股票区间组合。如图 3.5.c 所示。

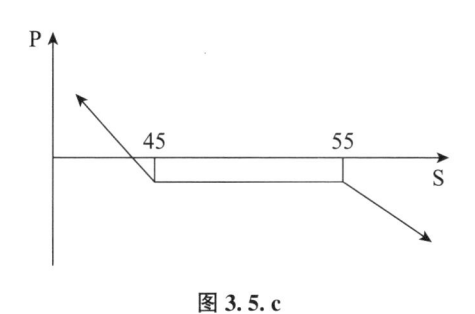

图 3.5.c

随着股票价格 S 反向移动，买入的认沽期权 Lpk45 获增值的价差之利，卖出的认购期权 Sck55 获减值的价差之利。同样，两个日历组合平两仓余两仓后从平仓处 S 开始计列未来价差，则之前的四仓价差完全冲抵，无损无利。合成看跌的区间组合 Lpk45+Sck55 从 S1 处计列未来的价差损益。

a. 短期权到期时，如果股票价格 S 在行权价格 45~55 元，买入的认沽期权日历组合 Lpk45/Spk45，与买入的认购期权日历组合 Lck55/Sck55 均为虚值期权，卖出的认沽与认购短期权的合约价值为零，买入的认沽与认购长期权的剩余时间价值分别为 Pp 和 Pc 可以卖平。如果两仓的剩余时间价值之和（Pp+Pc）元大于构建组合的成本 2.7 元，则买入的双向日历组合有利；如果两仓的剩余时间价值之和（Pp+Pc）元小于构建组合的成本 2.7 元，则买入的双向日历组合有损。

短期权到期时，如果保留长期权不平仓，则剩余的长期权构成了一个买入认购与认沽期权的宽跨式组合，买入组合的成本为（Pp+Pc）元，可以根据市场情况按照买入宽跨式组合在波动中取利或变换为单向取利。

b. 在短期权期内，如果有正向突破，股票价格 S 大于行权价格 55 元，则首先应平掉随 SK 减值较快的买入的认沽长期权 Lpk45，并同时平掉正向对冲仓 Sck55，放开正向敞口，剩余仓 Spk45 与 Lck55 构成了一个作多的合成股票区间组合。

a）短期权到期时，如果股票价格 S 高于行权价格 55 元，则卖出的短期权 Spk45 为虚值期权，期权合约的价值为零，买入的长期权 Lck55 为实值期权可以行权，期权合约有价差收益（S-55）元，减去构建组合的成本 2.7 元，组合有收益 [（S-55）-2.7] 元。而且随着股票价格的持续上涨，组合的收益也持续增加。

b）短期权到期时，如果股票价格 S 在行权价格 45~55 元，则卖出的短期权 Spk45 与买入的长期权 Lck55 均为虚值期权，Spk45 合约的价值为零，Lck55 合约剩余时间价值为 Pc，可以卖出平仓，也可以保留 Lck55 合约等待后市情况变化。

c）短期权到期时，如果股票价格 S 低于行权价格 45 元，则买入的长期权 Lck55 为虚值期权，期权合约有剩余时间价值为 Pc，卖出的短期权 Spk45 为实值期权会被行权，期权合约有损失收益（45-S）元，减去构建组合的成本 2.7 元，组合有损失 [（45-S）-2.7+Pc] 元。而且随着股票价格的持续下跌，组合的损失也持续增加，应进行对冲保护。

c. 在短期权期内，如果有反向突破，股票价格 S 小于行权价格 45 元，则首先应平掉随 SK 减值较快的买入的认购长期权 Lck55，并同时平掉反向对冲仓 Spk45，放开反向敞口，剩余仓 Lpk45 与 Sck55 构成了一个作空的合成股票区间组合。

a) 短期权到期时，如果股票价格 S 低于行权价格 45 元，则卖出的短期权 Sck55 为虚值期权，期权合约的价值为零，买入的长期权 Lpk45 为实值期权可以行权，期权合约有价差收益（45-S）元，减去构建组合的成本 2.7 元，组合有收益［(45-S)-2.7］元。而且随着股票价格的持续下跌，组合的收益也持续增加。

b) 短期权到期时，如果股票价格 S 在行权价格 45~55 元，则卖出的短期权 Sck55 与买入的长期权 Lpk45 均为虚值期权，Sck55 合约的价值为零，Lpk45 合约剩余时间价值为 Pp，可以卖出平仓，也可以保留 Lpk45 合约等待后市情况变化。

c) 短期权到期时，如果股票价格 S 高于行权价格 55 元，则买入的长期权 Lpk5 为虚值期权，期权合约有剩余时间价值为 Pp，卖出的短期权 Sck55 为实值期权会被行权，期权合约有损失收益（S-55）元，减去构建组合的成本 2.7 元，组合有损失［(S-55)-2.7+Pp］元。而且随着股票价格的持续上涨，组合的损失也持续增加，应进行对冲保护。

5) 希腊字母表现

a. 期初两个日历组合均为多头希腊字母，认沽期权的日历组合区段有希腊字母 -Δ、+G、+V、-θ；认购期权的日历组合区段有希腊字母 +Δ、+G、+V、-θ。过行权价格后，因为短期权的减值较快，希腊字母会有变化，但风险总体可控。

b. 调整为合成标的股票区间组合后，买入期权主导区间为净多头，卖出期权主导区间为净空头，应注意控制反向 Δ 的下斜线风险。

6) 交易经验与变换技巧

以上示例表述了市场有突破的大波动的合成股票区间调整，我们还可以做市场中性的小波动的蝶式组合变换。

a. 如果市场有波动但波动区间不大，可以平掉买入的认沽期权 Lpk45，移仓买入认沽期权 Lpk50；平掉买入的认购期权 Lck55，移仓买入认购期权 Lck50，构建一个区间较窄的卖出蝶式组合 Spk45+Lpk50+Lck50+Sck55。如果到期日股票价格突破较窄区间任何一个方向的上下限均可获利。如图 3.5.d 所示。

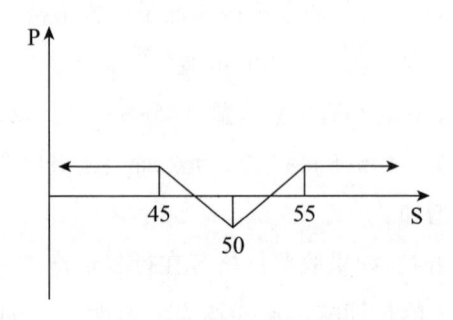

图 3.5.d

b. 如果市场中性或波动很小，可以平掉卖出的认沽期权 Spk45，移仓卖出认沽期权 Spk50；平掉卖出的认购期权 Sck55，移仓卖出认购期权 Sck50，构建一个买入蝶式组合 Lpk45+Spk50+Sck50+Lck55。如果到期日股票价格仍保持中性，则可获得卖出期权价值的部分之利。如图 3.5.e 所示。

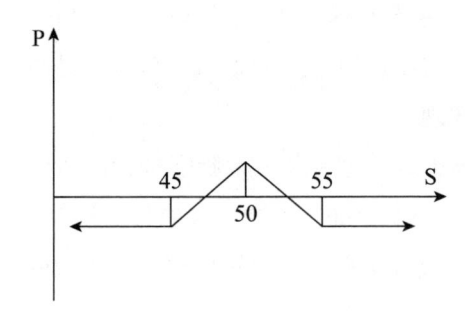

图 3.5.e

我们知道，任何资本市场，都是对方向的博弈，所以赌方向是一个终极的博弈话题。期权工具可以使交易者拥有一个低成本，甚至无成本的双向组合布局，并且与股票、期货不同，它并不是处处完全对冲，而是可以在一个区间内或者区间外对冲，通过期权的组合设计，我们可以预留一个空间或者一个半无限空间，这就是期权的魅力。

双向日历组合及其变换就是一个典型的内外空间双向布局，变换为区间组合是一个半无限外空间布局；变换为蝶式组合，是一个有限的内空间布局，并且还可以博弈价差价值或者时间价值。同时，日历组合是一个对称组合，在变换为另外一个对称组合时几乎没有损益（实际交易中会有少许买卖差价或者平价偏离问题），只是建仓的计价位置有所变化。

双向日历组合布局又进一步论证了期权组合可以"重新定义问题"，布局双向日历组合后，我们可以什么也不用管，两个日历组合都可以套利。甚至大涨大跌后也可以利用市场的波动和期权在波动中的增减值套取来回波动之利。我在2023年年中就曾经做过一个双向日历组合布局，因为出差没有机会调整，等发现后市场已经大跌到底部，平仓卖出空头期权仓获利后（剩余仓为买入的多头仓敞口，可以无虑一搏），市场随之又波回，剩余的买入仓也基本回本。

一般交易者做双向布局时，都喜欢采用买入两边为浅虚值的跨式组合，这也不是不可以，但是这种组合策略有成本，在波动能量不足、波幅不大，不能突破时总是亏损。经过多年的交易实践，我们认为，买入跨式组合还是不如先构建完全对冲的双向日历组合布局方案，然后再根据市场变化调整布局。另外，为什么不在市场趋势明确之后再构建方向性布局，如直接构建方向性的区间组合，这是因为先做对冲布局后平仓很容易，在追高杀跌时，开仓非常困难，差价很大，构建组合的成本会很高。

从交易层面来讲，等待的意义是布置一组暂时封闭的双向敞口，并且最好是中性的低成本的双向对冲及对称组合。我们认为，交易者手中拥有多个中性组合方案非常有价值，也非常主动，如双向日历组合布局，使我们拥有了两对低成本的中性组合方案，可以根据市场变化，随时买入或者卖出调整组合布局，而这其中的微妙和技巧，只有实际交易者在实际交易中才能感觉与体验。

另外，如果市场有明确的大波动预期或者波段较长，也可以考虑结构简单、逻辑清晰的卖出日历组合设计布局。如可以卖出一个日历组合如6月Sck50/5月Lck50，等待长期权6月Sck50在大波动中减值。如图3.6所示。

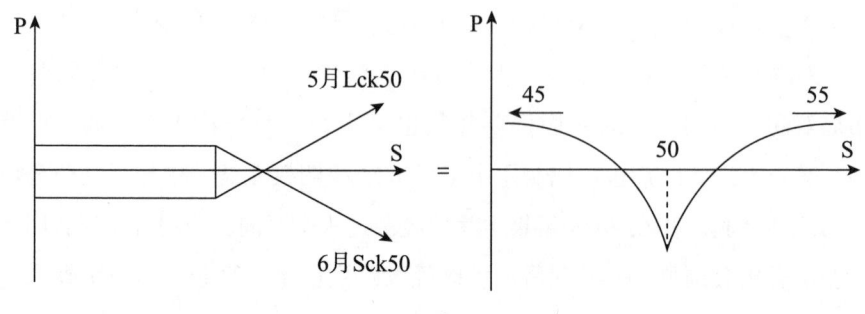

图 3.6

如果是正向大波动，卖出期权的价差损失（S-50）与买入期权的价差收益（S-50）完全对冲，卖出期权有剩余时间价值 Pt 需要买平，但大波动会使剩余价值 Pt 趋小，卖出期权的减值较大有利。

如果是反向大波动，卖出长期权的时间损耗减值会小于买入的短期权，但因长期权的价值较大，位移减值相对较大，其剩余价值 Pt 相对较小，卖出期权的减值也会有利。

（2）反向比率价差组合典型示例

实际交易中，反向比率价差组合如认购期权构建的反向比率组合 Sck1+2×Lck2，也是我们常用的一种双向布局方案，如果在平值处卖出，它几乎没有成本，甚至会略有收益。

反向比率价差组合可以随着标的股票价格 S 的大波动，或取反向卖出的价值差之利，或取正向买入的价格差之利。如果期内股票价格 S 一直陷入中间洼地 K2 处小幅波动，则可以卖出平实值认沽期权 Spk2 冲抵损失，此后股票价格 S 正向变化、中性不变，或反向变化在 K1 之内（K2 K1 之内 Sck1 与 Spk2 两斜线对冲），组合均有利。如果预期到期日股票价格 S 有反向越过 K1 的可能，则可以再买入一张认沽期权保护，四权构成一个合成看涨的认购期权 Lck2，逻辑合理，并非常方便操作。

同样，在最不利的极端条件下，也可以配置正反两仓的 Δ 倍率，构建 Δ 中性的终极组合方案，可以在动态对冲中持仓到底。

例如，当前标的价格 S 为 50 元，卖出一张平值认购期权 Sck50 价格为 3.9 元，同时买入两张虚值认购期权 Lck55 价格为 2×2.1=4.2 元，构建一个买入反向比率价差组合 Sck50+2Lck55，构建组合有成本 0.3 元。如图 3.7 所示。

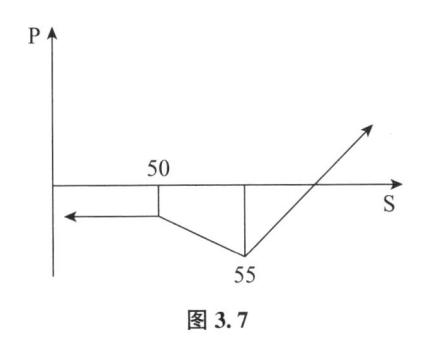

图 3.7

1) 设计方向：市场有突破，以大涨为主。
2) 最大收益：收益未知。
3) 最大亏损：5.3 元。
4) 解盘分析：

a. 到期时，如果标的股票价格 S 低于 50 元，则卖出的一张认购期权 Sck50 和买入的两张认购期权 Lck55 均为虚值期权，三张期权合约的价值均为零，组合有期初构建组合的成本损失 0.3 元。

b. 到期时，如果股票价格 S 在行权价格 50~55 元，则买入的两张认购期权 Lck55 均为虚值期权，期权合约的价值为零，卖出的一张认购期权 Sck50 为实值期权会被行权，期权合约有价差损失（S-50）元，加上期初构建组合的成本 0.3 元，组合有损失［(S-50)+0.3］元。如果股票价格 S 收盘于 50 元，则组合有损失 0.3 元；如果股票价格 S 收盘于 55 元，则组合有最大损失 5.3 元。

c. 到期时，如果股票价格 S 高于 55 元，则卖出的一张认购期权 Sck50 和买入的两张认购期权 Lck55 均为实值期权需要行权，Sck50 合约有价差损失（S-50）元，2Lck55 合约有价差收益 2×(S-55) 元，两仓价差对冲后有损益［(S-60)-0.3］元，如果股票价格 S 收盘于 55 元，则组合有损失 5.3 元；如果股票价格 S 大于 60.3 元如 70 元，则组合有收益 9.7 元。而且随着股票价格的无限上涨，组合的收益也无限增加。

5) 希腊字母表现

左侧以卖出认购期权为主导的空头区间，有希腊字母$-\Delta$、$-G$、$-V$、$+\theta$，但因右侧有买入认购期权保护，无Δ风险；右侧以买入认购期权为主导的多头区间，有希腊字母$+\Delta$、$+G$、$+V$、$-\theta$，亦无Δ风险。

6) 交易经验与变换技巧

如果期内股票价格S一直陷入中间洼地K2处小幅波动，则可以卖出平实值认沽期权Spk2冲抵损失，前已叙及。

还可以卖出此处此时为平值的长期权Sck55冲抵构建组合的成本损失。如在期中，股票价格S始终在55元左右波动，位于买入反向比率价差组合Sck50+2Lck55的中间洼地，可以卖出一个近平值价格为P的长期权Sck55冲抵损失。到期时，如果股票价格S收盘于55元，买入的两张认购期权Lck55为平值期权，期权合约的价值为零，卖出的一张认购期权Sck50为实值期权，期权合约有价差损失（S-50）= 5元，卖出的长期认购期权Sck55为平值期权，期权合约有剩余的时间价值损失Pt元需要买平。这样，组合的损益为［5.3-（P-Pt）］元，关键取决于（P-Pt），如果（P-Pt）值较大，则可以冲抵较大部分的损失。当然，如果股票价格S能控制在K1K2区间，还可以再卖出一张近平值Spk55冲抵，可能还会有一定的收益。由此可见，期权工具丰富多彩，期权组合变幻无穷，在设计和交易中充满乐趣。

四、卖出价值等待减值

（1）关于卖出期权价值及其变换

如果市场疲软、中性震荡，或者波动率赋值过高有套利空间，可以先卖出期权价值，然后可以在市场变化中进行变换。现举一例说明。

例如，市场中性，当前标的股票价格S为50元，卖出一张平值认购期权Sck50有收益为3.6元。如图3.8.a所示。

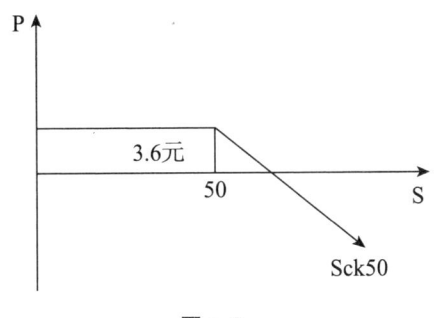

图 3.8.a

1）设计方向：市场中性，无大涨大跌。
2）最大收益：期初卖出期权的价值3.6元。
3）最大亏损：亏损无限。
4）解盘分析：

a. 到期时，如果标的股票价格S下跌越过行权价格K50，则卖出的认购期权Sck50为虚值期权，期权合约的价值为零，卖出期权可以获得期初建仓时卖出的收益3.6元。

b. 到期时，如果股票价格S上涨越过行权价格K50但在盈亏平衡点53.6元以内，则卖出的认购期权Sck50为实值期权会被行权，期权和约有价差损失（S-50）元，加上期初卖出期权的收益3.6元，卖出期权仍有收益［3.6-（S-50）］元。

c. 到期时，如果股票价格S上涨越过盈亏平衡点53.6元，则卖出的认购期权Sck50为实值期权会被行权，期权和约有价差损失（S-50）元，加上期初卖出期权的收益3.6元，则卖出期权有损失［（S-50）+3.6］元。而且如果股票价格持续上涨，则期权的亏损也持续增加。

5）希腊字母表现

卖出认购期权为空头，有希腊字母-Δ、-G、-V、+θ，希腊字母Δ有下斜线无限风险。

6）交易经验与变换技巧

如果期中市场正向持续，在股票价格S54元处，卖出的认购期权Sck50变为实值已有4元（54-50）的价差损失，此时如锁住价差止损，可以买入一张有上斜线的认购期权，也可以卖出一张有上斜线的认沽期权对冲保护，但是买入认购期权有成本价值，卖出认沽期权还略有收益。我们考虑在 S54 元处卖出一张价格为 6.9 元的实值认沽期权 Spk60 与 Sck50 两斜线对冲、隔离风险。则一张卖出 3.6 元的认购期权 Sck50 与一张卖出 6.9 元的认沽期权 Spk60 组合为一个卖出宽跨式组合 Sck50+Spk60，组合有收益（3.6+6.9）+（60-50）= +0.5 元。如图 3.8.b 所示。

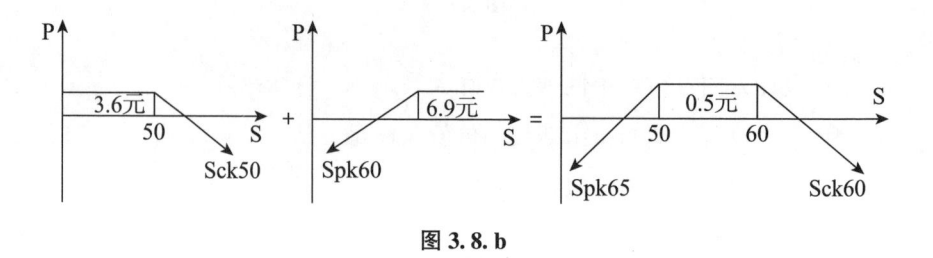

图 3.8.b

a. 到期时，如果股票价格 S 在行权价格 50~60 元，则卖出的宽跨式组合 Sck50+Spk60 有构建组合的收益 0.5 元。

b. 到期之前，如果股票价格 S 下跌接近行权价格 K50，或者上涨接近行权价格 K60，因为对冲仓将变为平线可能不够对冲，则需要再移仓对冲。以上涨接近行权价格 K60 为例，应在 S60 元附近处买平对冲仓认沽期权 Spk60，再移仓卖出实值认沽期权 Spk65 或 Spk70 与认购期权 Sck50 对冲，如果股票价格 S 不断上涨越过对冲仓行权价格，则对冲仓也应不断移仓对冲，直至到期日结算，组合的损失仍会控制在锁价处的损失。

这个例子除介绍了裸卖出期权在不同区段的损益和风险以外，还介绍了用卖出实值反向期权锁价止损的对冲保护技术和策略组合。可以看出，一但对冲锁价，无论标的股票价格 S 走到哪个位置，始终只会有锁住的价差损益。

（2）关于卖出期权期差与价差保护的比较分析

卖出期权有下斜线风险敞口，专业交易者应坚持不要裸卖出，裸卖出是赌身家、赌命运，没有意义。

卖出期权可以用一个价差组合保护，也可以用一个期差组合保护，价差组合保护是赌一段价差保护卖出，在价差外则对冲，注意这里所谓

第三章 期权设计与应用场景

"赌"不一定会有价差损失。期差组合保护是用一段期差保护卖出,离开K就对冲。我们在这里举一个例子比较卖出期权的期差保护与价差保护的差异与优势。

例如,市场中性,当前标的股票价格 S 为 50 元,卖出一张平值认购期权 Sck50 价格为 3.9 元,同时买入一张虚值认购期权 Lck55 价格为 2.5 元,构建一个卖出认购期权的价差组合 Sck50+Lck55,构建组合有收益为 1.4 元。如图 3.9.a 所示。卖出一张短期的认购期权 Sck50 价格为 3.9 元,同时买入一张长期的认购期权 Lck50 价格为 6.5 元,构建一个买入认购期权的日历组合短期权 Sck50+长期权 Lck55,构建组合有成本为 2.6 元。如图 3.9.b 所示。

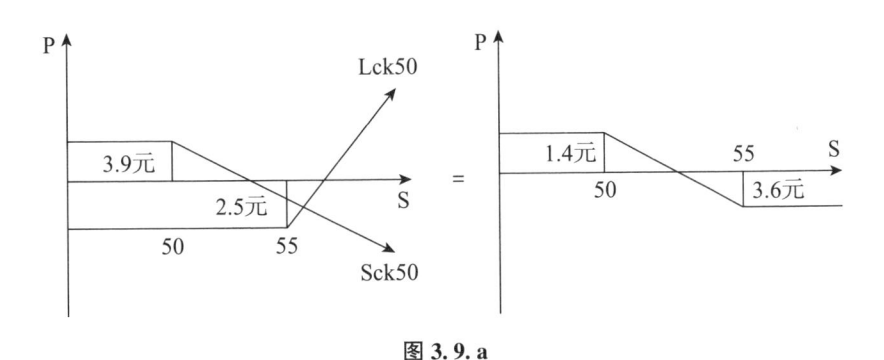

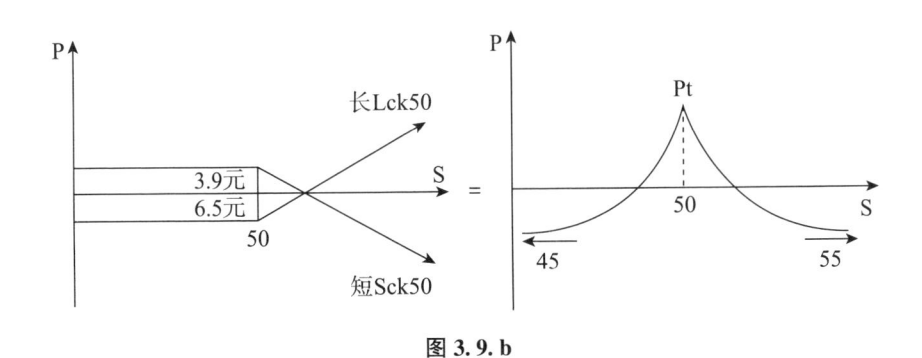

图 3.9.a

图 3.9.b

(3)解盘比较分析:

a. 短期权到期时,如果标的股票价格 S 高于行权价格 55 元,卖出认购期权价差组合 Sck50+Lck55 中，卖出的认购期权 Sck50 与买入的认购期权 Lck55 均为实值期权需要行权，Sck50 合约有价差损失（S-50）元，Lck55 合约有价差收益（S-55）元，两仓价差对冲后有损失 5 元，加上期初构建价差组合的收益 1.4 元，组合有损失 3.6 元。

买入认购期权日历组合短期权 Sck50+长期权 Lck50 中，卖出的认购期权短期权 Sck50 与买入的认购期权长期权 Lck50 均为实值期权需要行权，因为 SK 距离相同，两仓的价差完全对冲，短期权 Sck50 合约的时间价值为零，长期权 Lck55 合约有剩余时间价值 Pt 可以卖平，减去期初构建组合的成本 2.6 元，组合有损益（Pt-2.6）元。关键在于长期权剩余的时间价值 Pt，如果 Pt 大于 2.6 元，即买入的长期权时间价值损耗小，则买入日历组合有收益；如果 Pt 小于 2.6 元，则买入日历组合有损失。

b. 短期权到期时，如果股票价格 S 收于行权价格 50 元处，卖出认购期权价差组合 Sck50+Lck55 中，卖出的认购期权 Sck50 与买入的认购期权 Lck55 均为平/虚值期权，两个期权合约的价值均为零，组合有期初构建组合的收益 1.4 元。

买入认购期权日历组合短期权 Sck50+长期权 Lck50 中，卖出的认购期权短期权 Sck50 与买入的认购期权长期权 Lck50 均为平值期权，短期权 Sck50 合约的价值为零，长期权 Lck55 合约的价值有剩余时间价值 Pt 可以卖平，减去期初构建组合的成本 2.6 元，组合有损益（Pt-2.6）元。关键问题仍然是长期权剩余的时间价值 Pt，如果 Pt 大于 2.6 元则卖出期权有收益，因为 SK 距离为零，显然 Pt 值应该大于 2.6 元。

c. 短期权到期时，如果股票价格 S 低于行权价格 50 元，卖出认购期权价差组合 Sck50+Lck55 中，卖出的认购期权 Sck50 与买入的认购期权 Lck55 均为虚值期权，两个期权的合约价值均为零，组合有期初构建组合的收益 1.4 元。

买入认购期权日历组合短期权 Sck50+长期权 Lck50 中，卖出的认购期权短期权 Sck50 与买入的认购期权长期权 Lck50 均为虚值期权，短期权 Sck50 合约的价值为零，长期权 Lck55 合约有剩余时间价值 Pt 可以卖平，减去期初构建组合的成本 2.6 元，组合有损益（Pt-2.6）元。关键问题还

第三章　期权设计与应用场景

是长期权剩余的时间价值 Pt，如果 Pt 大于 2.6 元则买入日历组合有收益；如果 Pt 小于 2.6 元则买入日历组合有损失。

综上所述，在卖出价差组合中，卖出期权是用一个价差外的买入期权组合保护，价差外两斜线对冲保护；买入日历组合中，卖出期权是用一个有期差的买入期权组合保护，SK 以外的两斜线对冲保护。在价差组合中，卖出 Sck55 的价格 3.9 元、买入 Lck50 的价格 2.5 元、两权的距离 K2K1＝5 元等数据都是明确的，到期时，时间价值归零，价差价值已知，结果也已知可控。但是在日历组合中，虽然期初卖出短期权 Sck50 和买入长期权 Lck50 的价格数据是明确的，到期时，两权的价差价值也是已知的，但是长期权的剩余时间价值 Pt 会随 SK 距离的变化而变化，亦即长期权的损益价值是不确定的。买入日历组合的损益结果会随 SK 的距离变化而变化，每一个日历组合都会有一个个案问题。

但是通过比较还是可以看出，如果股票价格 S 上涨，买入日历组合保护似乎优于卖出价差组合保护（还要看买入长期权随时间损耗的减值的大小）；如果股票价格 S 下跌，买入价差组合保护显然优于买入日历组合保护；如果股票价格 S 中性或小波动，买入日历组合保护显然优于卖出价差组合保护。

另外，如果期内有大波动，买入日历组合需要进行保护，如果是正向大波动，可以买入一个虚值短期权 Lck55 或卖出一个虚值短期权 Spk50；如果是反向大波动，可以买入一个虚值短期权 Lpk45 或卖出一个虚值短期权 Sck50。极端情况下，我们也可以配置长短两仓的 Δ 倍率进行 delta 对冲，始终保持一个中性组合，等待市态稳定再做方向性变换。

（4）关于卖出期权价值在组合中的灵活应用

人们常说，期权高手是做卖出期权，而从专业角度来看，实际上是专业交易者在组合中的一种管理手段，对预期的价差进行对冲封闭并卖出剩余的时间价值，或者是用一个价差保护的成本博弈一段时间价值。根据我们的交易经验，在期权设计组合的波动不及预期时，卖出价值有重大意义，如卖出价差空间可以有限冲抵、卖出 Δ 倍率空间可以配对冲抵、远位卖出比率空间可以用风险价值冲抵买入期权的成本等。在实际交易中，我们经常会根据市场形态变化动态倒卖部分期权，以冲抵买入期权的时间价值损失，并可以控制开闭敞口，灵活设计。

例如，在配对买入认沽期权保护买入股票的组合中，如果股票价格停留在行权价格附近的洼地，一般可采用备兑卖出虚值认购期权，构建领口区间组合，用卖出虚值认购期权的价值补偿买入认沽期权的成本，减少洼地高度。但是也可以在洼地中间裸卖出价值较大的平值认购期权测试波动。如图3.10所示。

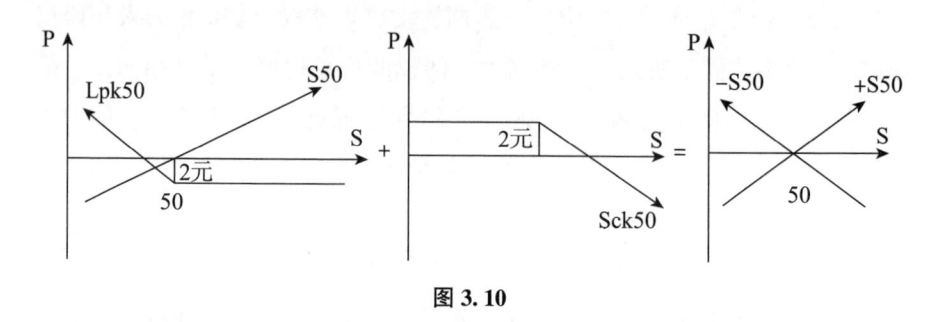

图 3.10

如果股票价格保持不变或者下跌，卖出认购期权为虚值，合约价值为零，卖出认购期权的价值可以补偿买入认沽期权的成本；如果股票价格大涨，卖出认购期权为实值会被行权，但其价差价值会与持仓股票的价差价值对冲，仍然有期初卖出认购期权的价值补偿已成虚值的买入认沽期权的成本，只会有股票上涨的机会损失。而且在期中的波动测试中已成为明确的上涨趋势时，我们就可以平掉卖出的认购期权，放开持仓股票的敞口，获取股票价格上涨之利。

（5）关于卖出期权价值与卖出波动率的关系

卖出期权价值的设计策略与卖出高估值波动率等待期末归零的设计思想及方法非常相似，都是在市场中性或控制组合 delta 中性的基础上等待时间减值或波动率降低，都可以使用卖出时间价值的方法和策略，如保护性卖出期权 Sck1+Lck2 或 Spk2+Lpk1、卖出跨式组合、买入蝶式组合、买入鹰式组合等。

五、变换调整重新布局

期初我们根据市场预期，进行基础布局之后，如果市场形态发生明确变化，应进行动态调整、变换布局和协调性设计，以适应新的市场状况。而且变换布局应考虑与原布局的协调与配合，如可以利用原布局端的斜平线敞口做正、反向一拖二变换布局等。

举一个我们在交易中的典型例子，我们曾在 2023 年上半年市场正常慢涨时，做了一个正常的买入认购期权正向价差组合 Lck3 + Sck4。如图 3.11.a 所示。

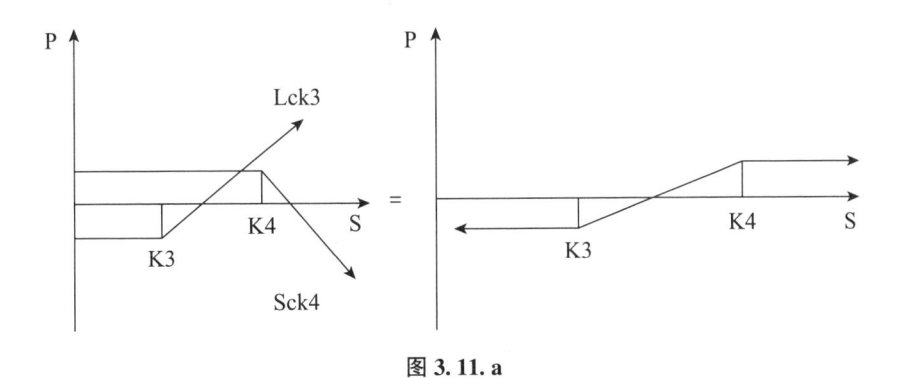

图 3.11.a

当标的股票价格 S 移动到价差中间时突然反转，而且反向幅度较大，根本来不及平掉买入的认购期权 Lck3（强平损失较大），我们即刻又做了一个卖出左侧实值认购期权 Sck2，形成一个左侧反向上两级台阶的组合 Sck2+Lck3+Sck4。如图 3.11.b 所示。

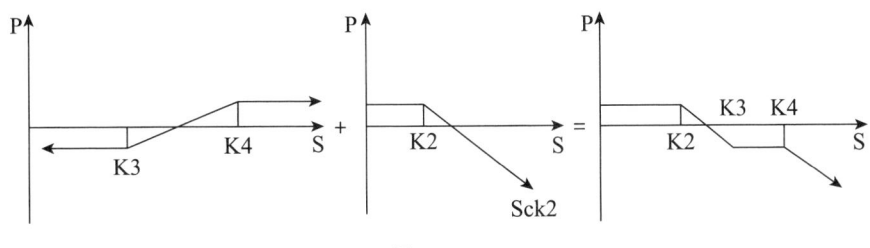

图 3.11.b

这个组合中两个卖出认购期权反向减值有利、中间的买入认购期权Lck3保护左侧卖出的认购期权Sck2直至行权价格K4。如果又有反转正向的风险，可启动再买入一个认购期权Lck3或Lck4保护的预案。幸而市场反向一直持续，使我们在期中后期又买入了一个认沽期权Lpk1追踪波线，构建了一个由认沽期权和认购期权组成的一个反向的合成股票区间组合Lpk1+Sck4和一个由认购期权构成的卖出反向价差组合Sck2+Lck3，过程非常惊险，但是最终获得了较大利益。如图3.11.c所示。

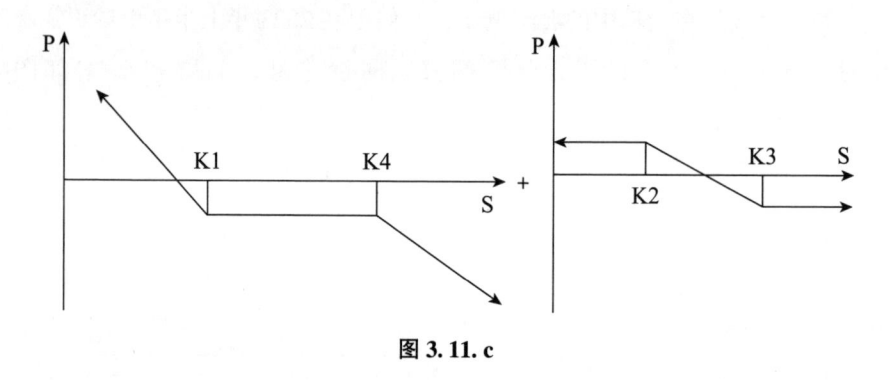

图 3.11.c

期权的最大优势是有四维功能可以变换，变换有非常重要的意义，而且可以锻炼思维逻辑。如果你觉得好玩，你想健脑健身，你想有一点点投机的乐趣，你可以花两三百块钱从一张买入虚值期权开始，就像玩游戏升级一样，可以从正向、中性、反向、再正向、再中性、再反向等各种市场变化场景中，对应从买入正向、买入正向价差、卖出反向价差、反向价差比率组合、卖出蝶式或N型组合、M型组合等一直持续变换下去。可以负责任地说，任何市场环境和任何市场变化，一定会有对应的策略组合与之适应，而最终变换到你都不知道是什么样的组合，但是你可能赚到了钱，或者你至少没有亏本，这就是期权设计、期权变换的价值和魅力。

第三节　关于对冲的三个问题

在我有限的交易实践中，我深深地认识到"对冲"具有极其重要的价值，甚至可以把对冲看作是一门技术。对冲有三个主要功能：一个是等待，如买入跨式组合、买卖蝶式组合，等待一个方向突破或等待时间价值损耗；一个是保护，如市场下行时用空头标的股票、期权或期货对冲保护持仓现货或者期货多头的下跌损失；一个是套利，利用定价差异、短暂偏离，或在波动中价格的变化差异，如非线性价值差异通过中性组合与 delta 对冲进行套利。

很多期权期货类书籍中都对"对冲"进行过论述，但都是泛泛而浅尝辄止，或者只是交代了一些基本知识。本节讲述的是在实际交易过程中最重要的三个对冲问题，一是买入期权有对冲成本，作为对冲工具合不合理，划不划算；二是卖出期权没有成本，但上平线对冲空间有限，可行不可行，有没有意义；三是期现对冲套利，期权与现货对冲有没有套利空间和交易价值。

期权衍生品作为对冲工具有四大优势，一是期权有杠杆效应，小成本、大杠杆，一张期权的合约乘数有一万股标的资产；二是配对买入认沽期权 Lpk 的对冲组合虽然有对冲成本，但是再有方向时可以突破下平线取利；三是卖出实值认购期权 Sck 的斜线对冲组合无成本，但是有突破下平线的风险，需要移仓或配对 delta 对冲；四是期权有非线性价值，可以在与标的期现货的中性组合中不断地利用 delta 对冲套利。

现在举例说明，买入期权对冲、卖出期权对冲和期权与现货的对冲策略。

一、买入期权对冲

买入认沽期权 Lpk 的斜平线半定向功能是最好的对冲工具，可以反向两斜线对冲、正向有突破取利，而且如果期权有可交易的非线性价值空间，还可以在波动中倒买倒卖 Gamma 值投机套利。

例1：买入认沽期权对冲持仓买入股票

在标的股票价格 S 为 60 元时买入 10000 股标的股票，持仓后市场有下跌趋势，在价格 S 为 56 元时，买入一张实值认沽期权 Lpk60 价格 6.6 元（其中内在价值 4 元、时间价值 2.6 元），锁住股票价差损失 4 元，配对保护标的股票进行数量对冲。如图 3.12 所示。

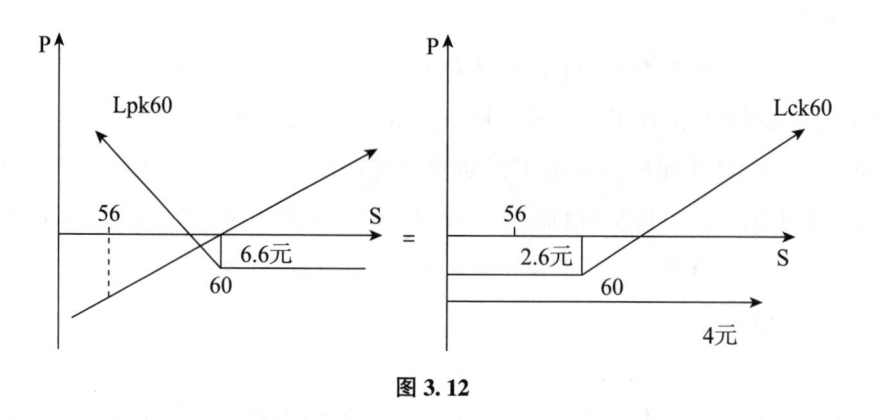

图 3.12

(1) 设计方向：市场下跌。

(2) 最大收益：收益无限。

(3) 最大亏损：6.6 元。

(4) 解盘分析：

a. 到期时，如果标的股票价格 S 下跌超过行权价格 60 元，买入的股票有价差损失 (S−60) 元，买入的认沽期权合约为实值期权可以行权，期权合约有价差收益 (S−60) 元，两仓价差完全对冲，组合有期初买入认沽期权 Lpk60 的成本损失 6.6 元，包括锁损价差 4 元、归零的时间价值 2.6 元。

b. 到期时，如果股票价格 S 上涨超过行权价格 60 元，则买入的股票有价差收益（S-60）元，买入的认沽期权为虚值期权，期权合约的价值为零，减去期初买入认沽期权 Lpk60 的成本 6.6 元，组合有损益（S-60-6.6）=（S-53.4）元。而且随着股票价格的无限上涨，组合会有无限收益。

c. 到期时，如果股票价格 S 收盘于行权价格 60 元处，则买入的股票损益为零，买入的认沽期权为平值期权，期权合约的价值为零，则组合有期初买入认沽期权 Lpk60 的成本 6.6 元，包括锁损价差 4 元、归零的时间价值 2.6 元。到期时，如果标的股票价格 S 收盘于锁价止损的 S56 元处，买入的股票有价差损失 4 元，买入的认沽期权合约为实值期权可以行权，期权合约有价差收益 4 元，两仓价差完全对冲，组合有期初买入认沽期权 Lpk60 的成本损失 6.6 元，包括锁损价差 4 元、归零的时间价值 2.6 元。显然，锁价止损后无论股票价格 S 下跌多深，组合的损失都只有 4 元。

（5）希腊字母表现

希腊字母表现买入股票为多头，有希腊字母 $\Delta=+1$、$G=0$、$V=0$、$\theta=0$，但如果反向则 Δ 风险无限。买入认沽期权为多头，有希腊字母 $-\Delta$、$+G$、$+V$、$-\theta$，Δ 风险有限。而组合中两仓对冲，则 Δ 风险有限。

（6）交易经验与变换技巧

如果考虑期中市场有极端情况，或者有其他特殊需求，需要在过程中配对对冲，则需要不断地进行 delta 对冲。并且还可以在 delta 对冲中套利，这是因为在持仓标的股票配对 Δ 倍率买入认沽期权的 delta 对冲组合中，期权的非线性价值变化 Gamma 值会随股票价格 S 的变化而变化，delta 中性会不断被打破需要再进行 delta 对冲，故可以在波动中倒买倒卖 Gamma 值投机套利。现在举例说明利用 Gamma 值变化投机套利。

例如，在标的股票价格 S 为 60 元时买入一张 10000 股标的股票，买入股票的 Δ 值为+1，配对 Δ 倍率买入两张平值认沽期权 Lpk60，买入认沽期权的 Δ 值为-0.5、两张为-1，构建一个 $\Delta=0$ 的期现对冲的中性组合。请注意，这里的希腊字母 Δ 值是一股股票的 Δ 值，一张股票或期权合约的 Δ 值要乘以合约乘数 10000。

a. 如果股票价格反向变化到 S58 元处，如买入认沽期权的 Gamma 值变化导致组合的 Δ 值对冲后有差异-0.073，则可以减仓卖出当量于 Δ 值为-0.073 的认沽期权 Lpk60，与组合的 Δ 值差异-0.073 进行对冲，新组合又保持 Δ 中性，并可以套利。

b. 如果股票价格又正向波回 S60 元处，如组合的 Δ 值对冲后有差异+0.073，则需要加仓买入当量于 Δ 值为-0.073 的认沽期权 Sck60 进行对冲，使新组合再保持 Δ 中性。如此反复，可以一直循环下去。这里需要注意三个问题：一是按照认沽期权 Δ 倍率配置的组合是一张买入股票和两张买入认沽期权，当市场持续反向，认沽期权进入实值阶段相当于有两张买空的股票对冲一张买多的股票，对冲后有一张买空股票的反向上斜线收益。二是买入两张认沽期权会有两张的成本价值。三是在对冲过程中买入认沽期权的头寸（张数）会不断变化。

例2：买入认购期权对冲卖出商品期货

如某交易者判断市场下跌，在某大宗商品期货价格 S 为 6000 元/吨时，卖出一张该商品期货合约，但持仓后市场开始大幅波动，他在价格 S 为 6400 元/吨时，买入该商品期货的一张实值认购期权 Lck6000 合约，合约价格为 660 元，其中内在价值 400 元、时间价值 260 元，锁住了卖空期货合约的价差损失 400 元，配对保护标的期货进行数量对冲。

如果从合成组合角度考虑，在 S6400 元处买入一张认购期权 Lck6000 与卖出一张期货合约 S6000 可以合成为一张买入价格为 260 元的认沽期权 Lpk6000 和一条损益下平线 400 元。如图 3.13 所示。

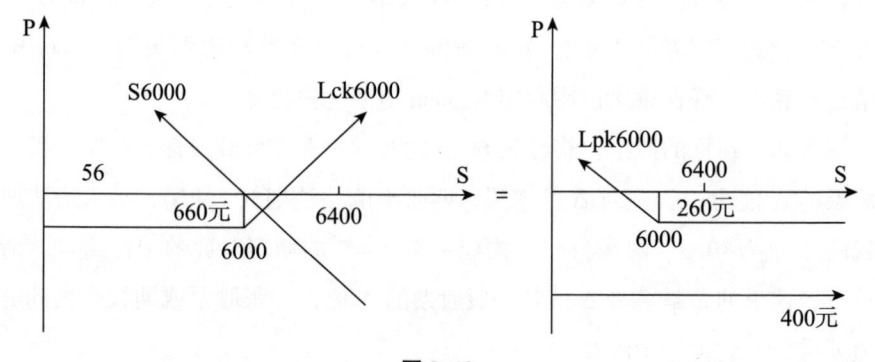

图 3.13

(1) 设计方向：市场上涨。

(2) 最大收益：收益无限。

(3) 最大亏损：660元。

(4) 解盘分析：

a. 到期时，如果期货价格 S 上涨超过行权价格 6000 元，则卖空的期货有价差损失（S-6000）元，买入的认购期权合约为实值期权可以行权，期权合约有价差收益（S-6000）元，两仓价差完全对冲，组合有损失 660 元，即买入认购期权的成本价值，包括锁损价差 400 元、归零的时间价值 260 元。

如果从合成组合角度结算，合成买入的认沽期权为虚值期权，期权合约的价值为零，但损益下平线有损失 400 元，减去合成买入认沽期权归零的时间价值 260 元，合成组合的损失也是 660 元。

b. 到期时，如果期货价格 S 下跌超过行权价格 6000 元，则卖空的期货有价差收益（6000-S）元，买入的认购期权为虚值期权，期权合约的价值为零，减去期初构建组合的成本 660 元，组合有收益［（6000-S）-660］元=（5340-S）元。而且随着期货价格的持续下跌，组合收益也持续增加。

如果从合成组合角度结算，合成买入的认沽期权为实值期权可以行权，期权合约有价差收益（6000-S）元，减去损益下平线损失 400 元、合成买入认沽期权归零的时间价值 260 元，合成组合的收益也是［（6000-S）-660］元=（5340-S）元。而且随着期货价格的持续下跌，组合收益也持续增加。

二、卖出期权对冲

买入期权有斜平线半定向功能，是最佳的对冲或者锁利工具，得以广泛应用，但是买入期权对冲有对冲成本，有时对冲成本还很大，特别是在紧急情况下，倒买对冲时的 Δ 倍率成本过大，难以接受，故应另择角度和思路。

经研究分析和交易测试，我们尝试了卖出平实值反向下斜线的有限对冲技术，并且可以作为一个有限对冲测试回调的工具。

有限对冲测试回调最有价值的意义是，卖出期权有限对冲没有对冲成本（而且有时候还会有时间价值收益），可以随时进出测试回调，如果在测试区间价格反弹，则可以平掉对冲仓再放开敞口；如果在测试区间内价格不反弹，则可以不断移仓，直至到期时平全仓结束。

所谓有限对冲，是因为当主仓价格反向时，对冲仓卖出期权的平线区间对冲效率会迅速降低，而且卖出期权有时间期限，都只能有限对冲，所以有时需要移仓对冲。

显然，这种无成本的有限对冲与测试回调技术，对于大量正常波动的场外交易个股期权、商品期权对冲也有重大市场意义，应进一步深入研究。

例如，在标的股票价格 S 为 60 元时，持仓股票有回调波动及下跌预期，这时可以卖出一张平值认购期权 Sck60 价格为 3.6 元（全部为时间价值），配对保护标的股票进行数量对冲。这张卖出认购期权 Sck60 为持仓股票 S60 回调提供了 3.6 元的保护区间。如图 3.14 所示。

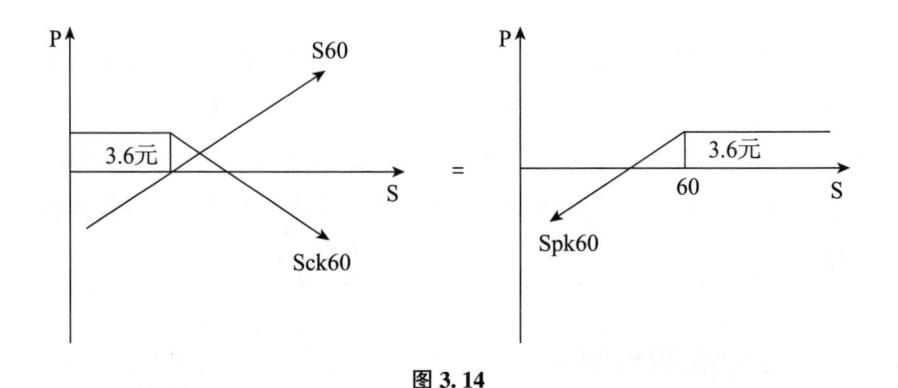

图 3.14

(1) 设计方向：市场回调或下跌。

(2) 最大收益：3.6 元。

(3) 最大亏损：锁定股票价格 60 元。

(4) 解盘分析：

a. 到期时，如果标的股票价格 S 下跌超过行权价格 60 元，持仓股票有价差损失（60-S）元，卖出的认购期权 Sck60 为虚值期权，期权合约的价值为零，加上期初构建组合的收益 3.6 元，组合有损失［（60-S）-3.6］=（56.4-S）元。如果股票价格 S 收盘于 60 元，则组合有最大收益 3.6 元。但是应特别注意，如果期中股票价格 S 小于 56.4 元并且会持续下行，卖出期权 Sck60 的上平线已经不够对冲持仓股票 S60 的下斜线损失，则应向左移仓，再卖出相邻行权价格位置如 K55 的认购期权 Sck55 保护（而且对卖出期权仓而言，减值后再移仓有利）。如果股票价格 S 不断下跌，则卖出期权对冲仓需要不断移仓保持对冲。

b. 到期时，如果标的股票价格 S 上涨超过行权价格 60 元，持仓股票有价差收益（S-60）元，卖出的认购期权 Sck60 为实值期权会被行权，期权合约有价差损失（S-60）元，两仓价差会完全对冲，组合有期初构建对冲组合的收益 3.6 元。

c. 如果从合成角度考虑，则更简单一些，买入一份标的股票价格 S60 元与卖出一张认购期权 Sck60 会合成为一张价格为 3.6 元的卖出认沽期权 Spk60。

d. 到期时，如果股票价格 S 下跌超过行权价格 60 元，合成卖出的认购期权 Sck60 为实值期权会被行权，期权合约有价差损失（60-S）元，加上期初构建合成期权的收益 3.6 元，组合有损失［（60-S）-3.6］=（56.4-S）元。同样，如果股票价格 S 收盘于 60 元，则组合有最大收益 3.6 元。

e. 到期时，如果标的股票价格 S 上涨超过行权价格 60 元，合成卖出的认沽期权 Spk60 为虚值期权，期权合约的价值为零，组合有期初构建对冲组合的收益 3.6 元。

（5）希腊字母表现

买入股票为多头，有希腊字母 $\Delta=+1$、$G=0$、$V=0$、$\theta=0$，但是如果反向则希腊字母 Δ 风险无限。卖出认购期权为空头，有希腊字母 $-\Delta$、$-G$、$-V$、$+\theta$，如果正向则希腊字母 Δ 风险无限。但是在对冲组合中两仓对冲，希腊字母 Δ 风险有限。

(6) 交易经验与变换技巧

如果考虑期中组合的价值损益，或者有其他特殊需求，需要在过程中配对对冲，则需要不断地进行 delta 对冲。并且还可以在 delta 对冲中套利。

例如，在标的股票价格 S 为 60 元时，持仓一张买入股票的 Δ 值为+1，配对 Δ 倍率卖出两张平值认购期权 Sck60 的 Δ 值为-0.5、两张为-1，构建一个 Δ=0 的期现对冲的 delta 中性组合。

a. 如果股票价格反向变化到 S58 元处，如卖出认购期权的 Gamma 值变化导致组合的 Δ 值对冲后有差异+0.073，则需要加仓卖出当量于 Δ 值为-0.073 的认购期权 Sck60，与组合的 Δ 值差异+0.073 进行对冲，新组合又保持 Δ 中性。

b. 如果股票价格又正向波回 S60 元处，如组合的 Δ 值对冲后有差异-0.073，则可以减仓买入当量于 Δ 值为-0.073 的认购期权 Sck60 进行对冲。使新组合再保持 Δ 中性，并可以套利。如此反复，可以一直循环下去。

这里需要注意三个问题：一是按照认购期权 Δ 倍率配置的对冲组合是一张买入股票和两张卖出认购期权，当市场持续正向，认购期权进入实值阶段相当于是两张卖空股票对冲一张买入股票，对冲后有一张股票空头的下斜线风险（应特别注意），故应在合适的位置再进行 Δ 倍率调整，或者平仓后重新布局。二是如果股票价格 S 在盈亏平衡点如本例 56.5 元之前反弹，则回调测试结束，可以买平 Sck60 放开持仓股票的敞口。三是如果卖出认购期权 Sck60 后，股票价格 S 就立即反弹，因两仓价差完全对冲，则持仓股票会有机会损失。

三、期现对冲套利

如果我们对以上两个对冲策略适当变换，可以衍生出 20 世纪 70 年代美国"普林斯顿-新港合作基金"震惊华尔街的期现对冲基金获利模式。其基本原理我们现在以期现对冲的 delta 中性组合 Sck+S 为例予以说明，在期现对冲的中性组合 Sck+S 中，期权仓 Sck 作为主仓，保持其合约张数 N

始终不变，在股票价格 S 波动中，卖出的认购期权 Sck 因非线性价值变化的 Gamma 因素会导致 Δ 非线性变化产生增减值 Δa，利用持仓或者买入的标的期现货 S 仓作为对冲仓进行动态 delta 对冲，就可以在波动过程中套利。直至期权的非线性价值趋零、期权仓 Sck 的 Δ 值趋于-1，与标的期现货仓 S 的 Δ 值+1 完全对冲，再无套利机会。

实际上，这个对冲基金策略经计算机量化后现在已经再次焕发生机，成为当今海外最流行的一种对冲基金套利模式。我们也已经结合中国当前的市场波动情况，完成了设计条件、数学原理、计算公式、对冲间距、边界阈值，以及程序路径的逻辑关系，下一步拟进行多案例测试后再商品化推出。

第四节　关于希腊字母应用

我们在上一节系统地讨论了期权及其组合的几何设计与几何变换问题，本节通过期权价值的变化率即期权及其组合的希腊字母，介绍期权及其组合的数值分析。这样，我们在交易中就可以利用各个定价参数的希腊字母作为期权价值变化率的微分因子，对期权及其组合的持仓位置、未来的风险类型及大小进行量化的数值管理。

在期权市场的交易者都知道，期权有五个影响期权价格变化的定价参数或计价参数 S、K、σ、T、R，其中取 S 变化是作价差变化、取 K 变化（SK 距）是作虚平实值状态、取 σ 变化是作波动率变化、取 T 变化是作时间价值变化、取 R 变化是作利率变化（几无变化，几乎不作）。

但是在大多数情况下，我们只是作期权的三维变化空间，即标的价格 S、隐含波动率 σ 和持续时间 T，我们在交易中主要关注 S、σ、T 三个参数的变化，期权的策略设计和组合布局也围绕这三个参数进行设计和考虑。

通过交易实践我们认为，作为投机或对冲，首先应关注和控制标的价格 S 的变化幅度、期权组合的位置 K 形态和标的市场的波动程度 σ。一般中小型机构和散户的资源有限，交易系统简单，主要交易标的价格变化的价差价值和期权价值变化的时间价值，交易操作时可以关注或兼顾其他参数的变化，但是一般不宜增加对其他参数变化的操作。

标的市场的波动率参数效应可以在开平仓时考虑，如开仓时波动率 σ 大对卖出有利，但对买入开仓不利，可以利用 Vega 钟形分布特征买入 Vega 值较小的虚值区间，或者卖出 Vega 值较大的平值期权。期中一般不再考虑波动率参数的变化而加减仓或增减组合，如果考虑则要加减仓频繁交易，交易费用太高，可能华而不实，而且散户也不宜做得太细。大型机构的投资组合头寸大、组合内嵌期权的波动率变化也大，有时在 S 不变或控制 S 变化的情况下，倒买倒卖波动率会有利可图。但是如果为了买卖波动率需要对冲和控制 S 的变化，损失 S 变化的效率可能并不划算，而且多次对冲的成本也会冲抵掉卖出的价值，故大型机构在交易前也需要进行量化评估和综合分析。

期权持续的时间 T 始终在损耗，其减值变化率及其随时间损耗呈指数分布是确定的，并可以用 θ 值量化，它对卖出期权有利、对买入期权不利，而且它是客观变化，一般无法控制，但有时我们也可以利用期差进行对角化处理。

市场平均利率 R 一般不会频繁变化，而且即使变化也很小，利率增加持有资产的价值增加即对正权有利，借出资产的价值相对减少即对反权不利，但对期权的价值影响很小，一般情况下可以忽略不计。

根据我们的实践经验，在期权及其组合中，随着标的价格 S 变化（其他计价参数与希腊价值也一样）当前组合价值变化的有利方向应该是主要头寸方向，可以控制性暴露有利方向，如暴露多头敞口则增值有利，暴露空头敞口则减值有利。另外，组合的敞口方向还会与 S 的位置有关，有时候随着 S 的移动，组合会从多头敞口移动到空头敞口，所以应掌握一定的变换控制技术。典型如正反向比率价差组合，会随着股票价格 S 位置的变化，期权组合的希腊字母敞口方向即损益方向也相应发生变化。

如市场中性偏牛，买入一份平值认购期权 Lck60，与再卖出两份虚值

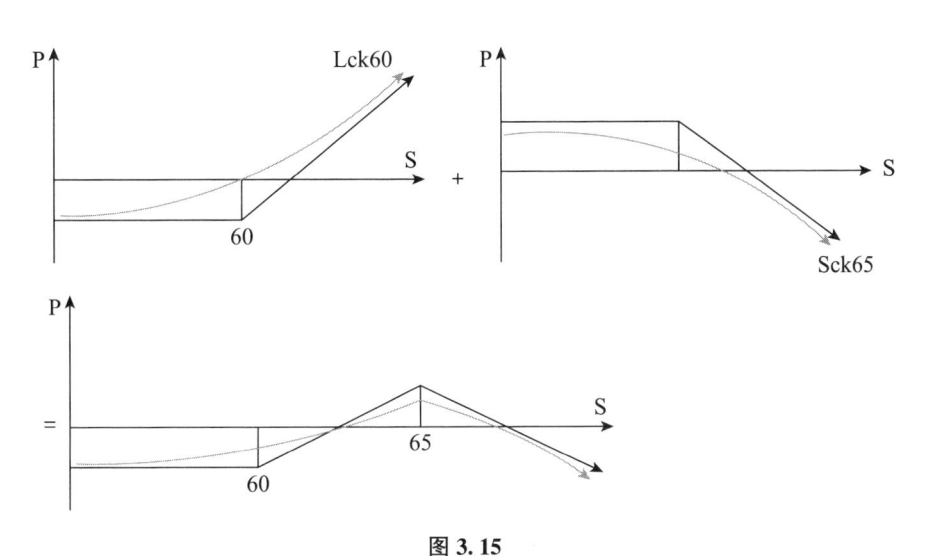

认购期权 2Sck65 组成一个正向比率价差组合。如图 3.15 所示。

图 3.15

股票价格 S 在平值开仓 K60 元处，组合有希腊字母 $+\Delta$、$+G$、$+V$、$-\theta$，呈现出一个净多头状态，股票价格移动接近 K65 元处，组合的希腊字母 $+\Delta$、$+G$、$+V$、$-\theta$ 接近最大，股票价格 S 越过 Lck60 与 2Sck65 三个曲线的合成顶点，组合的希腊字母开始改变方向，希腊字母变为 $-\Delta$、$-G$、$-V$、$+\theta$，呈现出一个净空头状态，并随着股票价格 S 的增加希腊字母持续增大。这时必须增加希腊字母相反、当量值相同的期权工具保护。

又如市场强烈震荡，有正向突破预期，卖出一份平值认购期权 Sck60，与再买入两份虚值认购期权 2Lck65 组成一个反向比率价差组合。股票价格 S 在平值开仓 K60 元处，组合有希腊字母 $-\Delta$、$-G$、$-V$、$+\theta$，呈现出一个净空头状态，股票价格移动接近 K65 元处，组合的希腊字母 $-\Delta$、$-G$、$-V$、$+\theta$ 接近最大，股票价格 S 越过 Sck60 与 2Lck65 三个曲线的合成底点，组合的希腊字母开始改变方向，变为净多头状态 $+\Delta$、$+G$、$+V$、$-\theta$，并随着股票价格 S 的增加希腊字母持续增大。我们知道，所有复杂的期权组合都可以分解为标准价差组合，标准价差组合的 Δ 分布在两曲线中间拐点处 Δ 最大、两边趋小至零，类似于钟形曲线分布，而 G、V、θ 是正反两权两个钟形曲线的衔接。这样我们就可以掌握各种期权组合的希腊字母分布状态，并可以根据希腊字母分布状态调整持仓头寸和管理组合风险。

我们认为，在较大规模的期权交易中，应重视期权及其组合的希腊字母数值分析，如控制Δ敞口区间的问题、配置Δ倍率的问题，以及未来波动率与标准差的分析等。而且在极端情况下，我们可以通过Δ敞口的调控，将原期权组合转换为非线性的delta中性组合对冲保护，并且在波动中利用delta对冲套利。

我们在这里强调指出，小型机构和散户应该把希腊字母作为持仓敞口分析和风险管理的信号进行控制，不建议作为高频交易进出的信息。

本书是关于市场应用的交易技术，坚持应用性设计、实操化落地，只对普通交易层面的买入价差、卖出价值和风险管理控制等问题进行探讨，只是把希腊字母作为持仓敞口分析和风险控制的信号进行管理，不建议作为高频交易进出的信息。至于微观到希腊字母级别的日内交易问题，因为需要高频、量化的计算软件和自动交易系统才能实现，暂不涉及与建议。

第五节 关于量化模型问题

根据期权的定价公式和希腊字母的多元微分关系，我们可以建立近似但基本准确的各种量化价格模型，并且可以在自动交易系统中具体实现。如根据多元定价参数变化的价值增量 $\Delta Ps = \Delta \times \Delta S + 0.5 \times G \times (\Delta S)^2$、$\Delta Pv = V \times \Delta \sigma$、$\Delta Pt = \theta \times \Delta T$、$\Delta Pr = Rho \times \Delta R$，我们可以对各个定价参数变化产生的价值变化进行量化计算、限价设计和设置障碍期权控制。

我们在这里特别强调指出的是，期权的量化模型是确定性的数学模型，期权或组合的成本价值、限价计算、障碍位置、损益效率都有确定的显式函数关系，都可以在交易中准确标示和数值化实现，不像股票市场交易中所谓量化选股、择时交易的量化模型都是预测性算法模型，有一定的概率性问题。

我们一定要明白，期权的定价理论是成熟的，期权的定价参数是市场赋予、市场认可、市场可交易的,所以期权的价值以及围绕价值的所有策略的量化设计、量化控制都有明确的量化基础,不需要 AI 算法模拟和算法预测(但凡模拟和预测都有不确定性概率),只需要量化设计、数值计算和 AI 化逻辑判断控制设计,就可以实现自动交易。

所以我们认为,未来期权策略布局的量化设计、希腊值敞口管理、组合中各肢期权的增减及平衡设计,以及围绕这些设计的限价计算、障碍设计和 AI 化逻辑判断模型建立等配套集成技术,应该是未来期权大规模量化交易的研究方向,而且有着极其广阔的市场前景和应用价值,我们期权工作者应该努力研究和开发设计。另外,我们还要不断地跟进和学习西方金融发达国家的先进理念和前沿技术,如非线性期现对冲的中性组合套利、辅助定价、平滑波动技术等,以维护我国资本市场和金融系统的安全稳定及高质量、高效率可持续发展。

后 记

我非常感谢所有支持我写作这本书的朋友们和我的家人，特别感谢的是经济日报出版社的编辑们，他们对该书进行了可予以出版的全面审查，并提出了很多宝贵的意见。感谢在出版发行及推介过程中提供了重要帮助的中外私董会常鸿达先生和我的朋友黄丽梅、郭蔓女士。此外我还要特别感谢帮助我完成这本书计算机图形处理的王蓉蓉和数据支撑及文档编辑的沈德秀、谢敏三位女士。

本书仅仅是完成了期权及组合的几何布局设计与几何变换设计，下一步将致力于以期权的定价参数与希腊字母为主题的数值分析和量化设计，并且期望探讨在中国资本市场中各种证券类产品及其衍生品的对冲基金投资组合的配置和估值分析问题。

大家知道，期权等衍生品的定价估值是一个多因子偏微分方程，具有多解性；期权及其组合的几何变换也会有多个策略，寻找期权定价的公允价值和组合变换的优质策略，始终是期权交易的永恒话题，鉴于本人对期权的研究深度和交易广度均有一定的局限性，书中一定会有不少的错误及不足，欢迎读者来信来电批评指正，以期再版时订正。

姚为民

2024 年 11 月于北京亦庄期权工作室